한국 근대사 2

식민지 근대와 민족 해방 운동

한국역사연구회시대사총서08

한국근대사 ②

식민지 근대와 민족 해방 운동

김정인 · 이준식 · 이송순

푸른역사

한국역사연구회시대사총서를 발간하며

절망과 희망이 교차하던 격동의 1980년대, 그 끝자락인 1988년 가을 300여 명의 소장 학자들이 '과학적·실천적 역사학'의 수립을 통해 한국 사회의 민주화와 자주화에 기여하기 위해 창립한 한국역사연구회는 이제 700여 명의 학자들이 참여하는, 명실상부하게 한국 역사학계를 대표하는 학회로 성장했다.

그동안 연구회는 공동연구라는 새로운 연구 방식을 통해 130여 회가 넘는 연구 발표회를 가졌으며 50여 권의 학술서와 대중 역사서를 간행했다. 《한국역사》, 《한국사강의》 등의 통사를 발간해 한국사를 체계화하고 《한국역사입문》 등의 연구입문서를 출간해 해방 이후 학계의 연구 성과들을 정리했으며, 《1894년 농민전쟁연구》, 《한국현대사》, 《역주 여말선초 금석문》 등 전문 연구서와 자료집을 발간해 한국사 연구에 기여했다.

또한 《조선시대 사람들은 어떻게 살았을까》를 시작으로 전 시대에 걸쳐 '어떻게 살았을까' 시리즈를 발간함으로써 생활사 연구와 역사 대중화에 기여했으며, 회지 《역사와 현실》은 다양한 기획과 편집으로 인문학 분야 학술지의 새로운 전형을 만들어 냈다.

이제 연구회가 창립된 지도 한 세대가 지났다. 그동안 세계뿐만 아니라 한국 사회도 크게 변화했으며 학계에도 적지 않은 변화가 있었다. 연구 경향도 이전의 운동사·사회경제사 중심에서 문화사·생활사·미시사로, 그리고 최근에는 생태환경사·개념사·관계사에 이르기까지 사고와 연구의 폭을 넓혀 나가고 있다. 아울러 연구 대상 시기와 학문 간의 벽을 허무는 학제 간 연구도 활발하게 이루어지고 있다.

역사는 '현재와 과거의 대화'라고 했다. 현재의 입장에서 과거를 고찰하고 그를 바탕으로 미래를 전망하는 것이다. 역사가는 이를 이루기 위해 역사를 부단히 새로 써야 한다. 이러한 취지에서 한국역사연구회는 새로운 시각에서 한국 역사를 고대부터 현대까지 시대별로 조망해 보는 '시대사'를 발간하고자 한다.

시대사를 편찬하자는 이야기는 통사인 《한국역사》를 간행하고 나서부터 줄곧 나왔으나 구체적인 편찬 작업에 들어간 것은 2002년부터였다. 이후 '시대사 편찬위원회'를 구성하여 집필 원칙과 편찬 일정을 정하고 고대·고려·조선·근대·현대 등 각 시대별로 팀을 만들어 기획안을 마련하고 그에 맞는 필자를 선정하여 집필에 들어갔다. 또한 들어온 원고들은 팀별로 수차례의 검토와 수정 과정을 거쳤으며 그 과정에서 열띤 토론이 벌어지기도 했다.

60명에 가까운 필자들이 참가하여 공동 작업으로 열 권의 책을 만들어 내는 일은 지난한 과정이었다. 다양한 필자의 의견을 조율하고 모으는 작업부터 집필된 원고를 꼼꼼하게 검토하고 수정하는 작업과, 완성된 원고가 출판사에 넘어가 출판하는 작업에 이르기까지, 우여곡

절이 없지 않았다.

연구회 창립 이듬해인 1989년 '베를린 장벽의 붕괴' 가 상징하듯이 세계는 동구 사회주의 국가들의 개혁과 개방으로 냉전이 종식되면서 체제와 이념의 대립보다는 화해와 교류의 방향으로 나아가며 21세기를 맞이했다. 한반도도 1998년 '현대 정주영회장의 소떼 방북' 과 2000년 남북정상회담을 계기로 남과 북이 화해와 교류·협력의 방향으로 나아갔다.

그러나 21세기도 15년이 지난 지금, 세계는 다시 대립으로 치닫고 있다. 이스라엘과 팔레스타인의 분쟁, 미국과 알카에다 등 이슬람 진영과의 대립, 시리아 내전과 이슬람국가(IS)의 등장 등 중동 내부의 갈등과 분쟁, 러시아와 우크라이나의 분쟁 등이 계속되고 있고, 동북아시아에서도 역사 갈등과 영토 분쟁이 치열하게 전개되고 있다. 이전과 차이가 있다면 이념 대립보다는 종교·문명 대립의 성격이 크다는 것이다.

그렇다면 한국 사회는 어떠한가. 안타깝게도 한국 사회는 시대착오적인 이념과 지역 갈등이 여전한 가운데 신자유주의로 인한 경제적·사회적 양극화가 빠르게 진행되며 세대와 계층 갈등까지 심화되고 있다. 그리고 천박한 자본주의의 이윤 논리와 정치와 사회 간에 부정부패의 사슬에 의해 일상생활의 안전까지도 위협받고 있다. 인간에 대한 예의와 배려가 사라진 사회, 국가가 책임져야 할 안전과 복지도 국민 스스로 해결해야만 하는 사회, 정의는 실종되고 신뢰와 희망 대신 불신과 체념만이 가득 찬 사회에서 과연 역사학은 어떠한 역할을 할 수 있을 것인가? 책을 낸다는 기쁨보다는 역사학자로서의 책임감이 더 무겁게 다가온다. 이 '시대사' 시리즈가 한국 역사의 체계화에 기여하고 독자들에게는 험난한 세상을 헤쳐 나가는 데 조그마한 도움이 되었으면 하는 바람이 간절하다.

그동안 시대사를 기획하고 집필과 교열에 참여해 준 연구회원 여러분에게 진심으로 감사드린다. 아울러 책이 나오기까지 지원을 아끼지 않고 인내를 가지고 기다려 주신 푸른역사의 박혜숙 사장님, 규모와 격조 있는 책으로 만들어 주신 편집부 여러분에게 진심어린 감사의 말씀을 드린다.

2015년 5월
한국역사연구회

근대라는 시대는 경제적으로는 자본주의 체제, 정치적으로는 국민 국가를 선취한 서유럽의 몇몇 국가들이 제국주의적 팽창을 하면서 지구상의 3분의 2 지역을 침략해 식민지·반식민지로 지배, 수탈한 시대를 말한다.

자본주의 체제는 봉건적 영주 또는 귀족의 예속민으로 토지에 묶여 있던 인간을 해방시켜 이중의 의미에서 자유로운 노동자를 만들어 냈다. 법률적으로 다른 인간에 예속되지 않은 인격의 자유를 갖지만 경제적으로는 토지·화폐와 같은 생산수단으로부터 자유롭기에 자기가 지닌 정신적·육체적 능력, 즉 노동력을 팔지 않으면 굶어죽을 수밖에 없는 존재가 바로 근대의 노동자다. 그런 의미에서 근대 사회에서 만인은 법 앞에서 자유롭다.

국민 국가는 각 지방의 영주나 귀족의 지배하에 있던 예속민을 해방시켜 '국민'이라는 이름으로 호출하여 동원한다. 귀족·승려·시민·천민 등 신분에 따라 의무와 권리를 각각 달리하던 사람들이 '국민'이라는 호칭으로 단일화되고 동등한 의무와 권리를 갖게 된다. 그런 의미에서 근대의 국민은 법 앞에 평등하다. 국민 국가는 의무교육과 징병제를 통해 자신에게 충성하는 '국민'을 만들어 내고 자기 유지를 위해 필요한 세금을 납부하게 하고 군사·경찰력을 구성하게끔 해 왔다.

근대 국민 국가와 자본주의 경제 체제는 그 이전 중세 봉건제 사회에 비해 막강한 생산력과 군사력을 갖추게 되었다. 이들 서유럽 국민 국가의 제국주의적 침략을 당한 아시아, 아프리카, 남아메리카 등지에서는 침략을 방어·극복하기 위해서 국민 국가와 자본주의 경제 체제의 도입에 나설 수밖에 없었다. 이것이 근대 국민 국가의 전 지구적 연쇄 과정이었다.

한국은 1948년에 이르러서야 서유럽과 같은 국민 국가와 자본주의 경제 체제를 달성했다. 그렇다면 한국의 근대는 1948년부터 시작한 것으로 서술해야 할 것인가? 이런 문제의식에 답하기 위하여 1960년대 이래 많은 연구자들이 근대사 시대 구분 논쟁에 매달렸다.

대부분의 연구자들이 근대라는 시대를 서양 제국주의에 의해 한국 사회가 세계 자본주의 체제에 편입되고 국민 국가를 수립하려는 운동이 진행된 시기로 본다는 점에서는 일치했다. 그러나 근대사의 시점은 연구자마다 달랐다. 자본주의적 경제 체제를 형성하려는 움직임이 시작되는 18세기 영조·정조 시대, 서양 제국주의 침략이 시작되어 반침략 민족운동이 시작되는 1860년대 중반, 일본과의 강화도조약에 의해 한국이 세계 자본주의 체제에 편입된 1876년, 개화파의 개화 운동이 진행되는 1880년대 초 또는 1884년 갑신정변, 개화파가 국가 권력을 장악하고 신분제 폐지, 조세 금납화 등의 개혁을 진행한 1894년 갑오개혁 등의 설이 존재한다.

이 책은 근대의 시점을 흥선대원군의 집권기로 설정하여 위의 1860년대 중반설을 취하고 있다. '문치'를 숭상하던 조선왕조 통치 체제의 기본 방향이 근본적으로 바뀌어 부국강병을 지향하는 정책으로 바뀌었기 때문인데, 이러한 정책의 근본적 개편에는 아편전쟁으로 상징되는 서양 제국주의 국가의 침략에 대한 방어 의식이 존재했다는 것이다. 양반 유생층에 대한 타격이라고 할 수 있는 서원 철폐와 호포법 등의 정책은 신분제의 폐지를 지향하고 있었다고 할 수 있겠다.

고종 친정 이후 대한제국의 멸망에 이르는 시기는 2016년 현재까지도 이를 둘러싼 논쟁이 끝나지 않은 시기이다. 이 논쟁은 고종 친정 이후 한국 사회의 근대화를 추진한 주체를 둘러싼 것이었다. 기존의 통설은 갑오개혁을 추진한 개화파 정권이 일본 메이지유신을 모델로 하고 동학 농민군의 폐정개혁안을 받아들여 근대화 정책을 추진했으나 1896년 아관파천으로 붕괴된 이후 고종 황제에 의해 황실 중심의 근대화 정책이 추진되었다고 한다. 이에 반대하는 독립협회운동을 억압한 이후 진행된 근대화 정책은 대한제국 수립과 군비 증강을 통한 전제 군주국 수립, 양전·지계 사업과 식산흥업 정책을 통한 자본주의 경제 체제를 지향했다는 것이다.

이에 대한 반론도 만만치 않다. 황실 중심의 근대화 정책은 근대적 외형만 갖춘 것으로, 개혁이 아니라 수구 반동 정책이며 진정한 근대화는 독립협회와 만민공동회 운동, 재야 개혁파의 신교육·신산업 운동, 애국계몽 운동에 의해 추진되었다고 하는 설이다. 양전·지계 사업은 토지 소유를 근대법으로 보장하기보다 정부 재정 수입을 증대시키고자 했을 뿐이며, 황실 중심의 근대화 정책은 국가를 황제의 사유

물로 만드는 정책이므로 진정한 근대화를 달성할 수 없었다. 따라서 대한제국의 멸망과 일본의 식민지화는 필연적이었다는 주장이다. 이 책에서는 후자의 입장을 취하고 있지만, 독립협회 내부 구성의 이질성으로 인한 운동의 급진화가 운동 실패의 원인이었다고 서술한 점, 양전·지계 사업을 토지 소유의 국가적 법인 과정으로 볼 수도 있다고 서술한 점에서 다소 절충적이라고 할 수 있다.

흔히 '일제 강점기'라고 불리는 1910~1945년간의 한국 사회의 성격에 대해서도 논쟁이 진행되었는데, '식민지 수탈론'과 '식민지 근대화론'의 대립으로 나타났다. '식민지 수탈론'은 일제의 침략으로 인하여 한국 사회의 자주적 근대화의 가능성이 압살되고 일제의 민족 차별과 수탈로 인하여 생산력 발전이 제약되고 성장의 열매는 일본으로 유출되어 대다수 한국인이 정치적 굴종과 경제적 몰락을 강요당했다고 본다. 따라서 일제 강점기는 근대적 사회이기는커녕 민족의 생존조차 보장할 수 없었던 시기라고 규정되었다.

이에 반하여 '식민지 근대화론' 논자들은 한국 사회 내부에서 자본주의화의 가능성을 찾는 것은 불가능했으며 한국은 서구 자본주의의 수용과 이식을 통해서 비로소 근대화의 계기를 맞이했다고 본다. 일본은 사회 간접 시설을 건설하고 근대적 제도를 도입·보급함으로써 식민지를 개발했고 한국인도 일본의 개발에 자극받아 근대적 기술과 제도를 수용했다. 그 결과 식민지 한국은 세계에서도 유례를 찾기 힘든 발전을 경험했으며 이러한 경험이 있었기에 1960~70년대 한국 경제의 고도성장이 가능했다고 주장한다.

2000년대 들어서부터는 탈근대주의 관점에서 근대화를 새롭게 규정하는 입장이 제기되었다. 이에 의하면 '식민지 수탈론'이든 '식민지 근대화론'이든 모두 민족주의라는 폐쇄적 이념에 갇혀 있으며, 근대화를 지구상 모든 민족이 보편적으로 지향해야 할 최고의 가치로 상정하며, 그 도달점은 선진국화 내지는 서구화라고 본다는 점에서 동일한 인식론 위에 서 있다. 한국과 같은 비유럽 국가는 근대화를 먼저 달성한 서유럽을 따라잡을 수 없으므로, 근대화 개념에 입각하여 사회를 근대와 전근대로 구분하여 인식하는 태도는 서구가 비서구를 지배하기 위한 서유럽 중심주의적 지배 담론을 추종하는 데 불과하다는 것이다. 또한 근대화가 인간을 해방시키기도 했지만 사회 전체를 통제와 규율의 권력망으로 구성하여 인간성을 억압하기도 했다는 점에서 결코 긍정적 가치 개념으로만 파악할 수 없다는 것이다.

이 책에서 서술하는 일제 강점기의 한국 사회는 기본적으로 '식민지 수탈론'의 관점에 서 있다. '식민지 근대화론'에서 주장해 온 자본주의화 현상, 근대적 기술과 제도 등이 한국 사회에도 도입되고 발전했다는 사실을 부정하지는 않지만 그러한 발전에는 항상 식민지적 차별과 억압이 수반되었다는 점, 그로 인해 민족 해방 운동이 발전할 수밖에 없었다는 점을 강조하고 있다. 1910년대에는 근대화와 민족 해방 운동의 동력으로 성장하는 기독교와 천도교, 학생층에 대한 서술이 상당 부분을 차지하고 있다. 1920년대 이후에는 교육과 근대적 언론 매체의 확대를 통해 새로운 사상으로서의 마르크스주의, 새로운 계층인 노동자, 청년, 소년, 여성의 등장, 대중문화 보급의 첨병으로서 서적, 영화, 라디오, 유성기 음반의 급속한 보급 현상을 상세히 보여 준다. 1930년대 이후에는 한국에서 자본주의 발전이 급속히 이루어졌다는 사실을 인정하지만 일본의 침략 전쟁과 전시 동원을 위한 것이었음을 상세히 입증했다. 창씨개명, 징용과 징병, 일본군 '성노예' 등 한국인의 동원을 위한 일제의 정책, 이를 위해 협력한 친일파와 이에 저항한 국내 민중의 개별적 투쟁과 국내외의 민족통일전선에 대한 최신 연구 성과들이 총망라되었다.

책을 기획하는 단계부터 마무리 단계까지 따스한 눈길로 격려하기도 하고 엄한 표정으로 원고 독촉도 해 온 푸른역사 박혜숙 사장에게 감사 인사를 드리고 싶다. 저자로서 너무 게을렀다는 반성을 하지 않을 수 없다. 끝으로 책의 기획과 집필은 같이 시작했지만 불의의 사고로 유명을 달리한 고故 연갑수 선생에게 이 책이 드디어 출간되었다는 소식을 전하고 싶다.

2016년 1월

저자 일동

차례

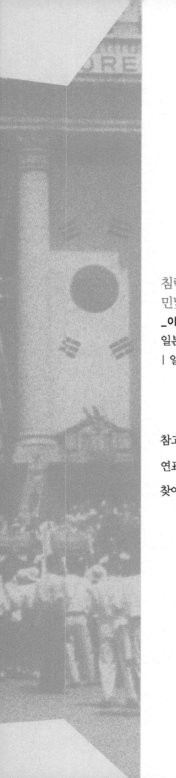

침략 전쟁과 식민지 전시 동원 체제 - 1938~1945, 일본 제국주의
민낯을 드러내다 227
_이송순
일본 군국주의(파시즘) 체제와 전시 동원 이데올로기 | 병참 기지화와 강제 동원
| 일상의 통제와 민중의 삶 | 해방을 준비하는 사람들

1910년에 나라를 잃은 사람들은 식민지 민으로서 무단통치를 감내해야 했다. 헌병 경찰이 행정 업무를 담당하고 정치 결사는 물론, 언론과 출판의 자유가 사라진 숨 막히는 현실 속에서 토지와 임야에 대한 조사가 이루어졌다. 이처럼 드러난 현실은 암담했지만, 사람들은 결코 숨죽이고만 있지 않았다. 독립을 꿈꾸는 사람들은 해외로 나가 독립 운동 기지를 건설하고자 했다. 고향에 남은 사람들은 기지 건설을 위한 자금을 마련하고자 비밀 결사를 만들어 활동했다. 식민 통치와 근대화로 인한 격변에 누구보다 시달려야 했던 농민과 노동자, 그리고 종교 활동과 학교 등을 통해 근대화와 민족 해방 운동의 동력으로 성장한 지식인과 학생. 이들이 합작하여 1919년 3월 1일 독립을 염원하는 거대한 시위의 물결을 이루어냈다.

식민지 근대로의
편입

1910~1919, 지배와 저항의 토대 쌓기

식민지 '조선' 체제의
제도적 창출

일본 제국주의 지배의 특징

일본 제국주의는 청일 전쟁을 전후로 식민 경쟁에 본격적으로 뛰어들었다. 일본 제국주의의 식민 지배 목적은 다른 제국주의 국가와 마찬가지로 일본 자본과 상품의 수출 시장, 그리고 식량과 공업 원료의 공급지를 확보하는 데 있었다. 그 결과 제1차 세계대전 직후 일본은 속령(조선·타이완·사할린), 조차지(관동주), 위임통치(남양군도)를 합쳐 일본 본토 총면적의 78.3퍼센트에 해당하는 광대한 면적을 식민지로 차지했다. 식민지의 수장인 총독(조선·타이완), 도독(관동주) 등에는 현역 무관이 임명되었다. 그들은 본국 정부의 구속을 받지 않은 채, '천황'에 직속되어 철저한 군사적·경찰적 지배를 행했다. '천황'이 아니라 내무성이 관할하고 있던 사할린에도 통치 수장인 장관에는 사할린 수비대 사령관을 임명했다. 이처럼 식민 통치에서 군부의 역할이 막중했던 까닭은 안정적인 식민 지배를 위해서는 무력 통치가 필요했기 때문이었다. 나아가, 더 많은 식민지 확보를 위한 경쟁에서 식민지는 군사적 침략의 거점으로 기능했다. 실제로 조선과 관동주는 만주, 타이완은 중국 남부와 남양군도, 남사할린은 북사할린과 시베리아 침략의 군사 거점이었다. 그러므로 대륙 침략의 교두보인 조선은 일본 군부의 절대적 영향권 아래 놓였고, 그 대변자인 총독은 일본 내각의 간섭을 받지 않는 최고 권력자로 군림할 수 있었다.

일본 제국주의는 식민지에 대한 군사적 지배를 서구 제국주의와 마찬가지로 문명화에 대한 사명으로 정당화했다. 일본 제국주의는 문명의 입장에서 조선을 비문명이라 규정했다. 일본은 강점 이전의 조선을 상공업이 발달하지 못하고 산림이 황폐하며 근로정신이 없고 교육 기관이 갖추어져 있지 않으며 교통 기관도 미비하고 산업도 유치한 수준인 '비문명국'으로 규정했다. 즉 조선은 자본주의 경제 발전을 위한 산업 시설은 물론 그를 추진할 인간형도 부재하여 스스로 근대화·문명화하기 어렵다는 주장이었다. 일본은 이런 문제점이 발생한 원인으로 조선 정부의 악정惡政으로 인한 정치 문란을 꼽았다. 결국 일본의 조선 강점은 조선을 문명화하기 위한 '선정'의 시작이었다는 것이다.

이처럼 '문명의 선각자'인 일본이 시세를 따르지 못해 쇠락한 후진 조선을 이끌어 문명의 경지에 이르게 하는 것, 그것을 일본 제국주의는 '동화同化'라고 지칭했다. 하지만 이 동화 정책은 '같은 제도를 실시함으로써 같음을 추구'하는 프랑스식 동화 정책과 달리 '같은 수준에 도달해야 같은 대우를 해 주겠다'는 것이었다. 일본 제국주의는 자신들이 내세우는 내선일체 혹은 일시동인一視同仁의 구호와는 모순되게 시세와 민도*의 차이를 들어 조선인을 차별했다. 조선인의 민도가 떨어지고 여러 사정으로 조선에서는 일본과 같은 제도를 실시할 수

시세와 민도
'시세時勢'와 '민도民度'는 1911년 8월 23일 공포된 〈조선교육령〉에 처음 등장한다.

없으며 동등한 대우도 할 수 없다는 것이다. 조선인이 일본인과 동등한 대우를 받고 싶으면 일본의 지배에 순종하고 일본의 가르침에 따라 문명화, 즉 일본에 '동화' 해 빨리 일본 수준에 도달하라는 것이 일본의 주장이었다.

이처럼, 일본 제국주의는 식민지 조선 지배에서 군사 지배를 '채찍', 문명화를 표방하는 동화 정책을 '당근' 삼아 통치 전략을 수립했지만, 그로 인한 억압과 차별 모두 조선 민중에게는 악정일 뿐이었다.

무단 통치의 현실

식민지 통치 기구는 식민 정책을 수행하기 위한 제도적 장치다. 식민지 통치 기구는 식민 정책의 목표와 식민지 피지배 민족과의 역학 관계에 따라 설치 내용과 운용 방법이 달라진다. 일본은 조선을 강점할 시점에서는 보호국 시절(1905~1910)에 설치·운용된 통감부 조직을 그대로 유지했다. 그리고 대한제국 당시 정부 소속 관청들을 축소시킨 다음 흡수하는 방향으로 조선총독부 통치 조직을 마련해 나갔다.

조선총독부의 기구는 강점된 지 1개월 만인 1910년 9월 29일에 공포된 〈조선총독부 관제〉에 의해 확정되었다. 이에 따르면, 총독부는 조선을 관할하고(제1조) 위임 범위 안에서 육해군을 통설하며 제반 정무를 통할하는 총독(제2조) 밑에, 총독을 보좌하고 각 부·국의 사무를 감독하는 정무총감을 두며(제8조), 1개의 관방과 5부를 두도록(제9조) 되어 있었다.

관제에서 무엇보다 중요한 사항은 조선총독의 지위와 권한이었다. 조선총독제는 무관 총독제로 총독은 일반 정무는 물론 군사에 관한

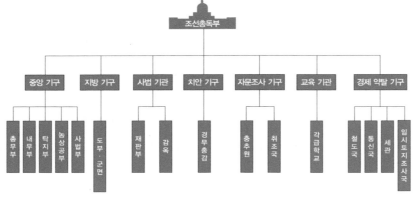

남산 왜성대 조선총독부 청사   경복궁 안에 새 청사를 짓기 전까지 총독부로 사용하던 남산 청사로, 일본은 병합과 동시에 조선총독부를 설치해 통치 기반을 마련했다. 을사조약에 의해서 통감부가 설치되자 1907년에 건립된 남산 왜성대의 통감부 청사를 총독부 청사로 전용했다가 1926년에 경복궁 흥례문 구역을 철거한 터에 신청사를 건립했다. 총독의 관저로는 남산 왜성대의 통감 관저를 1910년부터 사용했고 1908년에 건립된 용산의 관저를 별도로 운용했으며 1937년에 경복궁 신무문 밖 후원 지역(지금의 청와대)에 총독 관저를 신축했다.

강력한 권한을 가지고 있었다. 즉, '위임받은 범위 내에서 육해군을 통솔하고 조선의 방비를 장악한다'는 규정(제3조)에 의해 총독은 조선군 사령관을 휘하에 두고 조선 주둔 육군 부대를 지휘할 수 있었다. 총독은 이러한 강력한 군사권과 함께 법률을 대신해 제령制令을 공포할 수 있는 막강한 권한을 갖고 있었다. 조선에서 총독은 사실상 전제 군주였다.

1910년대 조선총독부 통치 기구의 가장 큰 특징은 헌병 경찰제를 실시한 것이었다. 헌병 경찰제란 헌병이 경찰의 역할을 대행한다는 것을 의미한다. 총독부에 설치된 경무총감부의 장인 경무총장은 조선 주재 헌병대 사령관인 육군 장관의 몫이었다. 헌병 경무총장은 조선의 경찰 사무를 총괄하고 나아가 경찰관서의 직원을 지휘·감독했다. 각 도에 설치된 경무부의 경무부장에도 그 도의 헌병대장인 육군 좌관이 임명되었다. 헌병 경무부장은 그 도의 경찰 사무를 관장하고 관내의 경찰서 및 헌병 분대·헌병 분견소를 지휘·감독했다. 또한, 조선에 근무하는 헌병 장교는 조선총독부 경시, 헌병 하사관은 조선총독부 경부에 임용되어 경찰 업무를 수행했다. 즉, 조선에 주재하는 모든 헌병은 총독의 지휘·감독을 받아 치안 유지에 관한 경찰 업무를 담당했다. 특히 각 도의 헌병대장이 지방 경찰권을 장악하도록 하여 도지사격인 도 장관조차 간여할 수 없도록 했다.

또 하나의 특징은 중앙 집권적 지배 체제를 한층 강화했다는 점이다. 1910년 9월 30일에 공포된 〈조선총독부 지방 관제〉는 중앙 집권화의 정도를 잘 보여 준다. 제1조부터 "전국을 13도로 나누고, 도의 위치와 관할 구역은 조선총독이 이를 정한다"라고 시작되듯이, 총독의 지방 통제 수단은 강력했다. 앞에서 살펴보았듯이 총독은 일원화된 전국의 헌병 경찰을 장악하고 있었다. 도 장관이 관내의 경찰권을 장악할 수 없는 구조였던 것이다. 따라서 도 장관은 총독의 지시에 따라 지방의 행정 사무만을 관장할 수 있었다.

이처럼, 조선총독부 통치 기구는 절대 권력을 지닌 총독을 정점으로 하는 관료 기구와 헌병 경찰 기구를 중심으로 철저히 중앙 집권적으로 구성되었으며, 그 운용은 군사 지배적 형태로 이루어졌다.

현역 육군 대장이자 초대 총독인 데라우치 마사타케寺內正毅를 정점으로, 현역 육군 소장으로 경무총장을 맡은 아카시 겐지로明石元二郎 휘하의 헌병 경찰 기구를 주축으로 했던 1910년대 군사 지배 체제를 무단 통치라고 부른다. 식민 통치 초기 데라우치 총독이 가장 역점을 둔 사안은 치안 확보였다. 이를 위해 선택한 방법이 칼을 차고 마을을 순시하는 헌병 경찰로 형상화된 무단 통치였다. 실제로 헌병 경찰의 권한과 역할은 기본 업무인 치안 유지의 차원을 넘어 광범위했다. 위생, 민사 소송의 조정, 집달리執達吏, 국경 지역의 세관, 산림 감시, 어업 통제, 징세 원조 등도 헌병 경찰의 몫이었다. 민중은 자신들의 일상을 파고드는 헌병 경찰을 통해 무단 통치의 위력을, 그리고 망국의 설움을 실감하고 있었다.

무단 통치는 반인권적 법령에 의해 뒷받침되었다. 하나는 〈범죄즉결령〉(1910.12.16)이었다. 경찰서장 또는 헌병 분대장이 재판에 의하지 않고 처벌할 수 있도록 하는 법령이었다. 또 하나는 〈조선 태형령〉(1912.3.18)*이었다. 태형이란 죄수를 형틀에 묶고 회초리로 볼기를 때리는 형벌이었다. 〈태형령〉에 따르면 3개월 이하의 징역 또는 구류에

조선 태형령
태형은 수형자를 형판 위에 엎드리게 하고, 그 자의 양팔을 좌우로 벌리게 하여 형판에 묶고 양다리도 같이 묶은 후 볼기 부분을 노출시켜 태로 친다. 형 집행 중에 수형자가 비명을 지를 우려가 있을 때에는 물에 적신 천으로 입을 막는다 (조선 태형령 시행 규칙, 《관보》, 1912.3.18.).

처해야 할 자는 사정에 따라 태형으로 대신할 수 있었다. 조선인의 수준에 적합한 형벌로, 단기간의 감옥살이나 벌금형보다는 징벌 효과가 크고 집행 방법이 간단하며 감옥 운영 비용을 줄일 수 있다는 것이 일본이 내세운 명분이었다. 그러나 태형은 폐지 여론이 자주 등장할 정도로 잔혹한 형벌로, 조선에만 적용되다가 3·1운동 이후인 1920년 4월 1일에 폐지되었다.

이들 법령이 조선인 모두에게 적용되는 억압적 조치였다면, 정치 단체의 강제 해산과 언론 탄압은 종래 지배 권력을 해체하고자 하는 무단적 조치였다. 정치 단체의 강제 해산은 국망國亡 직전에 일사불란하게 추진되었다. 1910년 8월 25일 아카시 경무총장은 일진회·대한협회·서북학회 등 대표적인 정치 단체 간부를 소집해, 일주일 이내 모두 해산할 것을 명령했다. 물론 이후 어떤 종류의 정치 단체도 설립을 허용하지 않았다. 언론 탄압은 더욱 철저했다. 조선인이 발간하는 신문은 정간 조치하거나 강제로 매수해 폐간하는 방식으로 없애 버렸다. 이에 따라 조선인이 발간하는 신문은 사라졌고, 조선총독부 기관지인 《매일신보》만이 조선어 신문으로 식민 정책을 선전하는 창구 역할을 했다. 일본의 무단 통치는 조선인에게 권력도 언론도 결코 허용하지 않았다.

일본 제국주의는 조선인과 권력을 분점하지는 않았지만, 최소한의 상징적 협력 체제는 마련했다. 협력 대상은 대한제국의 최상위 권력층이었던 황실과 고위 관료였다. 먼저 일본은 대한제국 황실을 일본천황의 책봉을 받는 조선 왕실 또는 이왕가李王家로 격하시켰다. 그리고 대한제국 황제였던 순종을 이왕, 전 황제 고종을 이태왕, 황태자

1916. 10.
하세가와 요시미치長谷川好道. 2대 총독으로 부임, 데라우치 총독에 이어 무단 통치를 실시했다.

1919. 8.
사이토 마코토齋藤實. 해군 대신을 거쳐 3·1 운동 직후 3대 총독을 맡아 무단 통치 대신 문화 통치를 실시했다.

1927. 12.
야마나시 한조山梨半造. 간토 대지진 때는 간토계엄사령관 겸 도쿄 경비사령관을 지내고 예편 후 조선총독으로 부임했다.

초대 총독 데라우치 마사타케　데라우치는 육군 대신을 거친 후 1910년 3대 조선 통감으로 부임해, 강제 병합을 성사시키고 초대 총독으로 임명되어 헌병 경찰로 상징되는 무단 통치를 실시했다. 조선 총독은 일본 천황에 직속해 조선을 관할했다. 일본의 육해군 대장 중에서 임명되었으며, 일본 천황으로부터 위임받은 범위 내에서 한국 주둔 일본 육군과 해군을 통솔해 한국의 방위를 관장하고 한국에서의 모든 정무를 총괄했다. 조선 총독은 행정권·사법권·입법권·군통수권 등 절대 권력을 행사할 수 있었다.

헌병대   사진은 경성 헌병대·경기도 경무부원(위)과 서울 동대문경찰서 일동(아래). 데라우치 마사타케는 한국 민족의 격렬한 주권
회복 운동을 저지하고 탄압하기 위하여 무단 통치를 기본으로 채택했다. 그에 따라 1910년 6월에 헌병 병력을 경찰 병력과 통합해
헌병 경찰제를 제도화시켰다. 이 제도를 통해 헌병은 일반 경찰 임무까지 담당하면서 언론·출판·집회·결사의 자유를 박탈하고, 즉
결 처분권을 행사하는 등 강력한 권한을 갖게 되었다. 당시 총독부는 2만여 명의 헌병 경찰과 헌병 보조원을 전국에 배치하여 무단
통치를 실시했다. 이들은 주로 일반 치안 업무와 함께 독립 운동가의 색출, 정보 수집 등을 업무로 했다.
1910년대 조선총독부의 무단 통치하에 실시되었던 헌병 경찰제는 총독이 행사한 군대 통수권을 잘 보여 준다. 당시 헌병대는 법제
상으로 육군대신 관할하에 있었지만, 직무에 있어서는 총독의 직접 지휘를 받고 있었다. 헌병 경찰제는 1919년 3·1운동 이후 조선
총독부의 통치 정책이 문화 통치로 전환되면서 폐지되었다.

를 왕세자로 하는 등 황족에서 왕족으로 격하하고, 의친왕 이강과 흥친왕 이희는 공족으로 규정했다. 즉 황족 예우를 하면서도 일본의 황족과 달리 왕족과 공족이라는 조선에만 존재하는 특수 신분을 부여했다.

1911년 2월에는 이왕가로 격하된 대한제국 황실에 대한 업무를 맡게 될 〈이왕직 관제〉가 설치되었다. 대한제국기에 황실 업무를 담당하던 기구는 궁내부였다. 궁내부는 수많은 부속 기구를 거느린 방대한 조직으로 의정부 또는 행정 각부보다 많은 업무를 담당하고 있었다. 하지만 국망 이후 설치된 이왕직의 규모는 궁내부와 비교할 수 없을 정도로 축소되었다. 이왕직은 일본 황실 업무를 담당하는 궁내성의 하부 기구로서 궁내 대신의 감독을 받아 조선 왕족과 공족 관련 업무를 담당했다. 이들은 왕족과 공족을 모시고, 왕실 조상에 제사 지내고 능묘, 궁궐 정원, 창경원의 박물관·동물원·식물원 등을 관리하는 일을 수행했다.

대한제국의 황실 종친과 고위 관료 출신은 국치일인 1910년 8월 29일에 공포된 〈조선 귀족령〉에 따라 일본의 화족과 구별되는 '조선 귀족'이라는 새로운 신분을 부여받았다. 그리고 76명의 대한제국 고위 관료에 대한 논공행상이 이루어졌다. 이 작위에는 본인이나 상속인이 충순忠順하지 않은 행위를 했을 때는 반납하거나 예우를 정지하거나 작위 세습을 허가하지 않는다는 엄격한 제한 규정이 붙어 있었다. 작위는 일본의 관례를 따라 5등급으로 나뉘어 수여되었다. 대한제국 황실의 종친·종척에게는 후작과 백작을, 고위 관료에게는 자작과 남작을 주는 것을 원칙으로 했다. 을사조약과 '병합조약' 체결을 주도했

황실 가족 일본에 끌려간 영친왕의 일시 귀국을 기념하며 찍은 사진(1918). 사진 오른쪽부터 덕혜옹주, 순정효황후, 고종, 순종, 영친왕이다. 1910년 8월 이후 대한제국의 황제 순종은 이왕李王으로, 황제 자리에서 물러난 고종은 이태왕李太王으로 불렸다.

던 이지용과 이완용은 예외적인 특별 대우를 받아 백작에 임명되었다. 하지만 일부 관리들은 작위를 거부했고, 일단 작위를 받았던 관료 대부분도 곧 작위를 상실하는 경우가 많았다.

조선 귀족에게는 작위에 따라 임시 은사금이 주어졌다. 액수는 작위의 등급에 따라 달랐다. 3000만 엔에 달하는 은사금은 현금이 아닌 국채 증권으로 분배되었다. 당국의 허가 없이 양도하거나 저당잡힐 수 없는 증권이었다. 민중은 이 국채를 매국 증권이라고 불렀다. 헌병 보조원 월급이 최고 16원이던 당시, 이완용은 은사금으로 15만 원을 받았다.

일본은 대한제국기에도 있었던 중추원을 조선총독부 자문 기관으로 삼고 권력에서 밀려난 조선 귀족에게 우대 차원에서 관직을 주었다. 조선총독부는 중추원에 식민지 통치 자료를 조사하는 역할을 부여했다. 중추원은 의장 1명, 부의장 1명, 고문 15명, 찬의 20명, 부찬의 35명으로 구성되었다. 의장은 총독부의 2인자인 정무총감이 맡고 부의장에는 조선인을 임명했다. 초대 부의장에는 김윤식이 임명되었다. 의사 규칙은 매우 엄격해 고문과 찬의는 의장의 허가가 있어야 발언할 수 있었고, 같은 사항에 대해서는 한 번 이상 발언할 수 없도록 했으며, 의장이 의사 종결을 선포한 후에는 아무도 의사 발언을 할 수 없도록 했다. 그런데 중추원은 3·1운동 후인 1919년 10월까지 단한 번도 소집되지 않았다. 허울뿐인 기구였던 것이다.

식민 통치의 물적 기반 구축과
경제 재편

토지 조사 사업

제국주의의 식민 통치에는 재원이 필요했다. 조선총독부는 식민지 내에서 그 재원이 될 만한 물적 기반을 찾고자 했다. 가장 안정적인 재원 공급처는 토지와 임야였다.

일본이 1910년대에 가장 역점을 둔 식민 정책은 토지 조사 사업이었다. 토지 조사 사업은 강점 직후부터 전면적인 토지 조사에 착수해 1918년까지 9년에 걸쳐 실시되었다. 〈토지 조사령〉은 1912년에 공포되었다. 먼저, 전국의 모든 토지를 측량해 지적도를 작성했고, 그 소유권자를 조사해 이를 확정한 뒤 토지 대장을 작성했다. 그리고 등기 제도를 시행하고 토지의 지가를 책정해 지세 산정의 근거를 마련했다. 이 과정을 거쳐 근대법적인 토지 소유권 제도가 확립되었다. 근대법적 토지 소유권 제도를 마련하고자 하는 시도는 양전 제도 개혁을 주장한 실학파로까지 거슬러 올라간다. 갑오개혁(1894~1895년 개혁)과 대한제국의 광무 양전·지계 사업에서는 미비하지만, 근대적 토지 측량과 소유권 제도가 실시되었다. 조선총독부의 토지 조사 사업은 그 성과를 기반으로 추진되었다. 그로 인해 한국은 일본이나 식민지 타이완의 토지 조사 사업보다 훨씬 적은 경비를 들이고도 단기간에 완수될 수 있었다.

조선총독부의 토지 조사 사업은 일본인의 토지 소유를 완전 보장했는데, 이는 광무 양전·지계 사업과 구별되는 점이다. 광무 양전·지계 사업에서는 외국인의 토지 소유를 불법으로 규정하고 있었다. 이미 일본은 보호국 시절인 1906년에 공포한 〈토지 가옥 증명 규칙〉을 통해 외국인 토지 소유의 합법화를 시도한 바 있었다. 토지 조사 사업은 외국인 토지 소유 금지 조항을 없애 일본인의 토지 소유를 완전 보장했다. 나아가 조선총독부 내지 동양척식주식회사의 소유가 될 국공유지를 최대한 확대해 일본인의 조선으로의 진출을 적극적으로 뒷받침했다. 또한 토지에 대한 농민의 관습적 권리를 부정해 일본인이 토지를 확대하는 데 장애가 되는 요소를 없앴다.

토지 조사 사업의 핵심은 토지 소유권을 조사하고 확정한 뒤, 이를 법적으로 보장하는 등기 제도를 실시하는 것이었다. 토지 소유권 조사는 토지 조사국 직원의 준비 조사를 거쳐 토지 소유자가 소유 토지를 신고하고 이를 관련 문서와 대조해 이상이 없을 경우 신고인을 토지의 소유주로 인정하는 방식으로 진행되었다. 대부분 토지는 거의 신고한 대로 추인되었다. 그 과정에서 이상이나 분쟁이 발생할 경우 분쟁지 심사위원회를 통해 행정 처분으로 소유권 문제를 판결했다. 분쟁의 경우 90퍼센트 이상이 소유권 분쟁이고 그중 65퍼센트가 국유지 분쟁이었다. 분쟁은 일본인이 농장을 건설하기 위해 집중적으로 투자한 곡창 지대이면서 국유지가 많이 분포한 지역에서 주로 일어났다. 경기와 전남에 압도적으로 분쟁 지역이 몰렸으며 황해와 경남이 그 뒤를 이었는데, 특히 강 하류에 위치한 논인 경우가 많았다. 섬 지역의 분쟁률도 높았는데 국유지 분쟁이 대부분이었다. 일본인이 많이 거주하는 경성과 부산을 비롯해 대구·진주·평양 등 대도시에서도 비교적 많은 분쟁이 제기되었다.

앞서 지적했듯이 토지 조사 사업의 주요 목적은 세금, 즉 지세 수입을 늘려 식민 통치에 필요한 경비를 조선 내에서 거두는 일이었다. 이를 위해서는 과세 대상에서 누락되었던 토지를 색출하는 것이 무엇보다 중요했다. 실제로 토지 조사 사업 시행 기간에 지세 부과 대상 면적이 80퍼센트 이상 늘어난 것은 실지 측량 때문이기도 했지만 상당 부분 토지 대장에 누락되었던 토지를 찾아낸 결과였다. 이에 따라 조선총독부의 조세 수입은 두 배가량 증가했다.

그런데 일본이 조선을 강점하면서 농민이 아니라 지주의 토지 소유를 보호하고자 했던 광무 양전·지계 사업의 기본 방침을 계승한 데는 이유가 있었다. 메이지유신 이후 일본의 농업 정책은 후발 자본주의 국가로서 지주제를 보호하고 그것을 중심으로 농업 기구를 발전시키는 방향으로 전개되었다. 일본은 식민지 조선에서도 지주제를 근간으로 하는 식민지 농업 체제를 수립하기로 결정하고 그 체제에 부합하는 소유권 제도를 확립하고자 했다. 또한 조선을 값싼 쌀의 공급지로 만들려는 일본의 식민 정책은 조선인 지주를 포함해서 대지주 경영에 유리한 환경을 요구하고 있었다.

이처럼 토지 소유권의 조사와 법적 보호를 통한 농업 자본의 성장은 지주권의 강화로 귀결되었다. 지세 제도의 변화도 지주권 강화에 기여했다. 지가나 곡가의 산정, 토지 경작비 및 수선·유지비 등의 공제액 계산에서 지주는 상당한 배려를 받았다. 특히 일본은 일본식 개량 품종과 개량 농법을 사용하는 지주에게 특혜를 부여했다. 개량 농법으로 지주의 수확량이 늘어났더라도 재래 농법의 산출량 수준으로

토지 조사 사업　　　토지 조사 사업의 일환으로 토지를 측량하고 있는 일본인들(왼쪽)과 토지 등록을 위해 서울 용산에 설치된 임시 사무소에
서 등록 업무를 보고 있는 사람들(오른쪽). 조선총독부의 토지 조사 사업은 식민지 경제 기반을 구축하기 위한 기초 작업으로서 1918년까지
이루어졌다. 토지 조사령 제4조를 보면, "토지 소유자는 조선 총독이 정하는 기간 내에 주소·씨명, 명칭 및 소유지의 소재 등을 임시 토지 조
사 국장에게 신고해야 한다"고 명시, 토지 소유권자가 직접 신고하여 소유지를 인정받는 신고주의를 채택하고 있다. 토지를 가지고 있는 사

1911
〈삼림령〉 공포.

1912
〈토지 조사령〉 및 〈시행 규칙〉 공포.

1918
〈임야 조사령〉 공포.

람이라도 일정한 기간 안에 땅의 소재, 소유자의 이름 및 주소, 땅의 용도, 등급, 면적을 신고해야만 심사를 거쳐 토지의 소유권을 인정했다. 하지만 농민이 갖고 있던 경작권은 철저히 부정했다. 경작권이란 정부나 지주에게 일정한 소작료를 내기만 하면 농사짓던 땅을 사고팔거나 세습할 수 있는 권리였다.

지세를 산정해 주는 식이었다. 또한, 토지 소유 규모에 따라 누진세율이 적용되지 않고 일률적으로 지세를 부과하는 방식도 대지주에게 더 유리했다. 이와 더불어 곡물의 수출로 물가가 급상승하면서 지주의 경제적 위치는 더욱 공고해졌고, 지주의 농업 자본은 자연스럽게 토지 소유권 확대로 이어졌다.

토지 조사 사업은 농촌의 식민지적 재편을 촉발한 시발점이었다. 토지 조사 사업을 거치면서 식민지 지주제의 기반은 확고히 구축되어 갔다. 반면에 식민지 지주제에 기반한 농업 환경은 농민 삶의 기반을 위협했다. 농업 생산량은 계속 늘어 갔지만, 농민의 소득 수준과 쌀 소비량은 매년 줄어 갔다.

임야 조사 사업

일본은 토지 조사 사업과 더불어 임야 조사 사업을 벌였다. 이 사업의 목적은 조선인의 임야 소유 현황을 파악하고 소유 사실이 명백한 신고자의 임야 소유권을 확정하는 데 있었다. 일본은 대한제국 시기부터 임야 정책을 입안, 추진하고 있었다. 압록강, 두만강 연안의 삼림 지대를 독점해 그 자원을 수탈하는 한편, 경제성이 부족하다고 판단되는 임야에 대해서는 벌목보다는 식림을 장려한다는 방침을 세워 두고 있었다. 이처럼 일본이 조선인을 대상으로 식림을 장려한 까닭은, 조선의 쌀을 일본으로 이출하기 위해서는 매년 되풀이되는 홍수 피해를 최소화할 필요가 있었기 때문이었다.

이와 같은 방침을 현실화하기 위해서는 먼저 임야의 소유 현황을 파악할 필요가 있었다. 통감부는 1908년 〈삼림법〉을 시행해 삼림·산야의 소유자에게 3년 기한 내에 소유를 입증할 서류를 제출하도록 했다. 만일 소유권 신고를 이행하지 않을 경우, 해당 임야는 모두 국유지로 간주한다는 방침이 발표되었다. 그러나 1911년까지 신고 의무를 마친 면적은 넓지 않았다. 임야 소유권 신고 기간이 종료될 때까지 신고서가 접수된 임야 면적은 전체 임야 1600만 정보 가운데 13.7퍼센트인 220만 정보에 불과했다. 신고 실적이 저조했던 이유는 신고 의무자가 측량비를 부담해야 했던 까닭에 그 비용 마련이 어려워 신고 자체를 기피했기 때문이기도 했지만, 무엇보다도 임야 소유를 신고한 후 부과될 임야세를 염려했기 때문이었다.

결국 〈삼림법〉이 정한 기한이 끝난 후 상당수의 임야가 국유지로 편입되고 말았다. 총독부는 이들 임야의 관리 및 처리 지침을 공포하기 위해 1911년에 〈삼림령〉을 제정했다. 이 법령은 "국토의 보안, 기타 필요하다고 인정될 때는 삼림을 보안림에 편입시킬 수 있다"고 해 민유림 가운데 조림造林의 필요성이 있다고 판단되는 경우에는 그 이용을 제한했다. 동시에 〈삼림법〉 시행 당시 신고 의무를 이행하지 않아 국유지로 편입된 임야의 본래 소유자에게 조림을 조건으로 해당 임야를 대부하는 이른바 '조림 대부 제도'의 시행을 규정했다.

총독부는 통감부와 같이 치산 녹화를 임야 정책의 핵심 사안으로 보았다. 식량 공급지인 조선에서 식림을 장려해 치수 사업을 보완하려 한 것이다. 총독부가 〈삼림령〉을 공포해 보안림 소유자에게 조림을 강제하거나 임야 연고자에게 조림 대부를 받도록 장려한 것 역시 치산 녹화를 위한 것이었다. 그런데 총독부는 조림 대부를 신청하는 임야 연고자들에게 대부료와 묘목 비용을 거두어들였기 때문에 실제로 조선인들이 자진해 조림 대부를 신청하는 일은 그리 많지 않았다. 이에 총독부는 1917년부터 1924년에 임야 조사 사업을 단행해 〈삼림법〉 실시 당시에 신고를 마치지 못한 임야의 연고자로 하여금 신고서를 다시 제출하도록 함으로써, 그들에게 식림 비용을 전가하는 방식을 모색했다.

임야 조사 사업은 부윤, 면장이 도 장관의 지휘 아래 조사 예정지를 고시하고, 해당 지역에 임야를 소유한 권리자가 자진하여 신고하게 하는 신고주의 원칙에 따라 진행되었다. 소유자가 소유권을 신고하면, 면에서 채용한 측량원이 출장해 측량을 실시하며, 이때 소유자와 지주총대가 입회하도록 했다. 측량 결과는 도 장관이 주관하는 사정 작업을 통해 확정되었고 그 결과물을 다시 면사무소 등에 비치해 소유자가 확인하도록 한 후 이의가 있을 때에는 임야 심사위원회에 이의신청을 제기할 수 있었다.

이 사업을 통해 총독부는 1911년 〈삼림령〉 시행 당시에 미처 소유권을 인정받지 못한 사유 임야를 거의 대부분 확인하고, 그 사유 사실을 공식적으로 인정했다. 즉 총독부는 임야 조사 사업 당시에 신고서를 제출한 사람들의 소유권을 대부분 인정했다. 하지만 임야 소유자에게는 임야 조사 사업 직후 무거운 부과금을 전가했다. 총독부는 군마다 임야 소유권자들을 조합원으로 하는 삼림 조합을 만들도록 한 다음에 치수·치산 사업의 명목으로 삼림 조합비를 거두어들였다.

삼림 조합은 표면적으로는 치산 사업을 관리하는 임의 조합으로서 조합원들의 자유의사에 따라 조직된 것처럼 되어 있었다. 그러나 실제로는 군수가 조합장이 되어 거의 강제적으로 임야 소유자를 가입시킨 관제 조직이었다. 삼림 조합은 사실상 군청이 관리하는 장부상의 조직에 불과했고 담당 직원 역시 군 직원들이었다. 각 군청은 삼림 조합 조직을 통해 식림 사업을 지도하기보다는 조합비를 거두어들여 이를 지방 재정으로 전용하는 데 몰두했다. 삼림 조합이 추진한 식림 사업 또한 임야 소유자들이 그 소유지에 함부로 입산하지 못하게 막거나 묘목을 강매하고 식목을 강요하는 데 그쳤다. 이 때문에 조합원들은 묘목 대금을 납부해야 하는 부담을 떠안았고, 삼림 조합이 지정한 날짜 외에는 입산할 수 없었을 뿐만 아니라 겨울철 연료나 퇴비 생산을 위해 입산이 허락된 날에도 입산 허가료를 따로 내야 했다. 행여 조합원들이 자기 땅에 허락 없이 들어가 나뭇가지 하나라도 건드리게 되면 거액의 과태료를 물어야 했다.

이처럼 임야 조사 사업은 조선인들에게 많은 폐해를 안겼다. 임야 조사 사업을 통해 임야의 소유권이 확정되었지만 이후의 임야 정책은 임야 소유자들에게 경제적으로 타격을 안기는 방향으로 전개되었다.

〈회사령〉

일본은 1910년 12월 29일 〈조선 회사령〉을 공포했다. 〈회사령〉은 부칙을 포함해 총 20개조로 이루어졌다. 이 법령에 따르면, 조선에서 회사를 설립하려는 사람이나 조선에 지점을 설치하려는 사람은 모두 총독부의 인가를 받아야 했다. 만약 인가를 받지 않고 회사 또는 지점을 설치한 사람은 5년의 징역을 살거나 5000원의 벌금을 물도록 했다. 또한 총독은 한국 내 회사가 허가 조건에 위배되거나 공공질서와 미풍양속에 위반되는 행위를 했을 때 회사의 정지, 금지, 지점 폐쇄 또는 해산을 명령할 수 있는 권한을 갖고 있었다. 회사 설립 요건도 까다로웠다. 가령 주식회사를 설립할 때는 발기인의 이름·주소·보유 주식 수·보수 등을 신고해야 했다. 즉 기업 설립에 대한 실명제적 신고 규칙을 제정해 자금 출처를 명확히 하고자 했다. 아울러 회사 재산과 업무 상황을 총독에게 보고하도록 했다. 이러한 통제는 조선인 회사만이 아니라 일본인 회사에까지 일률적으로 적용되었다. 이와 같은 통제 법령은 조선 귀족에게 배포될 은사 공채 자금과 새로이 한국 진출을 계획하고 있는 일본 자본이 투기적으로 사용되는 것을 막고, 그것이 총독부의 조선 경제 재편 구상에 따라 사용될 수 있도록 유도하기 위해 제정된 것이었다.

〈회사령〉이 조선 내 회사 전반에 대한 강력한 통제 수단으로 기능하게 된 것은 일본이 식민지 개발에 본격 착수할 만한 재정적 여력이 불충분했기 때문이었다. 일본은 강점 직후 치안 및 철도·도로·항만 등의 기반 공사에 재정 대부분을 지출해야 했다. 이들 비용의 상당 부분은 일본 본국에서 조달했다. 따라서 재정적 차원에서 식민지의 산업 개발을 위한 비용을 책정하는 것이 쉽지 않았다.

한편, 〈회사령〉 제정 목적 중 하나가 조선인 회사들이 관행적으로 행사하고 있던 도고권 철폐에 있었으므로, 도고● 상업 체제에 기반한 조선인 회사들은 〈회사령〉 시행 후 집중적인 단속 대상이 되었다. 하지만 〈회사령〉 시행 직후에도 〈회사령〉의 제정 의도를 제대로 파악하지 못한 조선인의 회사 설립 신청이 폭주해 1910년대 후반을 제외하

도고都賈
조선 후기 상품의 매점매석을 통해 이윤의 극대화를 노리던 상행위 또는 그러한 상행위를 하던 상인이나 상인 조직을 말한다. 17세기 후반 이래 생산력 증대, 상업 인구의 증가, 화폐의 유통, 대동법의 실시 등으로 상인 간에 심한 경쟁이 일어났다. 이를 극복하려고 일부 상인이 관권과 결탁하거나 스스로의 자본력을 바탕으로 독점적 매점 행위를 하면서 도고 상업이 나타났다.

면 〈회사령〉 시행 직후인 1911년부터 1913년까지 회사 설립 신청이 가장 많았다. 〈회사령〉 시행 초기인 1912년까지 회사 인가 신청은 43건인데, 그중 〈회사령〉 시행 이후 신청하여 인허된 것은 10개, 이미 설립된 회사임에도 새로 설립 신청을 하여 인허된 것이 12개로 인허 건수는 22건, 불허 건수는 6건이었다. 또 일단 인허되었다가 강제 해산한 회사는 8개이며, 나머지는 〈회사령〉 직전에 인허되었지만, 시행 이후에 상황은 알 수 없는 것들이다.

이런 조건에서 조선인 자본이 형성될 토양이 제대로 마련될 리 없었다. 〈회사령〉은 조선 내 민간 자본에 대한 총독부의 전면적인 통제를 가능케 하는 동시에 조선인의 전통적 상업 관행을 철저히 붕괴하기 위해 제정한 것이었다. 〈회사령〉의 제정에 따라 인적·자본적 결합을 통해 도고권을 유지하고자 했던 객주들의 시도는 결국 좌절되었다. 〈회사령〉은 악법이라는 숱한 비판 속에 3·1운동 직후인 1920년에 폐지되었다.

식민지 민으로서의 '조선인' 양성: 교육·종교 정책

차별화를 통한 열등 국민의 창출

동화 정책은 식민지의 안정화, 문명화, 일본화에 의해 성공 여부가 좌우되는 정책이었다. 안정화는 동화 정책의 전제조건이고, 문명화는 동화 정책의 명분이며, 일본화는 동화 정책의 궁극적 목적이라 할 수 있다. 초대 조선총독인 데라우치는 공식적·비공식적 자리에서 한일 양 민족의 융합 동화의 가능성과 필연성을 자주 언급했다. 여기에는 한국 독립 불능론과 정체성론이 결합한 그의 일선동조론적 역사관이 크게 영향을 미쳤다. 그는 한일 양 민족의 지리적 근접성, 역사적 상호 의존성, 문화적 유사성과 인종적 동종성同種性을 기회가 있을 때마다 피력했다. 하지만 데라우치는 전면적인 동화 정책을 펼치지 못했다. 그의 주장에 따르면 조선 사회는 민도가 낮고 민족적 정체성이 강하고 배일적 분위기가 진정되지 않았던 까닭에 동화 정책의 전면적 시행은 무리였다는 것이다. 결국 데라우치 총독은 이러한 대조선관을 기초로 점진적 동화주의를 통치 이념으로 내세웠다.

이 점진적 동화주의 차원에서 조선인의 일본화, 즉 일본의 지배에 순종하는 인간을 만드는 데 가장 유효한 수단은 교육이었다. 조선에서 시행한 교육의 기본 방침은 1911년 8월 23일에 공포된 〈조선 교육령〉에 잘 드러나 있다. 핵심 조항으로는 교육은 충량한 국민을 육성하는 것을 본의로 하며(제2조), 시세와 민도에 적합하게 하도록 하며(제3조), 보통 교육은 보통의 지식 기능을 교수하고 특히 국민된 성격을 함양하며, 국어를 보급함을 목적으로 한다(제5조) 등을 들 수 있다. 〈조선 교육령〉과 함께 발표된 총독의 담화문은 조선의 사정이 아직 일본과 같지 않으므로 교육의 역점은 덕성의 함양과 일본어 보급에 두고자 하며, 이를 통해 제국의 신민臣民다운 자질과 품성을 갖추도록 한다는 내용을 담고 있었다.

총독부는 조선인의 낮은 민도를 이유로 오늘날의 초등 교육에 해당하는 보통 교육과 실업 교육에 정책의 초점을 맞추었다. 고등은 물론 중등 교육에도 매우 소극적이었다. 실제로 1918년 5월 말 관공립 보통학교가 464개교였는 데 반해 관공립 고등 보통학교는 4개교, 여자 고등 보통학교는 2개교에 불과했다. 그러므로 보통 교육은 상급 학교 진학을 위한 예비 교육이라기보다는 처세에 도움이 되는 교육으로서의 완결성을 갖추는 방향에서 이루어졌다.

보통 교육에서 가장 역점을 둔 것은 일본어의 보급이었다. 일본 제국 교육회는 이미 1911년 조선총독에게 일본어를 보급하는 것이 당면한 급무이므로 전력을 다해 줄 것을 건의했다. 보통 교육에서는 모든 과목을 일본어 교과서를 사용해 일본어로 가르쳐야 한다는 것이다. 이에 따라 보통학교에 보급되는 교과서의 경우, '조선어 및 한문'을 제외하고는 모두 일본어로 기술되었으며 일본어에 배당된 시간은 '조선어 및 한문'보다 두 배가량 많았다. 수업 역시 일본어로 진행되었다. 이렇게 일본이 일본어 교육에 힘을 쏟은 것은 민족 동화는 곧 '국어' 동화에서 비롯된다는 인식을 갖고 있었기 때문이다.

일본은 일본어 교과서로 조선의 학생들에게 일본어만을 가르친 것이 아니라 일본 정신을 주입시키고 일본 문화의 우수성을 가르쳤다. 보통학교 학생이 입학하면 제일 먼저 자기의 성과 이름을 일본어로 바꿔서 외우도록 했다. 국어(일본어) 독본에는 일본의 역사와 지리, 일본의 전설과 사화 등을 수록했다. 조선말과 조선 역사를 가르치는 '조선어 및 한문'과 '역사 및 지리'도 천황제를 찬양하고 총독부 시책을 선전하는 내용으로 채워졌다.

조선인의 일본인화 교육에서 일본어 교육과 함께 중시되었던 것은 수신修身 과목이었다. 오늘날 도덕·윤리에 해당하는 수신은 '국민 도덕의 중추인 충효 관념을 양성하고 일본의 국체를 선전하는 과목인 동시에 천황과 일본에 충성하고 국법을 준수하는 것에 대해 가르치고 나아가 조선인에게 결여된 가치인 정직·근면·검약·저축·청결·위생 등을 배양하기 위한' 과목이었다.

이처럼, 국어(일본어)와 수신은 국민성 양성에 직접적인 관계가 있는 과목으로 교과서는 "조선은 일본, 타이완과 함께 천황이 통치하는 일본 제국의 일부이며 조선인은 천황의 은택을 받아 일본 제국 신민의 일원이 되었으므로 그 분수를 지켜 황실을 존숭하고 국가를 위해 진력을 다하되, 실용 근면을 주로 하고 공리공론을 피하도록 한다"는 편찬 방침에 따라 만들어졌다.

일본은 공립만이 아니라 사립학교에도 이러한 방침을 강요했다. 나아가 조선인이 운영하는 사립학교를 여러 방식으로 압박했다. 총독부는 1911년에 〈사립학교 규칙〉을 공포하고 1915년에 개정하면서 이들 학교에 종교 교육을 금지시키고 교과목으로 수신과 일본어를 가르칠 것을 강요했다. 교과서도 당국이 발행한 검인정 교과서를 채택하도록 했다. 1918년에는 서당을 압박하기 위한 〈서당 규칙〉이 공포되었다. 총독부는 천자문, 사서 등 전통적 교과목과 교과서는 허용했지만 조선총독부에서 편찬한 일본어와 수신 교과서도 가르칠 것을 강요했다. 일본에게 조선인이 운영하는 사립학교와 서당은 동화 정책의 장애물이었다.

데라우치 총독을 비롯한 총독부는 점진적 동화주의를 내세우면서도 실제로는 민족 차별적 교육 정책을 실시했다. 시세와 민도의 차이

일제하 학교 수업.

가 그 이유였다. 동화 담론과 차별 교육의 간극은 당시 일본이 조선에서 민족 동화 정책을 추진할 만한 역량을 결여한 데서 비롯된 것이었다. 조선인의 높은 교육열과 사립학교 설립에도 불구하고 인구 대비 학교 수에서 일본인과 차별했다거나 초·중등 교육 과정의 경우 조선인을 8년제, 일본인을 11년제로 편성해 명백히 차별을 둔 점은 그런 역량의 결여를 반영한 것이었다. 일본은 줄곧 충량한 국민 양성, 즉 조선인의 일본인화를 지향했다. 하지만 실제로는 역량 부족으로 인한 차별적 교육을 통해 일본인이 아닌 '열등한 이등 국민', 즉 식민지 민으로서의 '조선인'을 길러내는 데 만족해야 했다.

포섭과 통제의 양날을 휘두르다

일본이 조선을 식민지화하면서 가장 고심한 문제 중 하나가 종교였다. 당시 조선에는 유교, 불교, 천도교, 대종교 등 다양한 종교가 있어 일본으로서는 장악은 물론 파악조차 어려웠다. 뿐만 아니라 천주교와 기독교 등은 서구 선교사들이 많이 들어와 활발하게 활동하고 있어, 일방적으로 종교를 억압, 통제할 경우, 외교 문제로 비화될 여지가 농후했다.

'한일합병'이 공표되면서 함께 발표된 데라우치 통감(합병 당시는 통감)의 담화문 역시 이런 고민을 담아 종교에 대해 언급하고 있다. 여기서 데라우치는 신앙의 자유는 문명국이 다 인정하는 바이지만, 종교를 빙자해 정치를 논하거나 다른 일을 꾸미는 것은 풍속을 해치고 안녕을 방해하는 것으로 간주해 처단하겠다고 경고했다. 그리고 유교·불교·기독교는 총독부의 시정 목적과 배치되지 않을 뿐 아니라 도움이 될 것이므로 포교에 편의를 제공할 것임을 약속했다. 여기서 주목할 것은 종교를 개개인의 행복을 지향하는 극히 사적인 성격으로 제한하고자 했다는 점이다. 이는 곧 종교가 치안 유지나 시정 목적에 어긋날 때는 가차 없이 탄압하겠다는 의도를 담고 있었다. 즉 종교와 정치의 분리를 명분으로 종교인이 민족 운동에 가담하는 것을 차단하 겠다는 뜻이었다.

조선총독부는 상대적으로 수월하게 포섭할 수 있는 불교와 유교에 대해 〈사찰령〉과 〈경학원 규칙〉을 제정해 통제에 나섰다. 기독교가 가장 큰 된서리를 맞았다. 종교 자체를 탄압하는 방식이 아니라, 겉으 로는 신앙의 자유를 인정한다고 선전하면서 이른바 '데라우치 총독 암살미수 사건'이라는 '105인 사건'을 조작해 기독교계 지도자를 대 거 검거했다. 이러한 사전 정지 작업을 거쳐 1915년 8월 총독부는 종 교 전반에 대한 시책이 담긴 〈포교 규칙〉을 발포했다. 총독부는 이 규 칙에서 신도와 불교, 기독교에 한해 종교임을 인정하고 이들 종교의 포교에 종사하는 자는 자격 및 이력서를 첨부해 총독에게 신고하고 포교 시에는 총독의 인가를 받아야 하며 교회당, 설교소, 강의소 등을 설립하거나 변경할 때 총독의 허가를 받아야 함을 명시했다. 또한 필 요한 경우에는 천도교와 같은 종교 유사 단체에도 이 법령을 적용할 수 있도록 했다. 이 법령으로 총독은 사실상 한국 내 모든 종교 단체 를 통제할 수 있게 되었다.

한편 헌병 경찰을 통해서는 개인 신앙에 대한 간섭과 통제를 시도 했다. 이에 대한 법적 근거는 1912년 3월에 공포한 〈경찰범 처벌 규 칙〉이었다. 단체 가입을 강요하거나 불온한 연설을 하거나 함부로 길

흉화복을 말하고 기도와 주문을 통해 사람들을 유혹하거나 아픈 자에게 정신 요법을 실시하는 등에 이 법령을 적용해 구류 또는 벌금에 처했다. 이 규칙은 경우에 따라 대부분의 종교 활동을 금지하고 규제할 수 있는 것이었다.

총독부가 가장 먼저 포섭과 통제의 양날을 사용한 종교는 불교였다. 그들은 조선 불교계를 통합, 정비, 보호한다는 명분으로 1911년 〈사찰령〉을 공포해 총독이 직접 불교계를 통제하고 장악할 수 있도록 했다. 그리고 〈사찰령〉과 함께 1912년에 공포한 〈본말사법〉 등을 통해 전국 1300여 개의 사찰을 30개의 본산과 본말사 관계를 맺게 하고 본산의 주지 임명은 총독이 직접 이를 승인하며 그 밖의 사찰 주지도 도 장관의 승인을 받도록 했다. 사찰의 병합과 폐지는 물론 모든 재산의 처분도 총독의 허가를 얻도록 했다. 이를 통해 일본은 조선 불교계의 자율성을 억압하고 강력한 통제와 전제적 지배권을 확립해 식민지 교화 기구로 삼고자 했다.

유교는 일본의 입장에서 볼 때 천황제 이데올로기와 상통한 면이 있어 활용 가치가 높았다. 그러나 의병 전쟁에 투신하면서 식민지화에 강력하게 저항한 세력도 유림이었으므로 총독부는 이에 대한 대책을 세워야 했다. 일본은 유교를 표면적으로는 공인 종교의 하나로 인정하는 듯하면서 포섭과 통제에 착수했다. 국망 직후 유력한 양반 유생들에게 상치은금*을 지급하거나 조선 귀족의 작위를 수여하며 은사금을 지급한 것은 유림에 대한 회유 매수 공작의 일환이기도 했다. 1911년에는 성균관을 폐지하고 〈경학원 규정〉을 발포했다. 경학원은, 대표인 대제학을 총독이 임명하는 등 총독의 지휘·감독을 받

상치은금尙齒恩金
일본은 60세 이상의 유생 12,115명에게 30만 원을 지급했다.

아야 했으며 경비도 총독부에서 조달받았다. 향교는 1910년 제정된
〈향교 재산 관리 규정〉에 의거해 향교 재산을 부윤이나 군수가 관리
하도록 하고 거기서 생기는 수입은 관공립학교의 경비로 사용하도록
했다. 이처럼 주요 유교 기관을 장악한 총독부는 그들의 회유에 넘어
간 유생들을 이용해 경학원과 향교를 조선인의 동화를 위한 사회 교
화 기관으로 삼고자 했다. 이에 따라 1912년 3월 경성과 13도에 강
사를 임명하고 매월 정기적으로 강연회를 갖도록 했다. 1915년부터
는 강연회를 시작할 때 이른바 천황의 '교육에 관한 칙어'를 낭독하
도록 했다.

기독교는 조선총독부가 종교 자체를 직접적으로 억압하지 않고, 교
육 기관인 기독교계 학교를 탄압하는 방식을 취했다. 1911년에는 〈사
립학교 규칙〉을 제정하고 1915년에 이를 개정하면서 기독교계 학교
에서 성경 과목을 가르치거나 예배 드리는 일을 금지시켰다. 그리고
교사는 수업을 일본어로 진행해야 한다고 명시함으로써 선교사를 교
사직에서 배제했다. 즉 기독교 교육은 충량한 신민을 키워야 하는 식
민지 교육과 배치되므로 이 규칙을 통해 사립학교와 기독교를 탄압하
고자 했다. 또한 선교사에게는 엄격한 정교 분리 원칙을 요구하면서
조선 지배에 대한 어떠한 간섭도 용납하지 않을 것임을 공언했다. 기
독교에 대해서는 동양 전도관을 설치해 일본 기독교의 전파를 통한
친일화를 유도하기도 했지만, 대체로는 간접적인 방식의 통제로 일관
했다.

천도교를 비롯해 대종교, 시천교 등 토착 종교에 대해서는 유사종교
라 명명하며 정치와 종교를 혼동해 종교로만 인정하기 어려운 경우가

많아 주의, 단속해야 한다며 1910년에 발포한 〈집회 취체에 관한 건〉 등을 적용해 상시적으로 감시하고 탄압했다. 따라서 이들 토착 종교들에게는 회유 혹은 포섭 없이 일방적인 통제가 가해졌다. 이에 반해 신도에 대해서는 총독부가 천황제 이데올로기 주입과 동화 정책의 일환으로 지원하고 장려하는 정책을 취했다. 물론 신도 역시 총독부의 통제망을 벗어날 수는 없었다. 총독부는 1915년 〈신사사원 규칙〉을 발포하여 모든 신사의 창립과 존폐는 총독의 허가를 받도록 했으며, 기존 신사도 총독의 인가를 받도록 지원하는 한편으로 신사에 관공립적인 성격을 부여했다.

이처럼 일본에게 조선의 종교는 조선인의 일본인화, 즉 동화를 위한 교화 수단이었다. 그리고 일본은 1910년대 내내 민중의 삶에 밀착한 종교에 대한 포섭과 통제 정책을 통해 내선일체의 디딤돌을 마련하고자 했으나, 종교를 통한 식민지 민으로서의 '조선인' 만들기는 사실상 실패로 귀결되었다. 그들이 포섭보다는 통제와 탄압에 치중했던 기독교와 천도교의 지도자들이 3·1운동을 모의하고 촉발하는 데 앞장섰던 것이다.

종속과 근대가 바꾼
민중의 삶과 투쟁

농민

농민은 1910년대 조선에서 사회 구성원의 압도적 다수를 점하고 있었다. 이 시기 농민의 대다수는 고율 소작료의 착취하에 빈곤을 강요당했다. 논밭은 농민의 유일한 생계 수단이었다. 농민의 땅 소유 실태를 살펴보면 다음과 같다.

1910년 총 경지 면적은 246만 4904정보町步(1정보는 약 9917.4제곱미터)에 농가는 233만 6320호였다. 총독부는 경지 면적 확대를 위한 여러 정책을 실시했다. 토지 조사 사업을 통해 누락된 경지를 찾아냈다. 그리고 바다나 냇물을 막아 간척지를 만들거나 늪이나 황무지를 개간해 논밭으로 만들었다. 홍수 등 자연재해에 대비해 사방 공사를 벌였고 곳곳에 저수지도 만들고 수해 방지를 위한 조림 사업에도 힘썼다. 그 결과 경지 면적은 1936년 무렵에 494만 1582정보로 두 배 이상 늘어났다. 그러나 경지 면적이 늘어도 농가의 수익은 높아지지 않았고 생활 형편도 나아지지 않았다.

대신 지주地主는 증가했다. 1914년부터 1918년까지 지주의 비율은 1.8퍼센트에서 3.4퍼센트로 늘어났다. 아직까지 부의 축적을 위해서는 토지 투자가 가장 확실한 방법이었기 때문이다. 앞에서 살펴본 대로, 이들 지주가 총독부 권력의 비호를 받아 더욱 용이하게 부를 축적하면서 식민지 지주제는 공고하게 자리를 잡아갔다. 토지의 집중 현상이 강화되는 가운데 생계를 겨우 꾸려 나가는 자작농과, 자작과 소작을 겸하는 농가는 계속 줄었다. 1918년 현재 농촌에 거주하는 총 호수 가운데 소작 농가는 100만 호(38퍼센트)이고 자소작 농가는 104만여 호(39퍼센트)로 소작 제도에 묶여 있는 농가가 77퍼센트에 달했다.

농민의 삶이 나아지지 않은 원인으로는 고율의 소작료 문제가 가장 컸다. 소작료는 지주와 소작농의 합의로 정해지지만 대개는 지주의 요구를 따르기 마련이었다. 문제는 소작료의 비율이었다. 소작료는 대체로 수확량의 50~80퍼센트에 이르는 고율의 현물 지대였다. 또한 소작농들은 대개 소작료 외에도 지주가 부담하기로 한 지세와 수세, 비료 값과 농토 수리비의 부담마저 떠맡았다.

이 시기 토지 조사 사업과 삼림 정책이 시행되면서 농민들은 전통적으로 갖고 있던 농민적 권리인 도지권賭地權(소작권과 그에 대한 양도 매매 상속 권리), 입회권(공유지 이용 권리), 경작권 등을 부정당했다. 그로 인해 토지를 상실하는 농민은 늘어 갔다. 하지만 아직 공업이나 도시가 이들 농촌 과잉 인구를 흡수할 형편이 되지 못하므로 그들 중 대부분은 농촌에 그대로 머물러 있었다. 이는 농가 1호당 평균 경작 면적을 축소시키는 결과를 낳았다. 1정보 이상 2정보 미만의 토지를 경작하는 농가의 일부와 1정보 이하의 경지를 경영하는 농가의 대부분은 빈농층이라 할 수 있는데, 1913년 이들이 농민의 70~80퍼센트를 점하고 있었다.

총칼을 앞세운 무단 농정도 농민의 경영 조건을 악화시키는 요인이 되었다. 쌀농사 개량에 대한 간섭, 육지면의 재배 강요, 각종 조합 가입 강제, 상묘의 강제 보급, 가마니 제조 강요 등을 통해 일본은 조선

동양척식주식회사   1908년 한국에 설립된 일본의 국책회사인 동양척식주식회사. 1909년 1월부터 서울에 본점을 두고 본격적인 사무를 개시했다. 동양척식주식회사의 창립 목적은 "한국인의 문명 혜택을 위하여 한국 정부가 국유지를 출자하고 일본으로부터 선량하고 근면하며 경험이 풍부한 농민을 이주시켜 식산 산업에 이바지"하기 위한 것이었다고는 하나 1910년 대한제국이 국권을 상실한 이후부터는 경영진이 대부분 일본인으로 바뀌었고, 막대한 토지를 사들이며 대륙 침략의 일익을 담당하게 되었다.

가마니 짜기   조선총독부는 쌀·면화·콩·과일의 재배를 비롯하여 가마니 짜기 같은 농가 부업을 장려했다.

농업의 식민지적 재편을 추구했다. 이러한 무단 농정은 헌병과 경찰, 군청과 면사무소가 결합해 강권적으로 추진되었다. 각종 조세 부담도 농민 경영을 위축시켰다. 지세, 호세, 지세 부가세, 시장세, 도장세, 연초세, 주세, 면비, 학교 조합비, 기타 각종 조합비 등을 내는 농가 1호당 조세 부담은 1915년 6원에서 1920년에는 13원으로 급증했다. 시간이 흐를수록 농가의 경영 규모는 더욱 영세해졌고 식민지 지주제는 더욱 기초를 공고히 다져 나갔다.

농민들은 무단 통치하에서 자신들의 요구를 관철하기 위해 합법적·공개적 방식으로 조직을 구성할 수 없었다. 공개적으로 활동할 수 있는 농민 단체는 총독부의 적극적인 지원과 지도하에 설립된 국유지 소작인조합과 총독부의 권장으로 설립된 농민조합, 농자조합, 농림계 등이 있었다. 이들 단체는, 활동 내용이 일본의 요구를 거스를 수 없었고 주로 지주, 부농이 중심이 되어 운영되었다.

이 시기 농민 투쟁 중 주목할 것은 삼림 정책에 반대하는 투쟁이다. 무엇보다 농민을 자극한 것은 입회권의 상실이었다. 마을 인근의 산에서 땔감이나 비료 등을 채취하고 가축을 사육하는 것이 전면 금지된 데에 저항감이 컸다. 1917년 한 해만도 〈삼림령〉 위반으로 즉결 처분된 사례는 5331건으로, 총 5634명의 농민이 체포되었다. 때로는 대규모 폭동이 일어나기도 했다. 1914년 10월 강원도 삼척군 원덕면 임원리 농민 1000여 명이 임야 측량을 나온 총독부 관리들을 공격해 일본인 측량 기사가 살해되는 사건이 발생했다. 이를 진압하기 위해 출동한 헌병대가 농민들에게 발포했고, 70여 명의 농민을 구속시켰다. 토지 조사 사업 반대 투쟁도 일어났다. 농민들은 도처에서 토지 조사

국이 토지 측량을 위해 설치한 삼각점이나 표지석을 훼손하거나 측량원을 협박했고, 이러한 움직임은 폭동으로 발전하기도 했다. 시장세 등의 각종 조세 부과에 반대하는 투쟁이나 소작료 인하를 요구하는 농민들의 투쟁도 간헐적으로 발생했다. 1917년 8월에는 경기도 시흥에서, 1918년 3월에는 강원도 철원과 전라북도 남원에서 농민들이 폭동을 일으키는 등 점차 자신들의 요구를 관철시키기 위한 조직 결성과 투쟁에 대한 관심이 고조되어 가고 있었다.

노동자

1910년대 식민지 조선에서 노동자는 일본 자본의 조선 진출과 함께 증가했다. 당시 노동자는 크게 세 부류로 나뉘었다. 이 중 제일 먼저 등장한 부류가 개항장이나 철도 주변 지역에서 짐을 부리거나 운반하는 자유노동자였다. 이는 조선이 일본 제국주의의 상품 판매 시장이자 원료 및 식량 공급지로 전화轉化되는 과정을 반영한다. 자유노동자는 일본 자본이 가장 먼저 침투한 무역업, 운수업, 건설업, 서비스업 분야에서 일했다. 그들은 주로 부두에서의 하역 노동, 토목 건설 현장의 일용 노동, 그 밖에 지게꾼, 인력거꾼 등으로 종사했다. 부두 노동자의 임금은 운반 거리와 무게에 따라 책정했는데, 일종의 능률급으로 노동자의 생활을 불안하게 만들었다. 그들은 대부분 독신이었고 자기 소유의 집도 없는 형편이었다. 부산에서는 1910년대 말에 약 3000명의 부두 노동자가 존재했는데, 이 중 반수인 1500명은 집도 없이 주막에서 먹고 잤다. 여름에는 해안의 방파제나 노천에서 지내야 하는 형편이었다.

광산 노동자는 비교적 이른 시기에 발생했다. 일본 등 제국주의가 일찍부터 공업 원료와 연료를 얻기 위해 광산 개발에 투자했기 때문이었다. 1910년대 광산 노동자는 대체로 3만 명 정도였다. 광산 노동자의 임금은 운산 금광의 경우 하루 평균 82전으로 일본인 노동자의 2원 45전에 비하면 3분의 1에 불과한 수준이었다. 근로 조건 역시 열악해 산업 재해로 죽거나 다치는 경우가 1919년에는 전체 광산 노동자의 9.7퍼센트에 달했다.

1910년대 공장 노동자의 증가 추세를 보면 5인 이상 노동자를 고용한 공장의 경우, 1911년 1만 2180명이었던 조선인 공장 노동자는 1919년에 4만 1878명으로 3.4배가 증가했다. 이러한 노동자 수의 증가 추세는 1917년을 기점으로 두드러진다. 1916년에 2만 8646명이던 노동자 수는 1917년에 4만 1543명으로 크게 늘어났다. 1917년은 조선방직, 조선제지 등의 회사가 들어서고, 미쓰비시 재벌이 세운 겸이포 제철소가 본격적으로 가동을 시작한 해였다.

1910년대 조선인 노동자들은 일본인 자본가에 의한 민족적 차별 대우와 장시간 노동, 열악한 노동 조건, 저임금 등으로 고통받았다. 특히 임금 상승률은 이 시기 물가 지수의 급등에 비추어 턱없이 낮았다. 즉 1910년 8월을 기준으로 삼았을 때 1918년 당시 물가 지수는 235퍼센트였는데, 공장 노동자의 임금 지수는 120퍼센트에 지나지 않았다. 연령별 구성을 보면 15세 미만의 유년 노동자와 60세 이상의 고령 노동자, 그리고 여성 노동자가 전체 노동자 수의 30퍼센트 정도를 차지하고 있었다. 이들은 성인 남성 노동자 평균 임금인 1원 51전의 5분의 1에서 3분의 1에 지나지 않는 저임금을 받고 노동해야 했다.

성인 남성 노동자 또한 일본인 노동자에 비해 현저한 차별 대우를 받았다. 진남포 제련소의 조선인 노동자 평균 임금은 53전인데 비해 일본인 노동자는 1원 12전으로 2.1배나 많았다.

1910년대 노동자 단체는 자유노동자를 중심으로 조직되었다. 부두 노동자 및 토건 노동자 등 자유노동자 단체는 대개 개항장이나 철도 주변 지역에 집중되어 있었다. 이들 단체는 노임의 10분의 1을 조합비로 걷어 조직원 간의 친목을 도모하고 길·흉사에 상호 부조하면서, 비조직원에 대해서는 배타적인 이익 집단 역할을 하며 노무 공급을 하는 기능을 수행했다.

1910년대에 들어서면 자유노동자나 광산 노동자의 파업 투쟁과 함께 공장 노동자가 파업 투쟁에 나섰다. 1910년대 총독부가 파악한 파업 투쟁 사례는 170건이었다. 1917년까지 10건을 넘지 않던 파업은 1918년 50건, 1919년 84건으로 급증하는 양상을 보였다. 참여자 수에서도 1917년까지는 1000명대를 넘지 않는데, 1918년에는 6105명, 1919년에는 9011명으로 급증하는 양상을 보였다. 노동자들은 임금 인상과 처우 개선을 요구하며 파업 투쟁에 나섰다. 일부 노동자들은 8시간 노동제 실시를 요구하기도 했다. 겸이포 제철소에서는 일본 독점 자본에 반대해 노동자의 생활 조건을 개선하는 투쟁을 전개했고, 이에 일본·중국 노동자가 함께 연대했다. 이와 같은 노동 운동에 자극제가 된 것이 바로 3·1운동이었다. 3·1운동을 거치면서 노동자들은 더욱 강도 높게 지속적인 투쟁을 벌였다. 1919년에 발생한 파업 중 75건이 3·1운동 이후에 발생했다.

근대화와 민족 해방의
동력이 성장하다

종교 세력의 부상: 기독교와 천도교

식민지하에서 근대화와 민족 해방, 즉 주체적 근대화를 이끄는 진보적 역할을 수행한 것은 종교인, 청년, 학생, 지식인 등이었다. 청년, 학생, 지식인은 선도적 역할은 했지만 지속성과 체계성 측면에서 약점이 있었다. 하지만 기독교와 천도교 등 근대 종교는 근대화와 민족운동에서 지속적으로 비중 있는 역할을 수행했다. 우리 역사에서 기독교와 천도교의 교세가 급속히 성장한 시기가 바로 1910년대였다. 특이한 점은 계급·계층별로 기독교와 천도교를 수용하는 양상이 달랐다는 것이다. 기독교는 도시의 신흥 상공인층·지식인층 사이에, 천도교는 농촌의 신흥 지주·자작농·농촌 지식인층을 중심으로 확산되었다.

서구 제국주의 침략과 선진 문명의 도입은 기독교를 동반했다. 1907년 이후 급격히 교세가 성장한 기독교 계통의 교회는 1918년 무렵 전국적으로 모두 3154개였다. 이 가운데 장로교는 1896개로 전체의 60.1퍼센트를 차지하고 있었으며 미감리회와 남감리회를 합해 감리교가 817개로 전체의 25.9퍼센트를 차지하고 있었다. 1918년 현재 장로교와 감리교의 기독교 분포 1위 지역은 398개의 경기도이며, 2위는 365개의 황해도, 3위는 356개의 평안남도이며, 평안북도가 260개 교회로 4위를 차지하고 있다. 경기도를 포함해 황해, 평남북의 교세가 강하다는 것을 알 수 있다.

이렇게 성장한 국내 기독교 세력의 다수는 1910년대 종교·교육 운동을 통한 실력 양성 노선을 추구했다. 일본은 1911년 안악 사건을 필두로 데라우치 총독 모살 미수 사건, 이른바 '105인 사건'을 조작해 국내 민족 운동의 주요한 기반을 이루고 있던 기독교 세력에 대한 대대적인 검거에 착수했다. 이 사건으로 700여 명의 기독교 지도자들이 구속되었다. 일본은 이 사건을 빌미로 평안도 지방의 교육계와 상공업계에 기반을 둔 기독교 민족 운동 세력을 분쇄하고자 했다. 또한 이 사건을 조사하는 과정에서 대한제국기부터 유력한 민족 운동의 거점이었던 신민회의 조직 사실이 탄로 나기도 했다. 1914년에 경성에서 조직된 조선기독교청년회연합회는 일본의 기독교 탄압을 의식하며 공업 교육·소년 사업·체육 사업에 주력하는 소극적인 실력 양성 운동 노선을 표방했다.

'105인 사건'을 통해 일본의 민족 운동 탄압과 경제적 침탈이 종교적 억압과 긴밀히 연관되어 있다는 사실을 자각하면서 기독교계 청년 학생의 민족 의식은 크게 고조되었다. 주요 기독교 지도자들이 해외로 망명하거나 투옥당하는 가운데 기독 청년 학생들은 민족 운동의 새로운 담당주체로 떠올랐다. 무엇보다 주목할 점은 기성볼단, 조선국민회와 같이 종래의 실력 양성 운동과는 구별되는 항일 무장 투쟁 노선을 견지하는 비밀 결사가 관서 지방 기독 청년 학생들의 주도로 출현했다는 사실이다. 기성볼단은 차리석, 김영윤 등 안창호가 설립한 대성학교 출신이 중심이 되어 1914년 5월 평양에서 조직한 비밀 결사였다. 그들은 1915년 3월 조직이 발각될 때까지 평양 지역의 청

1907
안창호 비밀 결사 조직인 신민회 창립.

1910
안악 사건 발생.

1911
조선총독부, '105인 사건' 조작.

105인 사건   105인 사건으로 인해 끌려가고 있는 신민회新民會 관련 인사들. 1910년 11월 안명근安明根이 서간도에 무관학교를 설립하기 위해 자금을 모집하려다가 붙잡힌 이른바 안악 사건이 발생했다. 마침 11월 27일부터 12월 2일 사이에 압록강 철교 개통식에 참석하기 위해 데라우치 총독이 서북 지역에 오자, 일본은 무관학교 설립 자금을 데라우치 총독의 암살을 위한 군자금으로 날조하여 관련 인사 및 신민회 회원들을 대대적으로 체포하고 고문하기 시작했다. 그래서 1911년 9월부터 총독 암살 미수 사건으로 검거된 사람이 윤치호를 비롯하여 양기탁, 임치정, 이승훈 등 전국에 걸쳐 600명을 넘어섰는데, 제1심 공판에서 유죄판결을 받은 사람이 105명이었으므로, 이를 '105인 사건'이라고 부른다. 105인 사건은 조선총독부에 의해 독립 운동 비밀 결사인 신민회가 해체되는 아픔을 겪기도 했지만, 이로 인해 사건에 연루되었던 많은 독립 운동가들이 해외로 망명하여 항일 운동을 하게 되면서 민족 해방 운동의 범위가 확대되는 계기로도 작용했다.

년들을 규합해 서간도나 미국 네브래스카 등지의 무관학교로 보내는 활동을 전개했다. 점진적 실력 양성 노선을 대표하는 안창호의 영향권하에 있던 이들이 무장 투쟁 노선으로 전환했다는 사실은 기독교 민족 운동의 세대교체 과정을 잘 보여 준다.

조선국민회는 하와이에서 박용만과 만나 국내에 청년단체를 만들기로 합의한 평양 숭실학교 출신의 장일환이 1915년 4월 귀국한 뒤 국내 청년 그룹, 만주에서 활동하는 숭실 동문 그룹을 규합해 1917년 3월 결성한 비밀 결사였다. 그들은 곧 미일 전쟁이나 러일 전쟁이 발발할 것이라는 정세 인식에 기반해 무장 독립 전쟁을 모색했다. 1918년 2월 조직이 탄로 날 때까지 서간도에 독립군 기지를 물색하는 한편으로 회원들의 해외 무관학교 입학을 추진하고 무기 구입을 위한 자금을 마련하며 하와이 국민회 기관지 《국민보》를 국내에 배포하는 등의 활동을 전개했다.

천도교는 1905년 동학의 손병희 교주가 창건한 근대 종교다. 국망 직후 대한협회와 일진회를 비롯한 모든 정치 단체는 해산되었지만 종교 단체인 천도교는 겨우 명맥을 유지할 수 있었다. 갈 곳을 잃은 지식인들도 속속 천도교로 모여들었다. 천도교세는 1910년대 내내 꾸준히 배가되는 양상을 보였다. 박은식은 천도교의 이러한 교세 신장에 대해 "신도가 날마다 증가하여 300만을 헤아린다. 그 발전의 신속함은 거의 고금의 종교계에 일찍이 없는 일이다"라고 평가했다. 박은식이 '300만'이라고 한 천도교의 실제 교인 수에 대해 다케우치 로쿠노스케竹內錄之助가 발행하던 《반도시론》은 천도교가 제공한 자료에 근거해 1916년 7월 현재 107만 3408명인 것으로, 미국에서 발간되던 교포신문 《신한민보》는 1918년 2월 현재 108만 2936명인 것으로 각 각 발표했다. 이러한 천도교의 세력 기반은 기독교와 마찬가지로 북부 지방에 편중되는 양상을 보였다. 1910년대 이래 천도교인의 80퍼센트 이상이 북부 지방에 밀집하는 현상은 일제 강점기 내내 지속되었다.

1910년대 천도교는 근대인·문명인을 양성하기 위한 실력 양성 운동을 전개했다. 천도교는 민중들에게 '문명 시대에 신학문과 도덕에 힘쓰기 위해서는 천도교에 입교하라'고 선교했다. 천도교가 근대적 주체로 가장 먼저 주목한 계층은 청년이었다. 천도교는 1908년부터 천도교 청년 세대의 근대화·문명화를 위한 실천의 장이라 할 수 있는 교리 강습소를 각 지방 교구에 설치했다. 700여 개가 넘게 전국적으로 설립된 교리 강습소는 기독교계 사립학교와 구래의 서당과 경쟁하며 성장을 거듭했다. 교리 강습소에서는 천도교리만이 아니라 보통 교육에 준하는 교육도 실시했다.

천도교의 청년 교육은 민족을 대상으로 한 학교 교육으로 확대되었다. 당시 가장 비중 있는 사립 교육 기관이던 보성학원의 보성전문학교·보성중학교·보성소학교가 재정난으로 폐교 위기에 처하자 1910년 12월 이를 인수했다. 동덕여학교를 비롯해 서울의 문창학교·보창학교, 대구의 명신여학교 등도 인수했다. 천도교는 기독교와는 달리 자신이 경영하거나 지원하는 학교에서 종교 교육을 실시하지 않았다.

1910년대 천도교가 근대인·문명인 양성을 위해 주목한 또 다른 대상은 여성이었다. 여성 천도교인들에게 가정 내 종교 활동의 주역이 될 것을 요구하는 동시에 적극적인 사회 진출을 독려하면서 선교를 담당하는 전교사에 임명했다. 그리고 여성 계몽의 일환으로 문맹을 탈피하기 위한 한글 공부를 장려했다. 《천도교회월보》의 언문부를 통한 여성 계몽에도 앞장섰다. 우선 여성들이 미신을 숭배하는 과거의 습속에서 벗어날 것을 요구했다. 그리고 여성 계몽의 궁극적 지향점은 남녀 동등, 즉 평등의 실현에 있음을 강조했다. 이러한 계몽에만 그친 것이 아니라 1918년에는 용산 교구 내에 용산부인기업소를 설치해 여성의 식산殖産을 유도했다. 천도교의 여성 계몽에 대한 여성 교인들의 호응도 상당했다.

무단 통치하에서 손병희라는 지도자와 100만의 교인 그리고 중앙 집권적인 교권 체제를 갖춘 천도교는 실력 양성을 통한 근대화를 추구하며 점차 민족진영의 주류로 부상하고 있었다. 천도교 지도부는 대한제국기 이래 실력 양성 노선에 입각해 교육 운동에 주력했다. 그들은 일단 무단 통치하에서는 천도교를 보존하는 것이 최선책이라는 준비론적 인식을 갖고 있었다. 한편 천도교 내에는 소수파지만, 천도교가 무장 투쟁 등을 통한 항일 운동에 뛰어들 것을 요구하는 지도자도 있었다. 최시형의 장남인 최동희는 손병희에게 제1차 세계대전 중인 1916년에 항일 운동 전개를 요구했으나 거절당했다. 종전 직후인 1918년에도 항일 운동을 촉구하는 천도교 내부의 요구가 있었다고 한다. 손병희는 준비론적 방략을 고수하면서 제1차 세계대전의 추이를 예의 주시하고 종전이 가까워지자 천도교 간부를 실무 능력이 있는 중진급으로 대거 교체했다. 또한 제명된 교인에 대한 대사면을 실시하는 등 천도교인의 결속력 강화에 주력했다.

국민보 1913년 8월 1일 하와이에서 대한인국민회가 발행하던 《신한국보新韓國報》를 개제하여 발행한 신문이 《국민보》다. 이 신문은 하와이에서 우리말로 발행된 신문 가운데 가장 오랜 역사와 전통을 자랑하면서 민족 운동과 문맹 퇴치 및 지식 보급 등 한인의 계몽 활동에 크게 공헌했다.

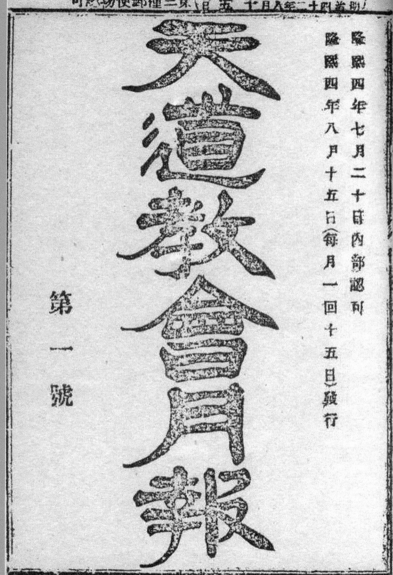

第三種郵便物認可 （隆熙二年八月二十五日）（隆熙四年八月十五日）

天道敎會月報

第一號

隆熙四年七月二十日內部認可
隆熙四年八月十五日（每月一回十五日）發行

천도교회월보　　1910년 8월 15일에 창간되어 1937년 5월까지 295호가 발간되는 동안 종교 잡지였지만 교리 연구와 선교의 목적 외에 민중 계몽에도 관심을 기울였다.

근대 교육이 키운 민족의 주역, 학생

일본은 1910년대에 보통학교 중심의 교육 정책을 펼쳤고 동시에 사립학교를 탄압했다. 실제로 공립 보통학교는 그 수가 1910년의 128개교에서 1919년에 535개교로 4.2배 급증했다. 여기에는 각종 압력을 통해 사립학교에서 공립으로 전환시킨 수가 상당히 포함되어 있다. 초보적인 실업 교육을 실시하는 간이 실업학교도 17개교에서 66개교로 대폭 증가했다. 사립학교는 일반학교가 1320개교에서 430개교로, 종교학교는 778개교에서 260개교로 대폭 축소되었다. 그런데 서당은 1911년 1만 6540개소였던 것이 1919년에는 2만 4030개소로 45퍼센트 이상 증가하는 양상을 보였다. 서당 학생 수도 14만 1604명에서 27만 5920명으로 95퍼센트가 증가했다. 이는 학교 교육 수혜자 수의 2.3배에 이르는 수였다. 비록 형태는 전통적 양식의 교육 기관이었지만, 서당에서도 근대 교육을 실시하는 경우가 많았다. 그러나 서당 교육이 민족 교육의 양상을 띨 가능성이 있었으므로 총독부는 1918년 〈서당 규칙〉을 공포해 제약을 가했다.

1919년 3·1운동 당시 운동을 주도할 만한 연령층에 있었던 고등 보통학교, 실업학교, 전문학교의 학생 수를 살펴보면 다음과 같다. 학생층의 87.5퍼센트는 사립 각종 학교 학생들로서 약 3만 5000명 정도이며 관공립 및 사립 고등 보통학교 이상 전문학교 학생들은 12.5퍼센트로 5000명 남짓했다. 이 중 관립 남자 고등 보통학교는 경성·평양·대구·함흥·전주 고등 보통학교 등 5개교로서 학교당 평균 학생 수는 249명이었다. 관립 여자 고등 보통학교는 경성과 평양 등 2개교로 전교생은 90여 명 남짓했다. 사립 남자 고등 보통학교는 서울의 양정·

배재·보성·휘문, 개성의 송도, 동래의 동래, 평양 광성 등 7개교로 한 학년 평균 1개 학급에 학급당 학생 수는 30.8명이었다. 휘문고보가 학생 수 224명으로 가장 큰 규모였다. 사립 여자 고등 보통학교는 서울의 숙명·진명·이화와 개성의 호수돈 4개교로 1개교당 학생 수는 평균 64명이었다. 유관순이 다니던 이화여자고보는 호수돈여자고보 다음으로 큰 학교로 전교생은 70명이었다. 경성의학전문학교에는 일본인 93명, 조선인 141명이 다녔고 경성공업전문학교에는 조선인 48명, 일본인 4명이 다니고 있었다. 수원농림전문학교의 본과 학생 수는 48명이었다. 사립학교에서 일반학교로 분류되는 곳은 690개교였는데 학교당 2~3개 학급이고 학생 수는 50명 내외였다. 교사의 91퍼센트는 한국인이었다. 3·1운동 당시 서울, 평양 등의 대도시에서는 전문학교와 사립 고등 보통학교 학생들의 역할이 컸다면, 지방에서는 각종 사립 학교, 특히 종교학교의 역할이 컸다.

학생들은 이미 대한제국기부터 협성회나 각종 친목회 등의 명목으로 학생 단체를 결성한 바 있었다. 1910년대에도 동문회나 학우회와 같은 친목을 위한 학생 단체가 결성되는 동시에, 기성세대가 잃은 나라를 자기 세대에서 되찾아야 한다는 민족 일원으로서의 각성을 촉구하면서 민족 운동을 지향하는 학생 조직도 등장했다. 앞에서 언급한 기성볼단, 조선국민회를 비롯해 조선산직장려계 등이 결성되어 학생의 민족 운동으로의 본격적인 진출을 예비하고 있었다.

조선산직장려계는 1914년 9월 경성고등보통학교 부설 교원 양성소 4년생이던 이용우 등 6명이 발의해 1915년 3월에 교원과 명망가들이 합세해 결성한 조직이었다. 이용우 등은 발의 직후인 1914년 10월에 졸업 여행으로 일본을 시찰하고 돌아와서는 《동유지》90부를 비밀리에 만들었다. 그리고 직물의 자작자급을 통해 민족 자본을 육성하고 각종 산업을 일으켜 국권 회복을 위한 준비 사업을 전개하고자 휘문의숙 남형우 교사와 최남선의 동의를 얻어 사립학교 교사들과 백남운, 김두봉, 안재홍, 박중화 등 명망가들이 참여하는 조선산직장려계를 결성했다. 뒷날 유근은 언론 운동, 김두봉은 연안 화북조선 독립동맹의 주석, 백남운은 교수와 사회주의 이론가로 활동했고 박중화는 노동 운동에 헌신했다. 최남선은 문필가 또는 역사학자로 활동했으나 뒷날 친일 행각에 나서게 된다. 이 단체의 참여 인사는 130여 명을 헤아렸으나 1917년 보안법 위반으로 조사를 받은 뒤 활동을 멈추었다. 조선산직장려계의 활동은 1920년대 조선물산장려운동과 그 취지와 목적에서 궤를 같이하는 선구적 실력 양성 운동이었다.

한편 1910년대 도일渡日 유학생 수는 대한제국기에는 미치지 못했지만, 500~600명을 웃도는 수를 유지하고 있었다. 조선에서는 고등교육 기회는 물론, 중등 교육조차 열악한 상황이었으므로 많은 학생들이 유학을 선택했는데 주된 행선지는 일본이 될 수밖에 없었다. 하지만 일본이 1911년 제정한 〈조선총독부 유학생 규정〉으로 인해 유학은 쉽지 않았다. 이 규정에 따르면 사비로 일본으로 유학 갈 경우에는 미리 이수 학과, 입학 및 출발 시기를 쓰고 이력서를 첨부해 지방 장관을 거쳐 조선총독부에 제출하도록 했다. 이때 지방 장관이 학생의 성품 및 부모의 생업과 재산 상황을 조사하여 보고하도록 했다. 게다가 각 지방 군수, 부윤에게는 일본으로 유학 가려는 사람에게 가능한 한 조선 내에서 공부하도록 설득할 것을 명기하고 있었다. 한마디로 도일 유학 억제 정책을 추진한 것이었다.

어렵게 일본으로 유학 간 학생들은 궁극적으로 고등 교육, 즉 대학 교육을 받고자 했다. 그러나 대학 본과보다는 예과나 전문학교에 재학하는 유학생 수가 압도적이었다. 그보다 더 많았던 것은 전문학교 수준의 학교에 들어가기 위한 예비학교에 다니는 학생들이었다. 이 예비학교에 다니거나 전문학교 이상의 학교에 진학했다가 중도에 학업을 포기하고 귀국하는 사람들도 많았다. 1912년부터 1919년 사이에 정규 과정을 마치고 졸업한 학생 수가 359명이었는데 중도에 포기하고 귀국한 학생 수는 270명에 달했다. 1915년까지는 메이지대 법과를 졸업한 김병로와 송진우, 와세다대 정경학부를 졸업한 김성수 등 대학 본과를 졸업한 학생이 9명에 그쳤다. 하지만 1910년대 후반에 이르면 대학 본과를 졸업한 학생 수가 점차 증가한다.

유학생들은 학우회·친목회 등을 만들어 자주 집회를 갖거나《학지광》(1914),《여자계》(1918),《창조》(1919) 등의 잡지를 발간해 서로의 생각을 교환하고 친목을 다졌다. 또 조선을 연구하는 단체도 조직했으며 정치 단체 혹은 비밀 결사도 조직해 정치 의식을 다졌다. 1915년 독립 운동을 위해 장덕수, 김철수 등이 조직한 비밀 결사가 모체가 되어 1916년에는 중국·타이완 출신 유학생들과 함께 신아동맹당을 만들었다. 신아동맹당은 아시아에서 일본 제국주의 타도를 활동 목표로 정했다. 이 같은 조직 결성의 경험과 정치 의식의 단련은 귀국 이후 민족 운동의 자산이 되었다. 실제 그러한 조직을 기반으로 1920년 귀국한 졸업생들은 사회혁명당을 조직하기도 했다. 1919년에는 도일 유학생의 '2·8 독립 선언'이 3·1운동을 촉발하는 계기가 되었다.

2·8 독립 선언의 주역　　1919년 일본에서 2·8 독립 선언문을 발표한 도쿄 유학생들. 2·8 독립 선언은 3·1운동의 직접적인 계기가 된 사건으로, 도쿄에서 일어났다. 1919년 2월 8일 유학생들은 〈독립 선언서〉와 결의문, 민족대회 소집 청원서를 각국 대사관 및 공사관과 일본 정부, 언론사 등에 발송하고 600여 명이 참가한 가운데 조선 기독교 청년회관에서 '조선독립청년단朝鮮獨立靑年團'의 이름으로 〈독립 선언서〉를 발표했다. 이때 일본 경찰에 의해 강제로 해산되면서 27명이 체포되기도 했다.

이처럼 근대 교육을 통해 새롭게 형성된 학생은 그 계층으로서의 응집력을 민족의 각성과 실력 양성, 그리고 독립을 위한 실천 활동에 발휘하며 민족의 동력으로 성장해 나갔다.

해외에서 무장을 준비하다, 무관학교

국망이라는 현실은 근대 교육사에서 또 하나의 독특한 양상을 낳았다. 민족 교육과 군사 교육을 동시에 실시하는 독립군 양성 기관인 무관학교의 설립이 그것이다. 대표적으로 광복회가 세운 동림무관학교, 권업회가 세운 대전학교를 비롯하여 서간도의 신흥무관학교, 북간도의 명동학교, 연해주의 한민학교 등을 꼽을 수 있다.

신흥무관학교는 민족 운동과 독립군 활동의 기반을 마련하는 데 혁혁한 기여를 했다. 신흥무관학교 졸업생들은 북로군정서 등의 장교나 병사로 청산리 전투에서 일역을 맡았다. 그리고 만주와 중국 관내, 시베리아에서의 민족 운동, 대한민국 임시 정부의 민족 운동, 아나키즘 운동 등을 이끈 지도자 양성의 산실이 바로 독립군 기지 건설 운동의 일환으로 서간도 싼위안푸三源堡에 세워진 신흥무관학교였다.

신흥무관학교 설립의 중심에는 신민회 간부 이회영이 있었다. 그는 나라가 망하자 이동녕과 함께 상인으로 가장해 압록강을 건너 남만주 일대를 시찰하고 돌아왔다. 그리고 이시영을 비롯한 다섯 형제와 모임을 가졌다. 그는 가족 모두에게 서간도로 건너가 독립 운동 기지를 건설하자고 권유했다. 당시 서울의 명문거족 대부분이 일본으로부터 작위와 은사금을 받았지만, 이회영 일가만은 유일하게 망명했다. 이들 여섯 형제와 가족 등 50~60명이 재산과 토지 등을 정리하고 압록강을 건넌 때가 1910년 12월이었다. 그들의 최종 목적지는 서간도 류허현柳河縣 싼위안푸 근처의 찌우짜가鄒家街(추씨 집성촌)였다.

이회영이 가장 먼저 무관 양성을 위해 설립한 학교는 1911년 6월 토착인이 일본인의 앞잡이라고 의심해 협조해 주지 않아 옥수수를 저장하던 허술한 빈 창고에서 시작했다. 학교 이름은 '신흥강습소'라고 붙였다. '신흥'이란 신민회의 '신新'자와 다시 일어나는 구국 투쟁이라는 의미의 '흥興'자를 합한 것이었다. 강습소라는 이름은 토착인의 의혹을 피하기 위해 평범하게 붙인 것이었다. 초기 신흥강습소의 학생 수는 40여 명이었다.

1912년 7월에는 신흥강습소를 하니허哈泥河로 옮겨 새로운 교사를 짓고 낙성식을 가졌다. 큰 병영사가 세워졌고 학년별로 널찍한 강당과 교무실이 마련되었다. 내무반 내부에도 다양한 시설을 갖췄다. 이로써 신흥강습소는 군사 훈련과 함께 중등 교육 과정을 가르칠 수 있는 신흥중학교로 격상했다. 하니허는 중국 당국도 부담스러워하지 않을 만한 곳이었고 조선인도 만족할 만한 곳이었다. 그곳은 중국인이 많지 않은 지역이었고, 요새지여서 군사 훈련에 더없이 좋은 조건을 갖추고 있었다. 지원자가 몰려오면서 신흥중학교는 다시 류허현 제3지구의 구산자가孤山子街로 이전하여 신흥무관학교를 설립했다.

찌우짜가에서 처음 문을 열 때는 중등 과정을 가르치는 본과/원반과 속성으로 단기 무관 교육만 하는 특별과(특별반)/특과가 있었다. 하니허로 옮긴 뒤에는 군사과를 부설했다. 군사과에서는 무관 교육만

시켰고, 정규 학과에서는 무관 교육과 중등 교육 과정을 가르쳤다. 학생은 학비를 내지 않았다. 그러므로 건물 신축은 이회영 일가의 재력으로 이루어졌지만, 운영비를 감당하기는 쉽지 않았다. 이 때문에 학생들이 노동을 통해 적지 않은 비용을 부담했다. 주변의 조선인들도 순번을 정해 건물의 신축과 보수, 식당 일, 작물 재배 등을 도왔다.

이와 같은 과정을 거쳐 설립된 신흥무관학교에 국내외에서 청년들이 무관 교육을 받기 위해 찾아왔다. 학교 측은 군사 교육과 훈련에서 뛰어난 무관을 양성하려고 노력했다. 기본 교육 과정은 대한제국무관학교에 준했다. 일본의 최신 병서를 구입하고 분석해 가르치기도 했다. 그럼에도 군사 시설과 무장 훈련에는 늘 부족함이 있었다. 학교 운영을 위해 농사일을 많이 해야 했던 사정도 훈련에 제약을 주었다. 시설과 무장의 결핍을 메운 것은 엄정한 군기 확립과 철저한 정신 교육이었다. 야밤에 비상 검사가 있을 때는 칠흑 같은 밤이라도 준비를 갖춰 단추 하나하나까지 낱낱이 검사했다. 처벌 규칙도 정하여 풍기를 위반하면 엄격하게 처벌했다.

신흥무관학교 생도의 하루 일과는 새벽 6시 기상나팔 소리와 함께 시작되었다. 기상나팔 소리가 울리면 3분 이내에 복장을 단정히 하고 각반까지 차고 검사장에 뛰어가 인원 검사를 받은 다음 보건 체조를 했다. 체조 후 청소와 세면을 마치면 각 내무반별로 나팔 소리에 맞춰 식탁에서 윤기 없는 좁쌀과 콩기름에 절인 콩장으로 아침 식사를 했다. 조례에서는 〈애국가〉를 부르고 교장의 훈화를 들었다. 생도에 대한 정신 교육에서는 신흥학교 교가의 가사대로 구국과 자유를 쟁취하기 위해 "임무에 희생한다, 체련에 필승한다, 간고艱苦에 인내한다, 사

이회영　　1910년 12월 전 재산을 처분해 온 가족을 데리고 만주로 망명한 이회영은 지린 지역에 정착하고 경학사, 신흥강습소 등을 설치해 독립 운동의 기반을 마련해 나갔다. 이후 그는 중국에서 독립 운동을 활발히 전개했다. 1924년에는 재중국조선무정부주의자연맹을 조직했고, 1931년에는 항일구국연맹의 의장에 추대되기도 했다.

물에 염결廉潔한다, 건설에 창의한다, 불의에 항거한다" 등 여섯 가지 정신을 강조했다.

이처럼 신흥무관학교는 1910년대에 중등학교의 학제를 유지하면서 독립 전쟁론을 구현할 많은 무관과 민족 운동가를 양성했다. 신흥무관학교 졸업생들은 친목과 단결을 명분으로 하는 신흥학우단을 결성하고 서간도 조선인 사회의 자치를 기반으로 민족 운동을 추진하는 핵심 조직으로 활동했다. 즉 식민이라는 현실 속에서 해외에 설립된 무관학교는 근대적 군사 교육을 통해 무장 독립 운동 세력을 양성했으며, 이들은 민족 운동의 든든한 동력이 되었다.

독립 전쟁을 위한 준비

독립 전쟁론

1910년대 민족 운동의 가장 커다란 특징은 해외에 새로운 독립 운동 기지를 설치하고 독립 전쟁론을 구현하고자 한 시도라고 할 수 있다. 1910년을 전후로 해외로 망명한 민족 운동가들은 서간도·북간도, 남북 만주와 연해주 이주민과 깊은 관련을 맺고 그곳을 민족 운동의 근거지 또는 자금 조달의 원천으로 삼았다. 초기 망명객들은 여러 지역 인사가 망라한 가운데 정치적으로는 복벽파와 공화파, 신분상으로는 양반, 평민, 상민, 경제적 계층으로는 지주, 중농, 빈농, 종교상으로는 불교, 기독교, 대종교 등이 뒤섞여 있었다.

이들을 규합하는 이념과 전술은 간단했다. 민족 해방과 조국 독립을 이루는 가장 확실한 노선은 대대적인 독립 전쟁이었다. 일본과의 전쟁에서 목숨 바쳐 투쟁해 나라를 찾는 것만이 옳은 길이라는 신념 하에 신분과 사상을 뛰어넘어 다양한 부류의 독립 운동가들이 하나로 뭉쳤던 것이다. 이들 사이에서는 자연스럽게 독립 전쟁론이 대두되었다. 독립 전쟁을 하려면 그만한 역량을 갖추어야 하기에, 모든 국민은 독립 전쟁을 수행할 독립군을 양성해야 하며 군자금을 모으고 군사력을 갖춘 뒤에 적절한 시기에 일본 제국주의와 한판 전쟁을 벌인다는 구상이었다. 여기에서 주목할 점은 그 재원을 독립 운동 자금이라 하지 않고 '군자금'이라고 한 것이다. 이는 군대를 양성하는 자금이라는 뜻으로, 결전을 통해 독립을 쟁취하겠다는 굳은 의지가 담긴 말이다.

이와 같은 독립 전쟁론은 이전의 실력 양성론과 의병 전쟁론을 하나로 결합시킨 것이었다. 다시 말해 독립 전쟁론은 당장 무력을 동원해 독립 전쟁을 일으키자는 것이 아니라 기존의 비무장 실력 양성론의 한계와 무장 항쟁론의 비현실성을 절충·보완한 준비론적 독립 전쟁론이자 '기회 포착적 전쟁론'이었다. 이는 준비론이라는 측면에서 보면 한말 실력 양성론과 큰 차이가 없는 듯하나, 실력 양성론이 민족의 내적 역량을 키우자는 것이었다면 독립 전쟁론은 국권 회복을 위한 군사적 역량을 강화해 독립을 쟁취하자는 것이었다.

독립 전쟁의 실천 방안은 해외 여러 곳에 독립 기지를 건설하는 것이었다. 이주 한인이 많이 살고 있고 압록강과 두만강만 건너면 언제

든지 국내로 진입할 수 있는 서·북간도와 시베리아 지방에 민족 정신이 투철한 조선 민족의 집단 거주 지역을 만들어 항일 운동의 세력 근거지로 삼고 그곳을 중심으로 일제와의 독립 전쟁을 준비하자는 것이었다. 즉 그곳에서 산업을 일으켜 경제적 토대를 마련하고, 국내외의 청소년을 모아 무관학교 등을 세워 근대 교육과 군사 교육을 실시함으로써 민족의 군대인 독립군과 민족 운동의 전위군을 양성한다는 구상이었다.

이렇듯 독립 전쟁론은 1907년 이후 의병장 출신인 유인석 등이 간도 지역에 독립 운동 근거지 설립을 추진하고 이어 신민회 계열도 이를 추진함으로써 1910년대의 독립 운동 방략으로 자리를 굳혔다. 국내 역시 독립 전쟁론에 기초한 민족 운동 방략이 추진되었다. 국내 비밀 결사 운동 대부분이 해외 독립 운동 기지 건설을 뒷받침하는 활동을 전개했던 것이다.

국내 비밀 결사 운동

1910년대 국내 민족 운동은 국권을 상실한 상황에서 비밀 결사 형태로 진행되었다. 대표적인 단체가 1907년에 결성된 신민회다. 신민회는 1911년 '105인 사건'으로 그 실체가 드러나고 큰 타격을 입었지만, 그 기맥까지 끊어진 것은 아니었다. '105인 사건'은 재판 과정을 통해 사건의 허구성과 조사 과정에서 자행된 고문 사실이 폭로되었으며, 사건에 연루된 많은 인사들은 오히려 이를 계기로 민족 운동에 적극적으로 가담했다.

1910년대 국내 비밀 결사 운동은 크게 두 유형으로 나뉜다. 하나는 채응언° 의병 부대, 대한독립의군부, 민단조합, 풍기광복군 등 의병 계열의 독립 단체이다. 이들 단체는 과거 의병 투쟁의 맥을 이어 헌병 분견소 및 순사 주재소 습격과 친일 부호를 응징하는 등 폭력 투쟁을 전개했다. 하지만 그 이념과 방략을 복벽주의에 두었다는 점에서 지속되지 못하고 1915년 이후 규모나 조직이 현저히 축소되었다. 실제로 헌병 경찰과 직접 충돌하기 어려웠고 일본인 고관이나 친일 부역자, 악덕 부호를 응징하거나 군자금 모금에 주력하는 양태로 변화했다.

대한독립의군부는 의병장 임병찬林秉瓚이 1912년에 조직한 비밀 결사다. 임병찬은 전북 옥구 출신으로 명문거족의 후예였지만 가난 때문에 아전 일을 하고 있었다. 그는 1906년 6월 정읍에서 의병을 일으켰으나 곧 체포되어 쓰시마로 유배되었다. 이후 1907년 11월에 귀국해 국채보상운동에 참여했다. 1912년에는 고종의 밀칙을 받고 대한독립의군부(이하 독립의군부)를 조직했다. 다음 해 11월 임병찬은 당시 국권 회복 운동의 추세를 면밀히 분석하고 독립 투쟁 방법을 제시한 《관견箸見》을 작성하여 고종에게 상소를 올렸다. 이후 의병 세력과 유림 세력을 규합한 뒤 1914년 3월 서울에서 총대표인과 각도 대표인, 그리고 각군 대표인으로 구성된 독립의군부 편제를 마련했다. 임병찬은 독립의군부 조직에 향약 조직을 활용했다. 향약은 크게 행정 기관과 민권 기관으로 구분했다.

전국적인 조직을 갖춘 독립의군부는 투서 운동과 태극기 게양 운동 등을 전개했다. 1914년 5월 독립의군부는 국권의 반환을 요구하는 투서를 각국 공사관과 조선총독부를 비롯한 관청 등에 전국적으로 발송하는 동시에 전화를 통해 국권의 반환과 일본 군인의 철병을 요구하고

채응언蔡應彦(1879~1915)
대한제국의 육군 보병부교로 복무하다가, 1907년 군대 해산령이 내리자 통분을 이기지 못하고 의병에 투신하여 이진룡 의병장 휘하 부장으로 평남 강원도 일대를 무대로 적극적인 무력항쟁을 전개했다. 1908년에는 황해도 안평의 순사주재소와 수안 헌병 분견소를 습격해 일본 헌병을 사살했고 또한 함남의 마전도 순사주재소를 급습하여 많은 무기를 노획했다. 그 뒤 1911년 김진묵 의병장의 부장으로 각 지역에서 활동하면서 일본군과 전투를 계속하여 다대한 전과를 거두었다. 이후로는 부하 400여 명을 휘하에 두고 의병장이 되어 경기도·강원도·황해도·평안도·함경도 등 각도를 넘나들며 항일전을 전개한 바 있다.

태극기를 게양한다는 계획을 세웠다. 그러나 거사 직전에 수원 대표 김창식 등이 군자금 모집 활동을 하다가 체포되면서 발각되고 말았다.

한편 독립의군부 관련 인사들은 비밀 결사 조직인 대한교민광선회를 결성하고 서간도에서는 광제회를 결성해 국내외를 연결시키고, 동지를 규합하고 군자금을 모아 독립 운동 기지 건설에 참여했다. 독립의군부는 결성 당시에는 왕정 복고를 목표로 했던 복벽주의 유림의 독립 운동 단체였으나 점차 해외 독립 운동 기지 건설과 연계해 독립 군자금 모집과 국내외 연락 활동을 전개하는 비밀 결사로 전환했다.

풍기광복단은 1913년 1월 채기중의 주도하에 당시 풍기에 이주해 살고 있던 의병 출신 등 10여 명이 조직한 비밀 결사였다. 조직의 목표는 만주의 독립 운동 기지에서 독립군을 양성하기 위해 군자금을 모으는 것이었다. 회원들은 영월군 상동의 중석 광산에 광부로 잠입하기도 했으며 부호를 대상으로 자금을 모으기도 했다. 또 영주의 대동상점과 안동 이종영의 집을 거점으로 서간도와의 연락망을 만들기도 했다.

또 하나의 비밀 결사 유형으로는 조선국권회복단과 이 단체를 전국적 조직으로 확대·재결성한 대한광복회, 그리고 독립 운동 세력과 연계하여 결성된 조선국민회 등이 있다. 이들은 겉으로는 시회詩會, 종교·교육 활동을 표방하면서 안으로는 동지 규합과 군자금 모금 및 독립 운동 거점 확보 등을 추진한 비밀 결사였다. 이들의 활동은 비교적 오래 지속되어 3·1운동으로 연결되었다. 이들의 조직과 활동이 상인 조직을 연락망과 활동 거점으로 이용함으로써 실체가 쉽게 드러나지 않았기 때문이었다.

조선국권회복단은 1915년 1월 대구에서 서상일徐相日을 중심으로 한 달성친목회 회원들이 국권 회복을 목표로 결성했다. 이들의 구상은 먼저 국내에서 세력을 확장하고 해외의 민족 운동 세력과 연계해 최후로 독립을 쟁취한다는 것이었다. 국권회복단은 그 조직과 인적 구성이 치밀한 단체로서 1919년 6월경에 이르러 비로소 발각되었다.

조선국권회복단의 조직은 중앙 총부에 통령을 중심으로 외교·교통·기밀·문서·권유·유세 부장 그리고 결사대 대장, 그리고 마산 지부장 등으로 구성되었다. 조직원은 서상일, 박상진, 안희제 등 중산층 또는 자산가에 속하는 경상남북도 명망가들이었다. 박상진은 일찍이 중국으로 가서 신해혁명에 가담한 뒤 돌아와 대구에 상덕태상회를 열고 곡물을 팔면서 비밀 결사를 추진했다. 이들은 대구를 중심으로 만주의 안동, 장춘과 연락망을 구축했다. 또 시회라는 이름을 내걸고 정기적으로 모여 시를 짓고 술을 마시며 조직을 위장했다. 또한 상회를 차려 연락망을 구축하고 잡화나 곡물을 팔아 자금을 조달했다. 대구에는 상덕태상회를 비롯하여 서상일이 태궁상점을 열었고 부산에는 안희제가 백산상회를 열었다. 1915년 영주에서는 전직 교사들이 자금을 모아 대동상점을 차렸다.

대한광복회는 1915년 7월에 결성된 비밀 결사다. 대한광복회는 1918년 그 조직의 전모가 노출될 때까지 국내외 독립 운동 단체 중 가장 규모가 컸고, 광범하게 활동한 단체로, 조선국권회복단의 중심인 박상진이 풍기광복단의 채기중 등과 제휴해 조직했다. 결성 초기에는 80여 명의 회원으로 구성되었으며, 경상도 출신의 박상진, 채기중, 우재룡, 권영만 등을 주축으로 의병 계열 인사들이 참여했다. 그

1912

의병장 임병찬, 대한독립의군부 조직.

....

1913

풍기에 거주하던 채기중, 풍기광복단
조직.

....

1915

대구 안일암에서 대회를 열고 조선국
권회복단 조직.

독립 운동가 박상진　　1884년 경상남도 울산에서 태어난 박상진朴尙鎭(1884~1921)은 1915년 7월 조선국권회복단과 풍기광복단을 엮어 대
한광복회를 조직하고 총사령에 취임한다. 1916년 만주에서 무기와 화약류를 들여오다 옥고를 치르기도 했다. 박상진은 여러 번의 친일부호
처단을 계획했으며, 그러는 가운데 대한광복회 조직이 발각되어 사형선고를 받았다. 체포된 뒤에 경찰 신문에서 대한광복회의 목적이 "국
권을 회복하여 공화정을 실현하는 데 있다"고 말했다. 대한광복회는 1910년대 국내 비밀 결사 운동 가운데 가장 조직이 크고 활동도 활발했
으며 공화주의를 지향했다는 점에서 특히 주목된다.

리고 점차 전국 각처로 활동 영역을 확산해 충청도, 전라도, 황해도 등지의 의병 세력이 대거 참여했다.

대한광복회는 혁명 기관으로서 무력 투쟁을 통한 독립을 목표로 하고 있었다. 여기서 혁명이란 군사 행동을 전제로 하여 일본을 축출하는 것이었고 세계 각국의 혁명이나 중국 신해혁명의 교훈에 따른 공화주의를 이념으로 삼았다. 즉 대한광복회는 국권을 회복해 공화국을 실현하는 것을 목표로 비밀·폭동·암살·명령이라는 4대 강령하에 군자금의 모집, 독립군의 양성, 무기 구입, 친일 부호 처단 등의 활동을 전개하고자 했다. 그들의 계획은 첫째, 부호에게 돈을 받아 내고 일본이 불법 징수하는 세금을 압수해 무기를 준비하며 남북 만주에 사관학교를 설치하여 독립 전사를 양성하고, 둘째, 의병과 군인 출신들을 만주로 이주시켜 훈련을 시키며 중국과 러시아에 의뢰해 무기를 구입하고, 셋째, 국내와 만주에 연락 기관을 두고, 일본인 고관과 친일파를 처단하며 무기가 완비되는 대로 일대 섬멸전을 단행한다는 것이었다. 즉 무장 항쟁을 통해 독립 국가를 건설한다는 구상이었다.

대한광복회는 전국 각 도 및 서간도와 북간도에까지 확대되었다. 본부를 중심으로 국내 지부와 길림광복회 그리고 국내외에 연락 기관을 설치했다. 박상진은 총사령으로서 조직을 관리했으며 상덕태상회가 본부 역할을 했다. 조선국권회복단처럼 대구를 비롯해 영주, 천안, 광주, 삼척, 인천, 서울, 해주, 신의주 등지에 미곡이나 잡화를 파는 상회를 열어 거점으로 삼았고, 어떤 경우는 여관을 경영하기도 했다. 부산의 백산상회는 독립 지사들의 비밀 집회 장소로 유명했으며 만주 일대에서 활동하는 인사들의 연락망으로도 활용되었다. 장사도 잘되어 많은 군자금을 공급했다. 특히 부사령인 충청도의 김좌진이 만주에 파견되었으며, 이관구는 안동에 삼달양행과 장춘에 상원양행을 두어 활동 거점으로 삼았고 지린에도 별동 조직을 두었다.

한편 박상진은 1916년 만주에서 무기를 반입하다가 체포되었다. 이 사건으로 6개월 만기 복역한 다음 1917년 11월 출옥한 그는 침체된 국내 조직을 재정비하면서 다시 강력한 독립 투쟁을 모색했다. 이후 대한광복회는 경상북도를 비롯한 각처의 부호들에게 군자금을 갹출하기로 계획한 다음 우선 부호들을 압박하기 위해 그들을 암살할계획을 세웠다. 그리고 1917년 11월에는 칠곡의 관찰사 출신인 장승원을, 1918년 1월에는 아산군 도고면장 박용하를 암살했다. 이로 인해 박상진이 체포되면서 대한광복회의 전모가 폭로되었고 박상진 등 5명은 사형당했다. 이 밖에도 대한광복회는 1915년 세금을 싣고 가던 마차를 습격해 탈취하고 1918년에는 직산 금광과 상동 광산을 습격하는 등의 무력 투쟁을 전개했다. 대한광복회는 복벽주의에서 벗어나 공화주의를 표방하고 무력을 통해 독립을 이룩해야 한다는 민족 운동의 지향점을 분명하게 보여 주었다. 이러한 국내 비밀 결사운동은 해외 독립 운동 기지 설립에 주목하며 활동을 벌인 특징을 갖고 있었다.

해외 독립 운동 기지 건설 운동

1910년을 전후해 국내에서 활동하던 의병과 계몽 운동 계열 인사들이 중국, 만주, 연해주, 미국, 일본 등으로 망명했다. 활동 지역은 서로 달랐지만 이들은 공통적으로 독립 전쟁론에 입각한 독립 운동 기지 건설을 추진했다. 서·북간도를 비롯한 남·북만주와 연해주 지역에서 그들은 조선인의 집단적 대규모 이주를 추진하고 나아가 무관학교를 세워 독립군을 양성하고자 했다.

1910년대에 해외에서 민족 운동이 활발히 추진될 수 있었던 것은 일찍이 각지에 한인 사회가 성립되었기 때문이었다. 만주 및 연해주에는 1860년대에, 미주 지역은 1900년대 초부터 조선인 사회가 형성되어 국권 회복을 위한 운동을 전개할 수 있었다.

해외 민족 운동 단체들은 궁극적으로 독립 전쟁론을 지향했지만 그명칭과 강령 등에서는 경제·교육 운동을 표방하는 경우가 많았다. 향후 독립 전쟁을 실현하기 위해 먼저 조선인 사회의 경제적 안정과 교육을 통한 계몽이 급선무라고 판단했기 때문이다. 만주와 연해주 지역 단체들이 대부분 그 명칭과 목적을 친목 및 경제·교육을 표방했던 것도 이런 배경에서였다. 조선인이 당면한 현실 문제를 외면할 수 없었고 현지의 조선인을 끌어들이기 위해서는 포괄적이며 대중적인 운동 방략이 필요했던 것이다.

국외 민족 운동가들은 해외 독립 운동 기지 건설에 앞서, 조선인 사회의 경제적 안정과 정치적 자치를 도모하면서 계몽 운동과 민족 교육을 통해 조선인 공동체 형성과 독립 의지를 고취하는 데 주력했다. 북간도의 간민교육회와 그것을 발전시킨 간민회, 서간도의 경학사와 그것을 계승 발전시킨 부민단, 연해주의 13도 의군부와 성명회 및 그것을 발전시킨 권업회 그리고 하와이와 미주의 대한인국민회 등이 이에 속한다.

북간도에서는 명동학교를 중심으로 활동하던 민족 운동가들이

1910년 북간도 조선인의 자치와 경제력 향상을 도모하면서 강력한 민족 운동을 추진하고자 간민자치회를 결성했다. 중국 관리의 요구로 '자치'를 빼고 이름을 간민교육회로 바꾼 뒤에는 중국 관청의 허가를 얻어 합법적으로 활동했다. 간민교육회는 북간도 각지에 지회를 두고 도로와 위생 사업을 전개하고 농촌 경제 활성화를 위해 식산회를 조직했다. 그리고 조선인들로부터 교육 회비를 걷어 명동학교 등을 운영했다. 기관지인 《교육보》를 발행했으며 야학을 열어 문명 퇴치 운동을 전개했다. 신해혁명으로 들어선 혁명 정부의 지지를 얻은 간민교육회는 다시 간민회로 이름을 바꾸고 정부 조직 형태의 자치 기관으로서 위상을 강화했다. 조선인에 관한 행정은 중국 관헌이 간민회와 협의해 처리했으며 세금 징수 등 행정 업무를 간민회가 대신하기도 했다. 또한 간민회는 일본의 통제를 벗어나 중국 정부와 법률의 보호 아래 자치를 실시하고자 중국 국적을 얻는 입적 운동을 전개했다. 그러나 이런 노력에도 불구하고 중국 정부가 자치 기관의 철폐를 명령하면서 간민회도 해산되었다.

1910년 국망을 전후한 시기부터 서간도에서는 신민회가 주도한 전국적인 조선인 대이주 계획이 추진되면서 동시에 독립 운동 기지 건설이 착실히 진행되었다. 이회영·이시영 형제와 이동녕·이상룡 등이 서간도 싼위안푸에 먼저 망명해 독립 운동 기지를 경영할 경학사를 설립했다. 하지만 다음 해인 1911년 흉작과 함께 풍토병이 만연하면서 경학사는 위기에 처했다. 게다가 중국인들은 조선 이주민을 일본 앞잡이로 보기도 하고 자신들의 생활을 위협하는 경쟁자로 여겨 배척했다. 결국 경학사는 중국인의 의구심과 배척 운동을 해소하기 위해

옷, 모자, 신발을 중국인과 같이하고 그곳의 풍속을 따르는 동화 운동을 전개해 성과를 얻었다.

1912년 이후에도 망명, 이주가 계속 증가하자 이에 용기를 얻은 조선인들은 경학사를 중심으로 부민단을 결성했다. '부민단' 명칭은 부여의 유민이 다시 일어나 결성한 단체라는 뜻에서 유래했다. 부민단은 중앙 부서와 지방 조직을 결성해 조선인 자치를 담당하고, 각급 조선인 사회에서 발생하는 분쟁과 중국인 또는 중국 관청과의 분쟁 사건을 맡아 처리했다. 부민단의 사업 중 가장 주요한 부분은 신흥무관학교를 통해 민족 교육을 실시하는 것이었다. 1914년에 부민단은 신흥무관학교 졸업생들이 1913년에 결성한 신흥학우단과 함께 독립군 약 400명을 근간으로 사람이 살지 않는 고원 평야에 백서농장을 건설하고 독립 운동을 위한 훈련을 진행했다. 군사 조직이었지만, 대외적인 이목을 고려해 농장이란 이름을 붙였다. 부민단은 1919년 4월 한족회로 개편될 때까지 조선인이 거주하던 서간도 전 지역을 망라한 자치 기관으로 활약했다.

국망을 전후한 시기 연해주에서는 여러 의병 부대를 하나의 지휘 계통으로 묶고 국내의 의병 부대도 통합하려는 움직임이 일어났다. 이들 의병 계열 민족 운동가들은 1910년 6월 유인석을 도총재로 추대하며 13도 의군을 창설했다. 그리고 13도 의군 간부들을 중심으로 8월에는 '저들의 죄를 성토하고 우리의 원통함을 밝힌다'는 뜻인 성명회聲明會가 블라디보스토크의 신한촌에서 조직되었다. 성명회는 각국에 공문을 보내 일본의 침략을 규탄했다. 결국 일본의 압박으로 러시아 당국은 이들 간부를 체포하거나 추방했다.

성명회가 해체되고 다음 해인 1911년 12월에 이종호, 최재형, 홍범도 등의 주도로 신한촌에서 권업회勸業會가 창립되었다. 권업회는 러시아 당국의 공인을 받아 대외 활동을 하고자 배움을 권한다는 권업이라는 명칭을 사용해 무장 조직적인 성격을 드러내지 않았다. 1911년 5월 권업회 창립 당시 의병 계열의 홍범도, 최재형을 대표로 선임했다가 러시아 당국에 공인을 신청하면서 신민회 계열인 이상설, 이종호로 교체한 것도 같은 맥락이었다. 권업회는 연해주 일대에 사는 20만 명의 동포를 한 조직 아래 묶고자 했다. 그야말로 국내에서 망명한 여러 계열과 이주 조선인을 하나로 묶는 역할을 한 것이다. 발족 당시에는 2600여 명이 회원으로 가입했으며 해산할 무렵인 1914년에는 회원 수가 8500여 명에 이르렀다.

권업회는 독립 운동 기지 건설에 충실하고자 했다. 무엇보다 교육 사업에 중점을 두었다. 신한촌에 있던 계동학교를 크게 확장해 한민학교로 개편, 연해주 이주민의 중추 교육 기관으로 만들었다. 교육 과정은 4년제의 고등 소학과 중학 과정으로 운영되었다. 광복군을 양성하는 사업은 러시아 당국의 눈을 피해 비밀리에 수행했다. 권업회에서는 러시아가 아닌 만주의 나자구에 대전학교를 설립해 사관학교 교육을 했다. 이어 밀산부를 비롯한 여러 곳에 조차지를 마련하여 전투적 전진 기지인 군영지로 활용했다. 또한 양군호, 해도호 같은 상점을 두어 비밀 연락 장소로 활용했다. 1912년 4월에는 기관지인 《권업신문》을 창간해 연해주는 물론 서·북간도와 미주 등지의 조선인 사회에도 보급했다. 동시에 권업회는 합법적인 자치 기관으로서 조선인 관련 행정 사무를 취급했다. 토지의 조차와 귀화 등의 처리도 그들의 몫이었다. 그리하여 때로는 수백 호의 조선인을 모아 집단 이주시켜 도처에 조선인의 개척지를 만들기도 했다.

권업회는 독립 운동 기지 건설을 위해 1914년 봄 조선인 시베리아 이주 50주년 행사를 앞두고 대한광복군 정부의 결성을 서둘렀다. 그리고 기념 대회를 열고 이상설을 대통령, 이동휘를 부통령으로 추대한 망명 정부를 수립해 광복군의 항일 투쟁을 통일한다는 계획을 세웠다. 그리고 비밀리에 연해주와 서·북간도에 3개 군구를 설치했다. 하지만 권업회는 1914년 9월 러시아와 제1차 세계대전 동맹국인 일본의 요구로 강제 해산당했고 주요 인물은 추방당했다.

하와이와 미국 본토의 조선인들도 연해주 지방과 긴밀한 연락을 취하면서 독립 운동 기지 건설에 나섰다. 1909년 2월 미국 본토의 공립 협회와 하와이 합성협회가 합동해 국민회를 창립했다. 조직은 총회와 지방회로 구성하고 본토에는 북미지방총회를, 하와이에는 하와이지방총회를 두고 각각 《신한민보》와 《국민보》라는 기관지를 발간했다. 국민회는 1910년 2월 또다시 대동보국회와 통합해 대한인국민회로 재조직되었다. 미국 이주민의 최고 기관으로 수립된 대한인국민회는 자치 정부 역할을 하는 데 중점을 두었다. 1910년 대한제국이 멸망하자, 대한인국민회는 국민주의에 입각한 임시 정부 수립을 촉구했다.

1912년에는 조직을 확대해 샌프란시스코에 대한인국민회 중앙총회를 설치했다. 회장에는 안창호, 부회장에는 박용만朴容萬을 선출했다. 그리고 대한인국민회 중앙총회를 해외 최고 기관으로 인정하고 자치 제도를 실시할 것, 각지 해외 동포는 대한인국민회의 지도를 받을 의무가 있으며 대한인국민회는 일반 동포에게 의무 이행을 장려할 책임을 가질 것 등을 선언했다. 대한인국민회는 안창호의 활동으로 시베리아, 만주 등지에 전체 116개소의 지방회를 두었고 이어 멕시코, 난징, 상트페테르부르크에도 조직을 확대하여 가장 규모가 큰 운동 조직을 형성했다.

1912년 하와이로 건너온 박용만은 국민 의무금을 내고 회원증을 발급받은 조선인을 대상으로 자치를 실현하고자 했다. 그가 1913년 5월 하와이 정부로부터 특별 경찰권을 승인받으면서 대한인국민회는 하와이 각 섬에 대한인국민회 경찰 부장을 설치하고 이어 재판권을 확보해 직접 불법 행위를 단속하는 자치권을 행사했다. 다음 해에 박용만은 회원들에게서 9만 달러가량의 거액을 모았다. 그는 이 돈으로 대조선국민군단을 편성하고 그 산하의 사관학교 건립을 추진해 마침내 1914년 6월 10일 대조선국민군단과 대조선국민군단사관학교를 창설, 본격적으로 독립군 양성에 뛰어들었다. 재원은 조선인 사업가들이 파인애플 농장을 기부함으로써 마련되었으며 많은 조선인의 기부금으로 보충되었다. 군단과 사관학교 편제는 미국식 군대와 사관학교 편제를 모방했다. 먼저 청년을 중심으로 사관생도 200여 명을 모집했다. 사관생도들은 낮에는 농장에서 일하고 저녁에는 군사 훈련을 받았다. 하지만 제1차 세계대전에서 연합군 측 참전국이던 일본의 항의로 미국 정부가 직접 나서 자치권을 박탈했다. 결국 대조선국민군단과 사관학교도 문을 닫아야 했다.

이처럼 간도와 연해주, 미주 등지에서 이주민과 민족 운동가 들이 민족 운동과 독립 전쟁론을 전개했으나 객관적 조건이나 주관적 역량이 무르익지 않아 주목할 만한 성과는 없었다. 1910년대 해외 민족 운

1902
최초 하와이 이민 100여 명 인천 출발.

1909
박용만, 정한경 등 네브래스카에
한인소년병학교 설립.

1914
대조선국민군단 창단.

박용만과 대조선국민군단　　1914년 6월 하와이에서 있었던 대조선국민군단 창단식(위)과 단장 박용만(왼쪽). 대조선국민군단은 대한인국민회의 연무부를 확대·개편한 것으로, 항일무력 투쟁에 대비한 군대를 양성하기 위하여 박용만이 1909년 6월 네브래스카 헤이스팅스에서 시작한 한인소년병학교의 군사 운동 정신을 계승한 단체였다. 박용만은 우리나라의 독립은 우리나라 사람의 힘으로 군인을 양성해 주권을 회복해야 한다고 주장했다.

대조선국민군단의 운영 원칙은 군단에서 기숙하며 훈련과 학습을 하고, 조별로 농장에 나가 일을 하는 둔전병제였다. 즉, 훈련병들은 낮에는 생업에 종사하고, 저녁이 되면 제복을 입고 미군이 쓰는 영문 교본으로 공부하며 정식 군대와 같은 훈련을 받았다. 운영 자금은 안원규·박종수·박태경·한치운·이치영 등이 파인애플 농장에서 나오는 수익금으로 마련했다.

동 전선의 형성은 대한제국기 계몽 운동 계열과 의병 투쟁 계열이 연대하고 결합하는 과정이었다. 대표적인 예로 권업회는 러일 전쟁 이전에 연해주로 이주한 세력과 의병 계열 및 신민회 계열이 결합해 조직되었다. 민족 운동 조직 간의 연대 활동도 활발히 추진되었다. 미국의 대한인국민회 중앙총회는 만주·홍콩·멕시코·하와이·상하이·러시아 등지에 지방총회를 조직해 각지 민족 운동 단체들과 긴밀히 연대했다.

이런 연대의 흐름에서 1917년 7월에 임시 정부 수립을 주장하며 신규식, 박은식, 신채호, 조소앙 등 14명이 발기해 작성한 〈대동단결선언〉은 중요한 의미를 갖는다. 〈대동단결선언〉은 임시 정부적 성격의 통일된 기구 수립과 민족대동회의 개최를 주장하며 각지 독립 운동 단체 간의 연대를 통한 새로운 독립 운동 방략을 제시했다. 또한 주권 불멸론에 의한 국민 주권설을 주장함으로써 왕정 복고를 추구하는 복벽주의를 불식시키고 공화주의를 운동 이념으로 정착시키는 데 크게 기여했다.

한편 연대와 통합의 기운과 함께 갈등과 분화도 진행되었다. 미국에서는 박용만의 독립 전쟁론, 이승만의 외교론, 안창호의 준비론 등이 얽혀 단체 간의 분열과 대립이 점차 심해지고 있었다. 1917년 러시아 혁명의 영향으로 만주와 연해주 등지에서는 1918년 최초의 사회주의 정당인 한인사회당이 이동휘의 주도로 창설되면서 민족주의 계열과 사회주의 계열로 분화되기 시작했다. 이러한 연대와 통합, 갈등과 분화의 움직임은 3·1운동을 거쳐 민족 운동 진영을 재편하는 토대가 되었다.

독립을 염원하는 대중의 물결:
3·1운동, 근대적 대중시위의 출발

제1차 세계대전과 동아시아

대한제국의 몰락과 신해혁명으로 시작된 1910년대를 거치면서 조선, 중국, 일본의 처지에는 큰 변화가 왔다. 일본 정부는 서구 열강과 각축하며 침략과 지배의 영역을 확장하는 데 몰두했다. 그 침략 야욕에 희생되어 조선은 나라를 잃고 식민지가 되었다. 중국은 '21개조 요구'와 같은 일본의 상시적 위협에 시달리는 반半 식민 상태에 놓이게 된다.

제1차 세계대전이 발발하자 일본은 곧바로 독일에 선전 포고를 하고 전장에 뛰어들었다. 일본은 독일과 싸웠지만, 전쟁터는 동아시아를 벗어나지 않았다. 동아시아에서 패권을 장악해 명실상부한 제국주의 열강 반열에 오르고자 한 일본의 목표는 분명했고 의지는 강력했다. 그것은 곧 중국에 대한 정복과 지배의 야욕으로 이어졌다. 그 야욕은 1915년 중국에 대한 '21개조 요구'로 현실화되었다. '21개조 요구'의 골자는 ① 일본이 독일 조차지인 산둥 지역에서 권익을 확보할 수 있도록 보장할 것, ② 남만주와 내몽고에서 일본의 특수한 지위를 더욱 강화시켜 줄 것, ③ 중국 주요 기업에 대한 일본인의 참여를 보장할 것, ④ 정치·군사·재정 부문에서 일본인 고문을 초빙할 것, ⑤ 중국의 치안 유지에 일본이 참여할 수 있도록 할 것 등이었다. '21개조 요구'는 1900년대 일본의 조선 침략과 지배 과정을 고스란히 연상

월슨 1918년 제1차 세계대전
이 끝나면서 미국의 우드로 월
슨 대통령이 제창했던 민족자
결주의는 식민지와 반식민지
국가의 민족들에게 큰 영향을
끼쳤다. 그 결과 일본 지배하에
있던 우리나라에서도 3·1운동
이 일어나고, 대한민국 임시 정
부가 수립되었다.

레닌 러시아 혁명에 성공한
레닌이 약소 민족의 독립 운동
을 지원하겠다고 하자, 일부
민족 지도자들도 사회주의와
연결해 독립 운동을 추진하려
는 움직임을 보였다. 사회주의
사상은 청년, 지식인층을 중심
으로 널리 파급되면서 사회·
경제 운동을 활성화시키기도
했다.

시킬 정도로 중국의 주권을 심각하게 침해하는 내용들로 채워졌다. 이를 전면 수용한다면 중국은 조선처럼 일본의 식민지로 전락하는 수순을 밟게 될지도 모를 일이었다.

제1차 세계대전은 삼국 협상 세력과 신흥 세력인 미국·일본 등 연합국의 승리로 끝을 맺었다. 종전이 되고 전후 문제를 처리하기 위해 1919년 1월 파리에서 강화 회의가 개최되었다. 일본은 전승국으로서 미국·영국·프랑스·이탈리아와 함께 5대 열강의 일원으로 참가했다. 일본은 제1차 세계대전 중 자신들이 점령한 산둥성 이권을 자신들에게 이양하라고 중국을 압박했다. 마침내 영국·프랑스·미국의 지지하에 일본의 요구는 실현되는 듯했다. 그러나 5·4운동이라는 거족적인 반일 운동이 일어나자, 중국은 베르사유조약에 대한 서명을 거부했다. 이처럼 제1차 세계대전을 겪으며 열강은 동아시아에서 일본이 가지는 정치적, 군사적 우위를 인정했고, 중국은 일본 제국주의의 침략 위협에 맞서야 하는 처지에 놓이게 되었다.

한편 1917년 러시아에서는 사회주의 혁명이 발생했다. 러시아 혁명 정부를 수립한 레닌은 민족 자결권을 선언했다. 레닌의 볼셰비키 정부가 제정 러시아에 종속되었던 이민족의 분리 독립을 사실상 허용하자 약소민족들은 독립과 해방에 대한 기대에 부풀어 열광했다. 미국 윌슨 대통령도 민족 자결주의를 주장했다. 일본의 식민 통치를 받고 있는 조선과 일본의 침략 위협에 놓인 중국의 지식인과 청년 들에게도 민족 자결의 선언은 희망의 메시지였다. 그리고 그들은 그 희망을 현실에서 구현하고자 반일 민족 운동을 모의하고 촉발했다.

이와 같은 제1차 세계대전 직후 동아시아를 뒤흔드는 격변 속에 국내외에서는 항일 운동이 준비되었다. 그리고 독립 전쟁론을 바탕으로 국내외에서 민족 해방을 준비한 민족 운동가들, 일본의 무단 통치가 곧 삶을 위협하는 총칼이던 농민·노동자를 비롯한 민중, 근대 교육의 세례 속에 민족의 동력으로 성장하던 청년·학생·여성, 정치권력의 완전한 박탈에 강한 불만을 갖고 있으면서 국내외 신문을 통해 알게 된 레닌과 윌슨의 민족 자결 선언에 열광했던 자산가 세력과 지식인, 그리고 기독교와 천도교 등의 종교 세력은 마침내 3·1운동을 통해 자신들의 분노와 희망을 거대한 독립 외침의 파고 속에 실어 맘껏 표출했다.

도시에서 농촌으로 확산되는 시위

도시는 근대화를 상징하는 경관과 경험이 집적된 공간이다. 바로 그곳, 서울을 비롯한 평양, 의주, 원산, 진남포 등 7개 도시에서 1919년 3월 1일 만세 시위가 시작되었다. 시위는 부·군청 소재지로, 그리고 철도와 간선 도로를 따라 인근 도시와 농촌 지역으로 확산되었다. 3월 중순에 이르면 시위는 그야말로 전국화되어 산간벽촌까지 독립 만세의 메아리가 넘쳐 났다.

도시에서 촉발해 농촌으로 번져 간 만세 시위는 조선인들에게 새로운 경험이었다. 동학농민전쟁의 기억은 농촌 풍경을 배경으로 한다. 만민공동회는 서울 거리를 벗어나지 못했다. 그러나 3·1운동은 도시민이 시작해 농민이 적극 호응하면서 전국적 항쟁으로 발전한다. 그리고 이후 농촌은 더 이상 민족 운동과 민주화 운동의 중심 공간으로서 역할을 하지 못했다. 3·1운동 이후 대중 시위와 집회, 그 기억은 도시를 중심으로 형성되어 갔다. 이처럼 근대화로 시위 공간이 변화하는 과정에서 3·1운동은 전환기적 분기점에 해당한다.

　도시와 농촌의 시위 풍경은 달랐다. 근대화의 첨단, 서울의 시위는 탑골공원을 출발한 학생과 시민 등 시위대와 이들을 진압하려는 군인, 기마경찰, 형사, 헌병 등이 종로 거리를 가득 메우면서 흥분과 긴장 속에 시작되었다. 이날 이후 거리는 사람들로 북적댔고, 시위는 계속되었다. 저항 방식도 다양했다. 시위의 주력인 학생은 동맹 휴학으로 맞섰다. 상인은 철시를, 노동자는 동맹 파업을 단행했다. 3월 4일 평양, 선천의 철시에 이어 3월 9일 서울 시내 주요 상점이 〈경성시 상민 공약서〉에 따라 철시했다. 전차 승무원도 동조 파업에 들어가 이날 전차 운행이 중단되었다. 철시는 20여 일간 지속되었다. 총독부는 시위보다 상점의 철시에 더 곤혹스러워했다. 노동자 파업은 서울을 비롯해 평양, 진남포, 부산, 군산 등 공장과 자유노동자가 집중된 도시 지역에서 빈번히 발생했다.

　도시에서 가장 낯선 풍경은 시위에 참가한 여학생이 검거되고 투옥되는 상황이었다. 여성이 봉건적 인습의 굴레를 벗어나고자 근대 교육을 선택하는 경우도 드문 현실에서 여학생이 시위에 참여하고 검거되어 모진 수모를 겪는 모습은 조선인의 분노를 일으켰다. 그 분노와 증오로 응집된 반일 의식은 전차 발전소에 돌을 던지거나 파출소를 공격하는 식으로 표출되었다. 이에 대한 총독부의 폭력 진압은 가혹했다. 헌병, 경찰, 군인으로도 모자라 갈고리와 곤봉, 칼 등으로 무장한 일본인 날품팔이까지 내세웠다. 이에 따라 날이 저문 후에는 거리에 나가는 것 자체가 위험했다. 자칫하면 사전 경고 없이 경찰, 헌병,

일본인 날품팔이들의 칼에 찔리고 곤봉에 맞아 죽을 수도 있었다. 그럼에도 한 달이 지나도록 서울의 시위는 수그러들지 않았다. 이렇게 도시의 시위는 시내 거리에서 학생, 상인, 노동자가 동참하는 가운데 지속적으로 전개되었다.

농촌 시위는 주로 사람들이 많이 모이는 장날을 이용했다. 왕래가 잦은 장터에서 주동자가 연설을 하거나 〈독립 선언서〉를 낭독한 뒤 시위 군중과 함께 만세를 부른다. 그리고 태극기와 독립 만세기를 높이 치켜든 채 시위 행진에 들어간다. 농민들은 농악대를 울리거나 나팔을 불어 투쟁 의지를 고취시킨다. 분위기가 무르익으면 면사무소나 경찰관서로 몰려가 "왜놈은 물러가라" 등의 구호를 외친다. 물론 만세 시위는 늘 헌병, 경찰에 의해 강제 해산되면서 저지당한다. 이에 격분한 농민은 돌멩이, 몽둥이, 죽창, 가래, 삽, 괭이, 도끼, 낫 등으로 무장하고 헌병대, 경찰관서, 면사무소 등으로 몰려간다. 결국 시위는 폭력 진압으로 사상자를 내면서 종결되기 십상이었다. 이것이 농촌 시위 풍경이었다.

농촌에서의 시위가 점차 폭력 투쟁화되는 과정은 곧 무자비한 폭력 진압에 대한 저항이었다. 한 무리의 군인이 마을에 들어가 가옥을 불태우고, 주민을 총살했다는 소문은 그 자체가 시위 선동이었다. 농촌 시위에 대한 무자비한 탄압은 도시에 비해 소규모인 무장력으로 다수 군중을 진압해야 하는 중압감에서 비롯된 경우가 많았다. 단일 시위에서는 가장 많은 2만 명의 군중을 동원한 강화의 시위에서 군중의 기세에 눌린 경찰은 진압은 꿈도 꾸지 못한 채, 군수와 경찰서장이 독립 만세를 부르기까지 했다고 한다. 농촌의 시위는 도시처럼 매일 지속되기가 쉽지 않았다. 그러나 소규모 지역 단위의 고립 분산성을 극복하고 생활권 중심으로 연대 투쟁을 모색하는 적극성을 보였다. 리里 단위의 시위를 넘어서 리 단위 연대, 면 단위 연대, 나아가 군 단위 연대 투쟁이 전개되기도 했다.

계층과 계급을 망라한 시위 참여

3·1운동은 무단 통치가 자행되는 식민 치하에서 일어나 전국적으로 확산된 항쟁이었다. 일사불란하게 투쟁을 주도할 지도부가 존재하기 어려운 상황이었음에도 시위가 전국화·일상화될 수 있었던 것은 민족의 일원으로서 누구든 시위를 조직하고 참여하고자 했던 대중적 자발성 덕분이었다. '일제 치하에서는 도저히 못 살겠다'는 반일 의식에서 발원한 자발성은 가히 폭발적인 것이었다.

처음 시위를 촉발한 이는 33인의 이른바 '민족 대표'였다. 기독교, 천도교, 불교계로 구성된 민족대표는 3·1운동의 기획자들이었다. 〈독립 선언서〉를 인쇄해 전국에 배포했고 서울만이 아니라 평양, 선천, 의주, 원산 등에서의 3월 1일 만세시위를 조직했다. 그날 민족대표들은 태화관에서 독립 선언식을 갖고 경찰에 자수했으나 이후에는 지식인과 학생들이 나서 3·1운동의 전국적 확산을 주도했다. 도시 지역에 거주하는 지식인과 학생은 각종 선언서와 유인물, 그리고 시위 경험을 각 지역으로 전파했다. 이에 자극받아 각지에서 소규모 시위 주도 집단이 형성되었다. 혈연, 학연, 지연, 종교 등 인맥을 활용하는 경우도 많았다. 철혈청년단, 동지회, 조선독립개성회, 혈성단 등의 비밀 결사나 결사대, 결의대, 선동대, 의용대가 새롭게 조직되기도 했다.

1918(8월)
여운형 등 상하이에서 신한청년당 조직.

1919(1월 21일)
고종 승하.

1919(2월 8일)
도쿄 유학생 600여 명 〈독립 선언서〉 발표.

3·1운동   고종 황제의 인산일의 장면(왼쪽)과 3·1운동 당시 종로의 만세 시위 장면(오른쪽). 고종이 일본에 의한 독살로 승하했다는 소문이
떠도는 가운데 민족 대표는 고종의 인산 행렬에 맞추어 독립 만세 운동을 계획한다. 파리 강화 회의에 참가한 신한청년당의 김규식이 독립
의 정당성을 국제 사회에 알렸고, 일본에서 조선독립청년단이 〈독립 선언서〉를 발표했다. 국내에서는 천도교, 기독교, 불교계가 연합하여
만세 시위를 준비했다.

1919(3월 1일)
3·1운동 발발.

1919(3월 17일)
러시아 연해주에서 대한국민의회 발족.

1919(4월 11일)
상하이에서 대한민국 임시 정부 수립 선포.

1919년 3월 1일, 33인의 민족 대표는 서울 종로에 있던 태화관에 모여 〈독립 선언서〉를 낭독하고, 학생들과 시민들은 탑골공원에서 독립 선언식을 거행한 후, 거리로 뛰쳐나가 독립 만세를 외쳤다. 수십만 명이 참가한 이날 시위는 전국으로 확대되어 3월 20일경부터 4월 10일 사이에 절정을 이루었으며 5월 말까지 계속되었다. 시위는 대도시에서 중소 도시로, 그리고 읍면 지역으로 확대되었다. 처음에 조선 내 경찰과 군대 병력만으로 진압하려 했던 일본은 결국 본국에서 2개 사단 병력을 지원받아 무력으로 시위대를 진압했다.

시위가 전국화되고 '사물에 대하여 아무런 분별도 없는 4, 5세의 어린이까지도 작은 태극기를 들고 만세를 부를' 정도로 일상화되면서 만세꾼이라는 무리가 등장하기도 했다. 도시락을 싸 들고 원거리 시위에 참가하는 전문 시위꾼이 생겨난 것이다. 수십 명씩 떼 지어 다니며 시위를 유도하거나 지역적 연계를 꾀하는 바람몰이꾼도 있었다. 3·1운동의 전국화·일상화는 만세꾼의 활동과 함께 농촌에서 다양한 계층이 참여했기에 가능한 것이었다. 시위에 참가하는 대중의 폭은 가히 범계급·범민족적이라 할 만큼 광범위했다.

먼저 일본군·관군과 함께 민군을 조직해 동학 농민군을 진압했던 양반 계급이 3·1운동에서는 농민과 더불어 민족 운동에 동참했다. 고종 인산因山에 참가하기 위해 상경하거나 각지에서 요배식을 거행했던 유생 중 일부가 서울 시위 소식을 전하면서 각 지역의 시위를 촉발시켰다. 식민 치하에서 권력에 소외되고 박탈감에 시달리던 유생이었지만, 지역에서는 유지로서 대중에 대한 영향력이 상당했으므로 그들이 앞장선 시위는 대개 치열했다. 유생이 조직한 시위에 동족 부락의 일족이 대거 참여하는 경우도 있었다.

식민 권력 최말단을 차지했던 이장(구장)들이 시위를 주도하고 동참하기도 했다. 이장은 향촌 사회 말단 실무를 관리하며 마을 여론을 조정하는 역할을 한다. 일정한 지식과 소양을 갖춘 이장 가운데 적지 않은 수가 시위에 적극 참여해 마을 사람을 동원하고 이를 위한 사전 연락을 취하는 데 중요한 역할을 했다. 그들은 각지의 시위 운동 소식을 전해 듣고 동네 유지나 청년과 협의한 뒤 시위 계획을 주민에게 알리거나 격문을 붙였다. 나아가 동네 주민들을 규합해 면사무소 앞에서 시위하기도 하고 산에 올라가 봉화를 올려 마을 단위의 시위를 촉발하기도 했다. '친일파'로 지탄받던 지방 관리 중에도 시위에 동참하는 이들이 있었다. 면서기, 군청직원, 산림기수 등이 학생과 함께 시위를 모의한 경우도 있고 면장 단독으로 장꾼들을 선동해 시위를 전개한 경우도 있었다.

유생, 관리, 이장 등 구세력과 친일·부일 세력으로 지목된 이들까지 항쟁에 가세하는 열광적 분위기는 청소년에게 상당한 영향을 주었다. 어린 보통학교 학생들도 시위에 참가했다. 이에 대해 총독부는 크게 우려했다. "보통학교 학생들이 독립 운동에 가담하거나 목격함으로써 일찍이 꿈에도 생각하지 못했던 '독립 운동이 있었다'고 하는 의식을 심어 주게 되어 장래 교육상 큰 화근을 남겼다"는 이유에서였다. 근대 교육의 혜택을 입은 청소년만 시위에 참여한 것이 아니었다. 농촌에서 서당은 시위의 모의 준비 장소였다. 서당에서는 대개 훈장이 주동이 되어 학생과 학부형은 물론 동네 유지와 주민들을 설득해 시위 대열을 조직했다.

지도부가 부재한 상황에서 반일 의식을 가진 사람이라면 도시와 농촌, 어디에서든 신구 세대·세력의 구분 없이 시위를 주도하고 동참하는 데 주저하지 않았다. '민족 대표'는 식민 통치로 박탈당한 정치적 제권리의 회복을 요구하며 독립을 선언하고 청원했다. 그리고 도시를 중심으로 비폭력 평화 시위를 조직했다. 절대 독립을 꿈꾸는 민중은 발포를 불사하는 탄압에 맞서 방방곡곡에서 폭력 투쟁을 불사했다. 이처럼 누구든 조직하고 참여하는 대중적 자발성, 그것이 3·1운동의 전국화·일상화를 가능케 한 힘이었다.

새로운 시위 풍경, 호외와 태극기

"민심을 자극한 것은 선동적인 문서의 배부였다." 이것이 시위 확산의 원인을 찾던 총독부의 판단이었다. 유인물과 격문, 신문 등 각종 인쇄 매체는 3·1운동의 전국화·일상화의 촉매제였다. 특히 신문의 역할이 컸다. 간단한 구호를 적은 전단·낙서·포스터, 시위 계획이나 투쟁 방침을 알리는 격문·사발통문, 관리의 사퇴나 일본인의 퇴거를 요구하는 경고문·협박문 등의 선전물과 함께 지하 신문은 각지의 운동 상황을 알리며 투쟁을 독려했다. 《조선독립신문》, 《노동회보》, 《반도의 목탁》, 《충북자유보》, 《혁신공보》, 《각성호회보》 등 30여 종에 이르는 신문들이 나서 결사항전을 촉구했다. 《조선독립신문》은 원고 작성, 인쇄, 발행, 배포 등을 역할 분담할 수 있는 조직을 갖추고 27호까지 발행했다. 이 신문은 천도교가 운영하던 보성사에서 인쇄했다. 보성사는 시간당 3000매를 찍어낼 수 있는 기계 5대를 이용해 〈독립 선언서〉를 인쇄한 바 있었다. 《조선독립신문》이 전국적으로 유포되면서 《광주신문》, 《강화독립회보》 등과 같은 지역 신문도 등장했다.

시위를 선전하고 선동하는 유인물은 각 지역에서 직접 작성, 제작하는 경우도 있었지만 대개는 서울이나 중국에서 만든 것을 들여와 등사기로 재인쇄하는 경우가 많았다. 〈임시 정부 선포문〉, 〈임시 정부령〉, 〈신한민국 정부 선언서〉 등은 상하이에서 제작되어 베이징, 톈진을 거쳐 철도편으로 국내에 반입된 다음 철도 부근 지역을 중심으로 배포되었다. 이렇게 제작된 유인물은 우편을 이용하거나 직접 가택에 투입하는 방식으로 배포되었다. 유인물의 내용은 총독부의 우려대로 '선동적'이었다. 평안북도 일대에 배포된 유인물에는 '일본의 지배 아래서는 절대로 관공리가 되지 말 것, 현재 관공리로 있는 자는 빨리 사직할 것, 일본 관헌과 교섭하지 말 것, 세금의 징수에 응하지 말 것, 일본어를 사용하여 일본인과 이야기하거나 거래하지 말 것' 등을 요구했다. 더불어 납세 거부, 일본 상품 배척, 일본인과의 모든 거래 중지, 친일파 숙청 등 반일 투쟁을 고취하는 전단·격문·포스터 등이 곳곳에 살포되었다. 유인물 배포를 위한 조직도 결성되었다. 대구의 혜성단은 10명의 단원으로 인쇄책, 배달책, 출납책 등의 조직망을 구성하고 각종 선전물 11종 2000여 매를 작성·배포했다.

근대 인쇄 매체는 훌륭한 선전·선동의 도구였다. 신문과 유인물 등을 통해 산간벽촌은 물론 방방곡곡에서 일어나는 시위와 투쟁, 총독부의 잔악무도한 탄압 등의 소식을 접하는 일은 반일의 기치하에 민족적 정체성을 확인하는 과정이기도 했다. 이러한 '민족의 발견', 그것을 상징하는 근대 문물은 바로 태극기와 〈애국가〉였다.

시위 현장에는 다양한 깃발이 등장했다. 독립 만세기도 있었고, 조선독립단, 대조선 독립 만세, 대한국 독립 만세, 한국 독립 만세, 신대한제국 독립 만세라고 적은 깃발도 사용되었다. 서울에는 붉은 깃발[赤旗]이 등장하기도 했다. 하지만 가장 많이 흔든 깃발은 단연 태극기였다. 총독부는 시위로 구속된 사람들을 심문할 때, 태극기를 소기小旗라 지칭했다. 1883년 공식적으로 국기의 지위를 획득한 태극기는 각종 행사에 등장하면서 조선·대한제국의 표상으로 자리 잡았지만 1910년 국망으로 국기로서의 지위를 상실하고 말았다. 그 태극기가 애국·애족의 상징으로 1919년 3·1운동을 통해 다시 등장한 것이다. 시위 현장에서만 태극기를 볼 수 있는 것이 아니었다. 면사무소에 일

장기 대신 태극기를 게양하거나 손수 그린 태극기를 가가호호 내건 마을이 등장했다. 대형 태극기를 마을 높은 곳에 달고 기차가 지나갈 때마다 승객과 마을 사람들이 호응해서 만세를 부른 일도 있었다.

시위에는 새로운 운동가도 등장했다. 〈조국가〉, 〈격검가〉, 〈광복가〉, 〈복수가〉, 〈혈성가〉, 〈대한독립가〉, 〈소년전진가〉 등이 제작되어 불렸다. 그리고 숨죽이며 부르던 〈애국가〉가 시위 집회에서 제창되었다. 〈애국가〉는 태극기와 달리 조선·대한제국에서 공식적으로 국가로서의 지위를 획득한 바 없었다. "동해물과 백두산이 마르고 닳도록 하느님이 보우하사 우리 대한 만세"로 시작되는 〈애국가〉는 나라의 운명이 기울어져 갈 무렵, 애국창가 운동의 일환으로 민간에서 널리 불리던 노래로 곡조는 영국 가곡인 〈올드 랭 사인Auld Lang Syne〉의 멜로디를 그대로 사용하고 있었다. 만세 시위에서는 〈애국가〉 제창을 위해 미리 학생들에게 〈애국가〉를 가르쳐 합창단으로 동원하기도 했다. 이렇게 3·1운동 과정을 거치면서 〈애국가〉는 전국적으로 확산되었다. 그리고 대한민국 임시 정부가 국민의례에서 〈애국가〉를 국가로 부르기 시작했다.

이처럼 3·1운동을 통해 새로운 시위 문화가 탄생하고 있었다. 신문과 각종 유인물을 통해 전해지는 소식들은 시위를 선전하고 선동했다. 시위 현장에서 태극기와 〈애국가〉는 나라 상실의 고통을 절감하게 했고 독립 투쟁의 의지를 고취시켰다. 이렇게 시위가 전국화·일상화되면서 제국주의에 저항하는 공동체로서 '우리 민족'이라는 의식도 대중화되었다.

3·1운동 당시 국권 회복을 노래한 〈조국가〉와 〈격검가〉. 일본
이 압수해 일역한 창가집 앞쪽 내용이다.

大韓英雄高等實行唱歌集

祖國歌

이것은 우리나라 아니건만
國名은 일러바면 우리民族外
이럿타 웃자마라 우리國民은
韓半島生長한 우리民族外
不少한 自由生活 잇지안지
海外에 나온 우리同胞야
臥薪當膽을 잇지말고

河海에 ...
自由回復할 날이 ...
하나님 주신 獨立 ...
數年이 밧되 ...
또 누가 나 ... 우리마음에
언제나 갑픈 準備 하야봅시다

무엇을 바라 이러왓는가
살신이 업지만 希望잇네

擊劒歌

豆滿江건너를 살펴보니
神聖한 檀君子孫 ...
西伯利 ... 相對하고
너와나와 ... 놀세
前에 ... 잇서는

韓半島 江山回復 하리라
富士山은 ... 地獄되리라
天堂으로 地獄되리라

錦繡江山은 빗춘일 벗고
이놈의 鐵網에 걸여잇도다
韓半島 너를 ... 힘이로다
獨立年 밧게는 ...
우리의 靑年 ... 震되여
祖國을 일코 ... 우리靈魂은
이 달을 잇지말고 奮進하면

시위 대중의 주력, 민중

평화 시위가 좌절되자 폭력 투쟁에 참여해 주재소를 파괴하고 구금자를 탈환한 민중에게 '민족 대표'의 비폭력 투쟁 호소는 무의미한 것이었다. 절대 독립 쟁취 의식이 분명한 민중은 점차 시위의 전면에 나서게 된다. 3·1운동 당시 대중 시위에서 무엇보다 확연한 변화는 노동자의 진출이었다. 서울에서는 주동 청년과 학생이 대거 검거되면서 시위가 다소 침체되자, 노동자들이 선봉에 나섰다. 3월 22일 노동자대회 이후 누군가 주동만 하면 수십 명 혹은 수백 명의 군중이 시위대를 형성할 정도로 분위기가 일변했다고 전해진다. 시위 군중은 밤늦도록 헌병, 경찰과 숨바꼭질하며 시위를 전개하는 기동전을 펼쳤다. 그리고 3월 26, 27일에 전차 종업원, 경성 철도 노동자, 만철 경성 관리국 직공이 동맹 파업을 일으키면서 서울 시위는 절정에 이르렀다.

시위가 농촌으로 확산되면서 농민이 주요 동력을 형성하기 시작했다. 농민은 시위만이 아니라 각종 우량 품종·상묘의 수령 거부 내지 폐기, 부역 거부, 납세 고지서 수령 거부 등 총독부 농정에 대한 투쟁과 일본 상품 배척, 일본인에게 식량 및 연료 판매 거부 등 일상적인 경제 투쟁을 전개했다.

4월에 들어서면서 노동자, 농민 등은 전열을 가다듬어 더욱 적극적으로 시위의 최전선에서 투쟁을 이끌어 나갔다. 민중이 주도하는 시위는 점차 폭력 투쟁화되었다. 폭력 투쟁은 대체로 시위 과정에서 무자비한 탄압에 따른 방어적 조치였다. 하지만 처음부터 권력 기관을 접수하거나 계획적·공세적으로 폭력을 행사하는 경우도 적지 않았다. 이 경우 "만세를 부르고 관청을 타파하면 반드시 우리 조선은 독립의 운명에 도달할 것이다"라는 독립 쟁취 의식으로 돌멩이, 몽둥이, 농기구로 무장해 시위 초기부터 권력 기관과 일본 상점 등을 박살냈다. 민중 투쟁이 치열한 일부 지역에서는 조선인 관리들이 대거 사직해 지방 행정이 공백 상태에 빠지는 일도 발생했다. 이에 대해 일본 민간인들은 자경단, 자위단을 만들어 자신들을 보호하고자 했다.

　민중의 투쟁을 추동한 것은 삶을 옥죄는 권력으로부터의 해방 의지였다. 농민은 일본인 지주의 토지 수탈, 총독부의 무단 농정, 세금 과중, 부역 징발 등으로 고통받고 있었고 노동자는 기아 임금, 차별 임금, 살인적 노동 조건 등에 희생당하고 있었다. 그들에게 독립은 자신들을 고통의 나락에서 건져 줄 희망적 대안이었다. 계급적 고통에 대한 처방으로 민족 독립을 갈구했던 것이다. 그들의 바람은 간명했다. "조선 독립의 그날에 재산이 평등하게 배분되기 때문에 빈곤자로서는 무상의 행복이 될 것이다." "조선이 독립하면 국유지는 소작인 소유로 된다." 여기서 3·1운동 이후 사회주의 운동이 민중의 사회적 진출과 함께 민족 운동의 주류로 부상하게 된 연유를 짐작할 수 있다. "우리나라가 독립하지 못한다면 우리들은 물론이고, 2000만 동포들이 모두 쓰러져 구렁을 메우리라." 민족적 정체성을 자각한 민중의 목소리는 이러했다. 이렇게 3·1운동을 거치며 민족 운동의 역량은 재배치되었다. 대중 시위를 주도함으로써 민중은 민족 해방의 주력 부대로 부상했다. 그리고 그 경험을 바탕으로 적극적으로 노동 운동과 농민 운동 등에 진출했다. 민족을 발견하는 과정이 곧 민중을 발견하는 과정이었던 것이다. 또한 그것은 대중 시위를 통해 근대화의 주체적 역량을 확인하는 과정이기도 했다.

전민족적 독립 대중 시위인 3·1운동에 대해 총독부는 아무런 사전 정보도 입수하지 못했고 전혀 예상하지도 못했다. 당황한 총독부는 일본에서 파견된 증원 부대와 함께 헌병 경찰을 전면 투입해 탄압했고, 수많은 희생자가 속출했다. 일본군이 마을 사람을 교회 건물 안에 모아 놓고 출입구를 막은 채 사격을 가한 다음 불태워 버린 수원(현재 경기도 화성)의 제암리 학살 사건이 그 대표적인 예다. 일본 언론은 조선의 시위를 일부 종교인의 선동에 의한 '폭동'으로 보도하면서 무력 탄압은 피할 수 없다고 주장했다. 조선인을 '폭도' 혹은 '범인'으로 매도하고, '폭민의 경찰서 습격', '헌병 참살', '순사 학살', '내지인 상점에 폭행', '무고한 내지인 남녀 살해' 등 일본인의 피해만을 부풀려 보도하며 3·1운동을 비난하고 공격했다. 이러한 일본의 폭력적 대응 방식은 영국을 비롯한 세계 각국으로부터 격렬한 비난을 받았다.

3·1운동은 비록 독립을 달성하지는 못했지만, 만세 시위의 격랑 속에 대한민국 임시 정부가 수립되었고, 국내외 민족 운동이 활성화되는 계기를 제공했다. 나아가 일본 식민 지배 방식의 전환을 가져왔다. 일본은 더는 조선을 무단 통치로는 지배할 수 없다고 판단했다. 일본 내에서는 이미 3·1운동 직전부터 무단 통치에 대해 비판적인 견해가 대두하고 있었다. 무단 통치는 제1차 세계대전을 통해 막대한 자본을 축적한 일본 자본주의가 조선에 자본 투자를 하는 데 어울리지 않는 지배 방식이라는 비판이었다. 이러한 비판이 등장하던 차 3·1운동이 일어나자, 일본 정부는 군부가 일방적으로 주도하는 무단 통치를 폐기했다. 총독부는 한글 신문의 간행을 허용하고 조선인에게 집회 결

사의 자유를 부분적으로 인정하는 등 유화 조치를 취했다. 헌병 경찰 제도는 보통 경찰 제도로 개편되었다. 당시 총독부가 추진한 이러한 유화적인 식민 지배 방식을 '문화 통치'라고 부른다.

— 김정인

3·1운동을 계기로 출범한 대한민국 임시 정부에 의해 처음으로 민주공화제가 탄생했다. 제국에서 민국으로의 전환이 이루어진 것이다. 3·1운동 이후 노동자, 농민, 청년, 소년, 여성 등이 근대의 주체로 거듭나게 되었다. 무단 통치 아래 극도로 억압되던 언론·출판·집회·결사의 자유가 일정하게 허용된 것도 식민지 조선에 큰 영향을 미쳤다. 한글 신문과 잡지가 여럿 창간되었고 직간접적으로 민족 해방을 지향하는 여러 단체가 일제의 엄혹한 통제 아래에서도 활발한 활동을 벌였다. 일제의 전시 통제가 본격화되는 중일 전쟁 이전까지 식민지 조선 사회에서는 주체적인 근대로의 이행을 추구하는 민족 해방 운동 세력과 그것을 억압하려는 일제 식민 지배 권력 사이에 치열한 각축이 벌어지고 있었다.

지배하는 제국, 저항하는 민족

1920~1937, 식민지 지배의 안정과 위기

통치 방식의 변화와
친일파의 대두

'문화 정치' 로의 전환

일제는 조선을 강점하는 동안 식민지 지배 체제를 영속화하기 위해 다양한 형태로 '근대적' 제도를 도입하려고 했다. 그러나 일제에 의해 이식된 근대 자체가 결국에는 식민지 지배로부터의 해방을 원하는 조선 민중의 이해관계와 일치하는 것이 아니었기 때문에 일제의 근대화 기획은 늘 균열의 조짐을 안고 있었다. 그 균열은 결국 식민지 지배 체제의 위기로 구체화되었다. 그리고 위기는 기본적으로 민족 해방 운동의 고조와 맞물려 있었다. 따라서 일제는 식민지 지배의 위기를 해결하기 위해 민족 해방 운동에 대해 때로는 근대의 외피를 쓴, 때로는 전통과 근대를 기묘하게 결합시킨 다양한 방식의 통제 정책을 모색했다.

3·1운동으로 식민지 지배 체제를 유지하는 데 위기의식을 갖게 된 일본 제국주의는 부분적으로나마 식민지 통치 방식의 전환을 모색하게 되었다. 그것이 이른바 '문화 정치' 였다. 문화 정치는 3·1운동 직후 조선 총독으로 부임한 사이토 마코토齋藤實가 조선 통치의 방침으

로 "문화가 발달하고 국민의 노동력이나 재력이 충실해지는 데 상응해 정치적, 사회적으로 조선인을 내지인(일본인)과 동일하게 대우하려는 궁극적 목적을 달성하고자 하는 데 있다"고 밝힌 데서 비롯되었다. 일제가 1910년대의 무단 통치를 문화 정치로 전환하게 된 배경에는 3·1운동 이후 고양되고 있던 조선인의 민족 해방 운동이 있었다. 3·1운동을 계기로 전국 각지에서 청년 단체, 농민 단체, 노동자 단체가 만들어져 조선 민중을 조직화하고 의식화하는 활동을 활발하게 벌이고 있었다. 문화 정치는 외견상 이전의 무단 통치와 크게 달랐다. 그것은 겉으로 볼 때 당시 일본에서 전개되고 있던 다방면의 민주주의·자유주의적 움직임인 '다이쇼大正 데모크라시'●를 식민지 조선에 적용했다는 의미가 있었다. 일제는 조선인이 정치 의식의 성장으로 민족의 독립과 해방을 요구하는 데 대해 일정한 대응책을 마련할 필요를 느꼈다. 대응책의 핵심은 일제가 허용하는 범위에서 조선인도 성장하고 발전할 수 있다는 환상을 심어 주는 것이었다. 그러한 환상을 만들기 위해 일제는 당시 유행하던 개념인 '문화'와 '데모크라시'의 틀을 빌려 문화 정치를 표방했다.

　　조선인과 일본인의 평등을 내세운 문화 정치는 분명히 조선인에 대한 유화 정책이었다. 문화 정치의 주요 내용은 무단 통치의 상징이던 총독 무관제 및 헌병 경찰제를 폐지하는 것, 제한된 언론·출판·집회·결사를 허용하는 것, 지방 제도를 개정해 지역의 유력자들이 지역의 정치에 참여할 수 있는 통로를 만드는 것, 1920년 4월 1일부터 〈회사령〉을 철폐함으로써 조선 안에서의 자본 투자를 허용하는 것, 강점 이후 견지하고 있던 조선 민중에 대한 우민화 정책을 일정 부분 수정

다이쇼 데모크라시
일본에서 다이쇼 시대(1911~1926)에 일시적으로 정당 내각이 구성되는 등 정치·사회·문화 등 각 방면에 나타난 민주주의와 자유주의 경향을 말한다. 이론적으로는 요시노 사쿠조吉野作造의 민본주의에 의거했으나 실질적인 정치, 사회 체제로 정착하지 못하고, 군부를 중심으로 한 군국주의 세력이 등장하면서 쇠퇴했다.

해 고등 교육 기관을 설치하는 것 등이었다.

명목상으로는 문화 정치를 채택했지만 지배 정책의 본질이 바뀐 것은 결코 아니었다. 사이토가 추진한 여러 변화도 실제로는 식민지 지배를 강화하고 이를 은폐하려는 허구에 지나지 않았다. 종래에는 무관만이 총독에 임명될 수 있었던 것을 문관 출신도 총독이 될 수 있도록 바꾸겠다고 했지만 정작 해방이 될 때까지 문관 총독은 한 명도 임명되지 않았다. 무단 통치의 상징이던 헌병 경찰 제도가 폐지되고 보통 경찰 제도가 채택된 것도 겉으로는 큰 변화인 것처럼 보인다. 그러나 그 이면에는 경찰 수와 예산의 급격한 증가가 있었다. 실제로 경찰서는 1918년에 751소所였지만 1920년에는 2761소로 급증했다. 경찰 인원도 1918년에는 5400여 명이었지만 1920년에는 18400여 명으로 급증했다. 당연히 경찰 예산도 급증해서 1920년대 초 조선총독부 전체 교육 예산과 산업 예산을 합한 금액의 7배 이상에 이르렀다. 1925년 치안 유지법을 공포한 이후에는 헌병 대신에 사상 사건만을 전담하는 고등 경찰이 민족 해방 운동을 탄압하는 데 주역이 되었다.

그러나 문화 정치는 일제의 의도와는 정반대되는 결과를 낳기도 했다. 특히 제한된 언론·출판·집회·결사의 허용은 이후 식민지 조선의 사회 변동에 큰 영향을 미쳤다. 일제는 신문과 잡지의 발행을 대폭 인가하는가 하면 각종 단체의 설립과 집회도 허가했다. 물론 거기에는 검열 등 각종 통제 장치가 덧붙여졌지만 명목상으로는 치안을 저해하지 않는다면, 즉 '천황제'를 부정하거나 독립을 전면에 내세우지 않는다는 전제에서 근대 의회제 민주주의 아래 시민의 보편적 권리라고 인정되는 몇 가지를 부분적으로 인정한 것이다. 일제로서야 식민지 지배를 안정시키려는 의도로 부르주아 민주주의의 제한적 확대를 추진한 것이었지만 이는 결과적으로 국내에서 민족 해방 운동이 활성화되는 계기로 작용함으로써 이후 식민지 조선의 진로에 엄청난 영향을 미쳤다.

한편 일제는 1920년에 지방 제도도 개정했다. 그러면서 이름뿐인 지방 자치 제도를 도입했다. 일제는 1920년부터 도평의회와 부면협의회 제도를 실시했다. 그 결과 부와 극소수의 면(23개의 지정면)에는 민선 협의회가 설치되었고 대부분의 면에는 관선 협의회가 설치되었다. 이 제도를 통해 일제는 지역 민중의 실질적인 의사가 반영될 수 있는 통로는 제도적으로 차단하면서도 조선인 가운데 일부를 지역 정치에 포섭하겠다는 의도를 드러냈다. 이를테면 면협의회에는 선거나 임명에 의해 8명에서 14명까지의 협의회원을 두도록 했는데 당시 면이 2500여 개였다는 점을 감안할 때 무려 3만여 명의 '유력한 인물', 곧 지역의 유력자에게 지역 정치에 참여함으로써 결과적으로 일제의 지배 정책의 동반자가 될 수 있는 길이 열린 것이다.

조선 민족에 대한 당근 정책이 더욱 강화된 것은 1930년대 초였다. 이때는 민족 해방 운동이 한층 고조되던 시기였다. 식민지 지배 체제의 위기를 느낀 일제는 더 고도화된 민족·계급 분열 정책을 펴 나갔다. 그 가운데서도 대표적인 것이 지방 제도를 다시 개정하고 농촌에서 일련의 사회 정책을 실시한 것이다.

경북도 평의회　　갓을 쓰고 흰 옷을 입은 사람들과 양복을 입고 짧은 수염을 기른 사람들의 모습이 함께 보인다. 일본인들은 조선인 유지들을 평의회에 참여시켰지만 이들은 들러리에 불과했다. 이 지방 의회는 조선인·일본인 의원들이 지방 행정의 자문과 예산 심의 및 기타 도행정과 관련된 자문 및 의결을 수행했다.

도평의회와 같이 일제하에 존재한 지방 의회는 3·1운동 직후 처음 설치되어 일제 말까지 존속했다. 1920년의 지방 행정 제도 개정은 '문화 정치'의 중요한 구성 요소였다. 일제는 '민의를 창달하여 일반 민중을 양해하고 그들로 하여금 제도 및 시설의 정신을 양해' 하도록 하는 것이 지방 제도 개정의 목적이라고 설명했다. 일제로서는 3·1운동 직후의 '험악' 한 민심을 수습하고 치안을 회복하며 조선인의 독립 열망을 억누르는 것이 우선 과제였다. 즉 일제가 지방 행정을 정비한 의도는 치안 확보와 조세 체제의 정비를 통한 식민지적 관료제의 구축이었다. 이 과정은 종래의 신분적 특권을 매개로 한 전통적 촌락 '자치' 와 전근대적 질서를 해체하는 방향으로 진행되었다.

치안 유지법의 제정과 사상 통제

3·1운동 이후 일제가 내세운 문화 정치에는 또 다른 이면이 있었다. 그것은 민족 해방 운동에 대한 폭력적 탄압이었다. 일제는 조선인의 독립 의지를 일절 인정하지 않았다. 식민지 지배 체제에 조금이라도 위협이 될 행위는 엄중한 탄압의 대상이 되었다. 탄압은 악법 중의 악법인 치안 유지법, 투망식 검거, 고문과 악형, 사상 전향 등으로 구체화되었다.

치안 유지법은 일제가 언론·집회·결사·출판의 자유를 형식적으로 허용하면서도 그것이 식민지 지배 체제에 대한 위협이 되지 못하게 만들어 놓은 장치였다. 이 법의 실시는 1920년대 초반에 제한적으로 허용했던 부르주아 민주주의에 다시 재갈을 물린다는 것을 의미했다. 치안 유지법이 일제의 대표적 악법이라고 불린 이유도 이 법에 따라 집회와 결사의 자유, 사상과 양심의 자유가 철저하게 금지되었기 때문이다.

일제는 1925년부터 치안 유지법을 내세워 "국체의 변혁이나 사유 재산을 부정하는 일체의 행위를 금지"했다. 이 법의 목표는 조선에서 민족 해방과 계급 해방을 추구하는 운동의 뿌리를 뽑는 데 있었다. 일제는 "조선을 일본 제국의 기반으로부터 이탈시키려는" 민족 해방을 도모하는 것도 국체 변혁 기도에 해당하는 것으로 규정했다. 이 법에 따르면 실제로 결사를 조직한 사람 이외에 조직 결사를 협의했거나 선동한 사람, 이를 알고도 신고하지 않은 사람들까지 처벌 대상이 되었다. 따라서 치안 유지법은 처음부터 사상과 표현의 자유를 유린하고 사실상 조선인의 민족적 양심을 처벌하는 법이었다. 게다가 이 법은 여러 차례 개악을 거듭했다. 1928년에는 결사 조직자를 사형에 처할 수 있다는 조항까지 들어갔다. 치안 유지법에 의해 민족 해방을 지향하는 일체 행위가 최고 사형에 이르는 처벌의 대상이 된 것이다.

흥미로운 것은 치안 유지법을 적용하는 강도에서 일본과 식민지 조선 사이에 현격한 차이가 나타났다는 사실이다. 일본에서는 1945년까지 치안 유지법으로 사형 판결을 받은 사람이 단 한 명뿐인데 비해 조선에서는 일일이 열거하기 어려울 정도로 많은 활동가들이 사형 판결을 받았다. 1933년 12월에는 제5차 간도공산당 사건 재판에서 치안 유지법 등 위반(살인죄, 강도죄 등 형법 위반 포함) 혐의로 22명의 활동가에게 사형이 선고되었다. 사형까지는 가지 않더라도 일단 치안 유지법 위반으로 재판에 회부되면 민족적 양심을 포기하고 일제에 협력하겠다는 의사를 밝히지 않는 한 중형이 선고되었다. 1930년대 초 함경남도 영흥에서 농민 조합 지도자로 활동하던 채수철은 1심에서 무기 징역, 2심에서 20년의 징역형을 선고받고 해방이 될 때까지 감옥에 갇혀 있어야 했다.

치안 유지법은 수많은 사상범을 양산했다. 이를테면 1928년부터 1938년 사이에만 무려 28000여 명이 치안 유지법 위반으로 경찰에 검거되었다. 이는 당시 전체 조선인 인구의 1000분의 1 이상에 해당했다. 조선인 1000명 가운데 한 사람이 사상범 혐의자였던 것이다. 치안 유지법 자체가 사회주의 운동에 대한 탄압을 목표로 하고 있었던 데서도 알 수 있듯이 경찰에 의해 '국체의 변혁이나 사유 재산을 부정'하는 운동을 벌인 것으로 지목받은 조선인의 수는 실로 엄청난 규모였다.

東亞少論

質朴儉素氣風

大官乞人鑑別

麻雀과阿

退廷被告도

驚愕한氣色

치안 유지법　　사진은 치안 유지법 위반 혐으로 송치되고 있는 사람이다. 일제 1920년대에 들어서면서 민족 해방 운동의 격화와 사회주의 사상의 침투 등과 같은 체제 내적 문제에 직면하고 있었다. 특히 소작 쟁의 및 노동 쟁의를 통한 식민지 조선의 농민 노동자들의 저항 행위도 격화되는 양상을 보여 주었다. 이와 같은 위기 속에서 1923년 간토 대지진이 발생하고 이러한 혼란에 편승해 치안 법규 제정의 실현 기회를 포착한 일제는 1925년 치안 유지법을 제정, 공포했다.

인제 치하 풍자화   1919년 이후 종래의 헌병 경찰제는 완전 폐지되고 보통 경찰제로 바뀌었다. 경찰 관련 예산의 증액과 함께 경찰력은 크게 강화되었다. 당시 조선에 주둔한 약 8000명 정도의 헌병이 그대로 경찰로 흡수되었고 보통 경찰의 수도 헌병 경찰제 때보다 크게 늘어나 조선총독부의 치안제일주의治安第一主義를 견고히 지탱했다.

일제는 민족 해방 운동의 혐의가 있다고 인정되면 닥치는 대로 검거했다. 검거 뒤에는 경찰과 검찰의 취조가 이루어졌다. 자백이 유일한 증거로 쓰이던 때이니만큼 그것은 단순한 취조가 아니었다. 길면 2~3년에 이르는 취조 과정에는 상상을 초월한 고문이 따랐다. 당시 가장 악명 높은 특별 고등 경찰이었던 미와 와사부로三輪和三郎가 "유치장이나 고문실에 넣어 두면 벌써 나의 물건이 되고 만다"고 자랑스럽게 회고할 정도였다. 사상범에 대한 고문과 악형은 가장 효율적인 수사 기법인 것처럼 여겨졌다.

그 결과 심지어 검찰에 송치되기 전이나 재판이 진행되는 과정에서 고문으로 목숨을 잃는 활동가들도 적지 않았다. 1931년 9월에 일어난 함경북도 성진농민조합 검거 사건의 재판은 3년도 더 지난 1934년 10월에야 열렸는데 기소 전에 3명, 예심과 공판 진행 중에 각각 3명, 2명의 활동가가 옥중에서 사망했다. 고문 후유증으로 사경을 헤맨 활동가도 여럿이었다. 2차 범태평양노동조합 사건의 이소가야 스에지磯谷季次가 "취조실은 벌거벗은 자와 권력을 믿고 뻐기는 도살자 사이의 처참한 투쟁의 장"이라고 회고한 것이야말로 당시 일제 경찰과 사법 기관에서 행해지고 있던 고문의 실상을 생생하게 보여 준다. 일제의 고문 과정에서 다행히 살아남더라도 장기간의 형이 기다리고 있었다.

여기에 치안 유지법이라는 악법으로도 민족 해방 운동을 막을 수 없게 되자 일제는 사상 전향 정책을 실시했다. 경찰, 검찰, 감옥에서 '주의主義'를 포기하겠다는 뜻을 밝히면 석방과 감형의 조치가 취해졌다. 그러면서도 일제는 전향하지 않는 활동가에게는 일벌백계의 엄벌주의를 적용했다. 민족 해방 운동은 일신의 안녕은 물론이고 심하면 목숨까지도 내놓아야 하는 위험을 수반하는 것이었다.

친일파의 육성

3·1운동 이후 식민지 지배 방침에서 중요한 변화는 친일파를 적극 육성하여 조선인 사이의 분열을 도모한 것이었다. 일제는 식민지 지배의 기본 원칙으로 동화주의·내지연장주의를 내세웠다. 일본과 같은 방식으로 조선을 통치하겠다는 것이었다. 그러나 내지연장주의에 따르면 당연히 조선인에게도 국민으로서의 권리가 부여되어야만 했지만 일제는 강점 초기부터 조선에서의 참정권을 일절 인정하지 않았다.

3·1운동으로 무단 통치는 실패였다는 것이 입증되었다. 그리고 사이토는 총독으로 부임하면서 친일파의 육성을 주요 통치 방침으로 천명했다. 이를 위한 구체적인 방법으로 추진된 것이 총독의 자문 기구인 중추원의 관제 개정과 지방 제도 개정이었다. 사이토 총독은 귀족의 자제, 조선총독부 고위 관료 출신, 3·1운동 이후 등장한 친일 단체의 간부, 친일 지주·자산가 등 식민 통치 10년 동안 일제에 대한 충성이 검증된 새로운 인물을 중추원 참의로 대거 발탁했다. 여기에 도지사의 추천으로 참의가 되는 길이 새롭게 열렸다. 이런 참의를 지방 참의라고 불렀다. 이는 지방의 친일 유력자를 포섭하기 위한 조치였다. 지방 참의는 모두 재력이 있거나 이미 상당한 정도의 친일 경력을 쌓은 인물들이었다.

조선인 대부분은 중추원에 냉소적인 시선을 보냈다. 그런데도 일부 조선인은 중추원을 정치적 욕구를 충족시킬 수 있는 장치로 보았다. 이들은 중추원에 들어가기 위해 일제에게 충성심을 인정받으려는 치열한 경쟁을 벌였다. 중추원은 자문 기구에 지나지 않았는데도 친일파는 중추원을 일종의 준^{準}의회로서 중앙 정치에 진출할 수 있는 유일한 길이라고 여겼다. 일제도 '최고의 민의 창달 기관' 또는 '조선인에게 최고의 영예' 라고 선전함으로써 친일파의 권력욕, 명예욕을 한껏 부추겼다.

중추원과 함께 일제가 친일파를 육성하기 위해 활용한 또 하나의 통로는 지방 제도의 개정이었다. 지방 민중의 불만이 통치를 위협하는 상황에서 이를 효율적으로 통제하기 위해서는 지방 유력자를 체제 안으로 포섭할 필요가 있었기 때문이다. 1920년 말에 이루어진 1차 지방 제도 개정의 핵심은 자문 기구를 확대하고 부분적으로 선거제를 도입함으로써 친일 유력자에게 지방 정치에 참여하는 기회를 부여하는 것이었다.

원래 지방 자문 기구는 일본인이 많이 거주하는 부^{府}에만 부협의회라는 이름으로 설치되어 있었다. 그것도 임명제였다. 그런데 1920년에는 새로 도평의회·면협의회가 설치되었다. 그리고 부협의회에는 선거제가 실시되었다. 일본인과 부유한 조선인이 많이 거주하던 24개 지정면의 면협의회에도 선거제가 실시되었다. 도평의회의 경우 정원의 3분의 2는 부·면협의회가 2배수로 선출한 후보 중에서 임명하고 나머지 3분의 1은 도지사가 자유롭게 임명하도록 했다. 약 2500개 보통면의 면협의회는 아예 완전한 임명제였다. 도지사나 군수가 임명한 조선인이 친일파였음은 말할 나위가 없었다.

조선인의 선거 참여는 처음부터 극단적으로 제한되었다. 선거권과 피선거권이 5원 이상의 납세자에 국한되었기 때문이다. 이 조건에 해당하는 조선인이란 지주나 자산가뿐이었다. 일본에서는 1919년에 이미 자격 요건이 국세 3원으로 바뀌었는데도 조선에는 훨씬 더 강화된 요건을 적용한 것이다. 조선 민중이 지방 정치에 참여하는 것을 아예 막아 버리겠다는 뜻이었다.

선거 결과 지방 자문 기구에 진출한 조선인은 일제가 파악한 바에 따르더라도 '사상이 온건하고 행정을 이해할 줄 아는 인물들' 곧 친일파였다. 지방 유력자들이 일제와 연계를 맺고자 출마한 데 따른 당연한 결과였다. 지방 유력자로서는 출마와 당선을 통해 어느 정도 정치적 욕구를 만족시킬 수 있었다.

일제는 지방 유력자 가운데 일부를 지방 참의로 등용함으로써 명예욕과 권력욕을 충족시키는 기회를 부여했다. 지방 자문 기구에서 중추원으로 상승 이동하기 위해서라도 더욱 친일 행위를 해야 하는 구조를 만든 것이다. 실제로 상당수의 거물급 친일파가 지방에서의 경력이 바탕이 되어 참의로 임명될 수 있었다. 나중에 도평의회에서 이름이 바뀐 도회까지 포함해 도 단위에서 활동하던 1400여 명 가운데 참의가 된 사람은 130명 이상이었다. 거의 10명에 1명꼴로 도를 대표하는 친일파에서 전국을 대표하는 친일파로 지위가 올라간 셈이었다.

1920년대 말과 1930년대 초에는 민족 해방 운동이 다시 고조되었다. 특히 광주학생운동(1929), 혁명적 농민 조합 운동 등 지역을 단위로 한 대중 운동이 활성화되면서 식민지 지배에 다시 한 번 위기가 닥쳤다. 이에 일제는 두 번째 지방 제도 개정을 추진했다. 1930년 말에 확정된 새로운 방침의 핵심은 기존의 도평의회·부협의회, 그리고 읍으로 승격된 지정면의 면협의회를 의결 기구인 '의회'(도회·부회·읍

1907(5월)
향회 폐지, 지방 위원회 설치.

1920(11월 20일)
12부 24지정면 선거 실시.

1930(12월)
조선 지방 제도 개정.

면협의회 회원 선거   자문기관 회원 선거는 일정 금액 이상의 세금을 납부한 자들에게 선거권과 피선거권을 부여한 제한된 선거였다. 일제는 1920년 지방 제도를 개정해 부협의회는 민선으로 구성하고, 나중에 읍으로 승격하는 지정면을 두어 그곳에도 협의회를 구성하도록 하여 의원을 주민이 선출하도록 했다. 부협의회의 정원은 인구 규모에 따라 12~30명이고, 면협의회의 경우에는 8~14명이었으며, 의원들은 임기 3년의 명예직이었다. 선거권과 피선거권은 독립 생계를 영위하는 연령 25세 이상의 남자로서 1년 이상 부(면) 내에 거주하며, 부세(면은 부과금)를 연 5원 이상 납부하는 자에게만 인정되었다.

일제는 지방 자치의 단계적 실시를 내세워 부와 지정면에서 이처럼 지방 선거를 실시했으나 도의회 의원은 1933년 이후에야 정원의 3분의 2만을 간접 선거로 선출하도록 했다. 이와 같은 단계적 실시는 농민에 비해 도시민의 민도가 높기 때문이라는 이유를 앞세우고 있으나 원주민인 조선인의 자치 인정보다는 일본인 거류민이 일본 본국 제도와 대등한 처우를 요구한 여망에 대한 무마책으로 볼 수 있다.

회)로 바꾸고 선거제의 대상 지역도 보통 면까지 확대한다는 것이었다. 다만 도회의원은 정원의 3분의 2를 부회·읍회의원의 간접 선거로 선출하고 나머지 3분의 1은 도지사가 임명하도록 했다. 자문 기구가 의결 기구로 바뀐 것은 도회·부회·읍회가 일종의 지방 의회 기능을 하게 되었다는 것을 의미했다. 외형상으로는 권한이 다소 확대된 것이다. 이러한 변화는 결국 지방 유력자들을 식민지 지배의 한 축으로 더 강력하게 포섭하겠다는 의도를 반영한 것이었고 친일파에게는 더 달콤한 미끼가 되었다.

1930년대 내외 정세의 변화와 맞물리면서 친일 경향은 가속화되었다. 만주사변(1931) 이후 일제가 침략 전쟁에서 승리한 데다가 강점 이후 20여 년이 지나면서 친일 외에는 다른 방법이 없다고 생각하는 사람들이 더 늘어났다. 2차 지방 제도 개정 이후 지방 선거의 양상은 더욱 가열되었다. 식민 통치에 동화되는 층이 더 두터워진 것이다. 2차 지방 제도 개정 이후 점차 지방 의회에서 조선인이 차지하는 비율이 높아졌다.

선거권이 있는 일부 조선인은 선거권 하나만으로도 위세를 과시할 수 있었다. 하물며 지방 의회 의원으로 당선된다면 자신이 특권층이 된 것으로 생각할 만했다. 친일 유력자들은 지방 의회 진출을 통해 일정한 정치적 지위를 획득하고 더 나아가서는 관과의 친밀도를 높여 각종 이권에 개입할 수도 있었다.

일제는 조선인의 독립 의지를 약화시키기 위해 친일파를 적극 활용했다. 미끼는 자치권과 참정권이었다. 조선총독부는 수시로 조선인에게 자치권이나 참정권을 줄 것처럼 선전했다. 친일파는 일제의 기만

술에 현혹되어 3·1운동 이후 공공연하게 정치 세력화를 도모하고 본격적인 친일 정치 활동을 벌였다. 거기에는 크게 보면 두 가지 흐름이 있었다. 하나는 참정권 청원 운동이었고 다른 하나는 자치론이었다.

참정권 청원 운동은 조선인도 일본 의회에 진출해야 한다는 것을 목표로 내걸었다. 참정권을 달라는 주장은 내지연장주의를 내건 일본 정부의 입장과 일치하는 것이었다. 따라서 일본 정부는 참정권 청원에 대해 당위성은 인정하는 자세를 보였다. 참정권 청원 운동은 대개 일부 친일파가 일본 중의원에 청원을 하면 중의원에서는 이를 채택하되 일본 정부가 민도民度의 차이에 따른 시기상조론을 내세워 수용하지 않는 방식으로 진행되었다.

자치론은 조선 의회 설립을 목표로 하고 있었다. 자치론에서 자치의 주체로 설정된 것은 조선총독부가 인정하는 정치 세력, 곧 친일파였다. 이때 자치란 한마디로 친일파의 정치 참여 욕구를 실현하기 위한 수단에 지나지 않는 것이었다.

조선총독부가 내지연장주의를 바탕으로 한 문화 정치를 표방하자 자치론은 곧 침체 상태에 빠졌다. 그렇지만 자치론 자체는 결코 소멸한 것이 아니었다. 일제는 자치론에 입각한 민족 해방 운동을 분열시키고 타협적 민족주의 세력을 포섭하는 전략으로 활용했다. 일제의 공작에 넘어간 인물도 적지 않았는데 최린, 이광수 등이 대표적이다. 그 결과 1920년대 중반부터는 타협적 민족주의 안에서 자치를 주장하는 세력이 나타났다. 1924년 1월《동아일보》계열과 천도교 신파가 연정회研政會를 만들어 자치 운동을 벌이려고 하다가 거센 비판에 부딪혀 실패로 끝나고 말았다. 1926년에 다시 일제의 공작에 따라 연정

이광수　　임시 정부 사료 편찬부 주임 시절의 이광수(앞줄 가운데). 민족 개량과 문화주의로 일관하던 이광수는 1937년 동우회 사건으로 구속되어 옥고를 겪고, 정신적 지주 도산 안창호가 죽고 나자, 중국의 일본군 위문을 위한 모임 결성식의 사회를 맡게 되고, 이를 계기로 본격적인 친일 행위로 들어선다.

회를 부활하려는 움직임이 일어났지만 두 번째 자치 운동 시도도 실패로 돌아갔다.

1920년대에 자치 운동을 주도하던 최린은 1934년 중추원 참의가 되었다. 이는 자치 운동이 완전히 친일화되었음을 의미하는 것이었다. 같은 해 8월 최린은 천도교 신파를 중심으로 거물급 친일파를 규합해 '내선 융합'의 구호를 내걸고 시중회時中會를 결성했다. 그리고 몇 년 뒤 시중회는 내선일체론으로 합류했다. 그것이 일제의 공작에 놀아난 자치 운동의 귀결이었다.

경제 구조의 변화와 민중의 삶

식민지 농업 정책과 농촌 사회의 변화

강점 이후 일제는 토지 조사 사업 등을 통해 식민지 조선의 농촌 사회를 지배하는 데 필요한 제도적 정비 사업을 벌였다. 그리고 이를 바탕으로 1920년대 이후에는 농업 부문에서의 수탈 정책을 본격적으로 펼쳐 나갔다.

1920년대 식민지 농업 정책을 대표하는 것은 산미 증식 계획이었다. 일본에서 노동자의 식량 부족이 심각해졌다. 그 결과 1918년 쌀 소동이라는 식량 폭동이 일어났고, 조선의 쌀 생산을 늘려 식량 문제를 해결한다는 방침 아래 산미 증식 계획이 실시되었다. 산미 증식 계획의 핵심은 수리 조합 설치에 있었다. 산미 증식 계획에 따라 설치된 수리 조합은 조선의 농민들이 몰락하는 결정적인 요인이 되었다. 농민들의 의사를 무시하고 수리 조합 설치가 강행된 결과 많은 밭이 논으로 바뀌었고 수리 조합 구역 안에서는 어느 정도 생산성이 증가했다. 그러나 그 이상으로 농산물 가격이 폭락하는 상황에서 영세한 토지를 소유한 농민층은 몰락할 수밖에 없었다. 중소농은 조합비, 세금 등의 현금 부담 때문에 증산된 쌀을 팔아 만주산 좁쌀을 사서 먹지만 결국에는 토지를 방매하는 상황이 벌어졌다. 농민들의 희생 위에서 추진된 수리 조합 사업이 효과적으로 추진될수록 농민들은 삶의 기반을 상실하고 몰락한 반면에 대지주의 토지 겸병은 더욱 심화되었다.

산미 증식 계획은 1930년을 전후해 자작농이 감소하고 소작농이 급증하는 중요한 원인이 되었다. 또한 공황으로 인해 전반적인 영농 상황이 악화됨에 따라 수리 조합 구역의 지주들이 조합비 등을 소작농에게 전가하는 일도 급증해 소작농의 상황은 더 나빠졌다. 나아가 남부 지방의 농가 수입에서 쌀 농사 수입이 차지하는 비중이 1910년대 37.5퍼센트에서 1930년대 중반 70.3퍼센트로 늘어난 데서 알 수 있듯이 산미 증식 계획의 결과 쌀 농사 위주의 단작 농업이 정착되었다. 경기 변동에 극히 취약한 단작 농업이 정착되면서 쌀값이 폭락할 경우 농민들은 몰락할 수밖에 없었다. 실제로 1929년에 일어난 세계 대공황은 농민들이 결정적으로 몰락하는 계기가 되었다.

이 시기 농업 정책의 반농민적 성격은 산미 증식 계획에 국한된 것이 아니었다. 모든 농업 정책이 결국은 농민들의 삶을 파괴하고 있었다. 일제의 식민지 농업 정책은 단순히 경제적 의미만 갖는 것은 아니

1920(~1925)
미곡 증산 정책(산미 증식 계획).

1926(~1934)
산미 증식 갱신 계획.

1940(~1945)
조선 증미 계획.

수리 조합과 산미 증식 계획   김제 동진 수리 조합(왼쪽)과 1920년대 전라북도 군산에서 일본으로 수송하기 위해 적재해 둔 쌀가마니(오른쪽)다. 산미 증식 계획은 크게 농사 개량 사업과 토지 개량 사업의 두 가지 방향으로 추진되었다. 이 중 일제가 역점을 둔 것은 수리 조합 사업을 통한 토지 개량 사업이었다. 이것은 당시 대부분의 조선 농사는 강우에 의존하는 천수답의 형태였으므로 관개 개선 중심의 토지 개량 사업이 수반되지 않는 한 일본이 의도하는 다량의 쌀 생산을 기대할 수 없었기 때문이다. 이미 본국에서 수리 조합을 통해 관개 개선을 달성한 경험이 있었던 일제는 조선에서도 이를 그대로 적용했다. 그리고 각 지역에 수리 조합이라는 단체를 조직해 효과적으로 쌀을 생산해 수탈하고자 했다. 김제 동진 수리 조합은 1925년 일본인이 주축이 되어 세워진 수리 조합으로 김제, 정읍, 부안의 3군 26개 면에 걸친 관개 면적 18500정보를 관리했다.

었다. 궁극적으로는 식민지 지배 체제의 안정이라는 더 큰 목표 아래 실행되었다. 따라서 일제는 농촌 사회 내부의 계급 관계 동향을 늘 고려하며 농업 정책을 하나하나 시행해 나갔다.

일제 강점 이후 실제로 지주제는 확대·강화되었다. 일제는 지주제를 정책적으로 보호·육성했다. 지주제가 생산비를 밑도는 저곡가 체제하에서도 일본으로 대량의 미곡을 능동적으로 상품화할 수 있는 식민지 농업 수탈 기구이자 동시에 민족 해방 운동을 분열시키고 식민지 지배를 농촌 사회 깊숙이 침투시키는 매개 기구로 기능할 수 있었기 때문이었다.

1930년대 농촌 사회는 계급 모순의 심화와 경제적 피폐로 소용돌이치고 있었다. 일제의 입장에서 볼 때 그것은 식민지 지배 체제의 위기였다. 지주들은 농업 공황의 타개책으로 소작농에 대한 수탈을 더욱 강화하려고 했다. 이에 대해 농민들은 붕괴 위기에 놓인 자신들의 생존 기반을 지키기 위해 지주의 일방적 수탈을 받아들이려 하지 않았다. 그 결과 반제 반봉건을 내건 혁명적 농민 조합 운동이 급속하게 고양되어 일제의 식민지 지배를 위협하고 있었다. 이에 일제는 지주·소작 관계에서 지주의 자의적 권리를 제한하는 소작 입법을 제정하고 농가 경제 안정을 슬로건으로 한 농촌 진흥 운동을 실시해 식민지 지배 체제의 모순과 위기를 모면하려고 했다. 농민들을 식민지 체제 안으로 끌어들이기 위한 체제 유지적 개량 정책을 실시하지 않을 수 없게 된 것이다.

농촌 진흥 운동은 식민지 지주제의 모순 심화로 인한 농가 경제 파탄과 혁명적 농민 조합 운동 및 농촌 계몽 운동 확산에 대응하기 위한 체제 안정책이었다. 식민지 지배 체제 안정을 위해서는 우선 농가 경제 안정화가 필요했다. 그 실현을 위한 방책으로 1933년 3월부터 '농가 경제 갱생 계획'이 실시되었다. '농가 경제 갱생 계획'은 파탄 위기에 처한 개별 농가의 경제적 안정을 위해 각 농가의 노동력을 최대한 이용함으로써 미곡 중심에서 벗어나 농산 가공품 부업이나 축산 등 다각 경영을 추진하고, 상품 작물 생산 위주에서 자급자족적 생산과 경영으로 전화轉化할 것을 주요 내용으로 하고 있었다.

일제는 농촌 진흥 운동을 통해 농촌이 비참한 지경에 빠지게 된 원인이 농민들의 게으름, 낭비, 무지에 있는 것처럼 주장하고, 농촌을 진흥하기 위해서는 노동 강화, 근검 절약, 농업 경영의 합리화가 필요하다고 선전했다. 그리고 농민들을 지도하기 위해 읍·면, 경찰, 학교, 농회, 금융 조합 등 식민지 지배 기구를 총동원해 농촌 통제를 강화해 나갔다.

한편 일제는 자작 농지 설정 사업(1932), 〈조선 소작 조정령〉(1933), 〈조선 농지령〉(1934) 등 개량적인 토지 정책도 추진했다. 일제의 식민지 농업 정책은 1920년대까지 지주·소작 관계라는 생산 관계를 바탕으로 지주 계급의 이해를 적극적으로 옹호하던 것에서 1930년대 이후 '안정적, 영구적' 식민지 지배를 위한 정책으로 전환했다.

일제 강점기에 일어난 농촌 사회의 가장 특징적인 변화는 지주제의 확대 강화와 농민 경제의 몰락이었다. 지주 계급에 의한 토지 집중이 확대되고 소작 조건이 강화된 반면 자작 겸 소작농이 대폭 감소하고 대신 순소작농이 급증하면서 경영 규모가 영세화되고 농가 부채가 누증하면서 탈농이 속출하는 변화가 진행되었다. 곧 농민층의 분해가 심화된 것이다. 자작농 및 자작 겸 소작농과 일부 지주층이 몰락한 데 비해 소작농, 화전민, 농업 노동자는 급증했다. 농촌 사회에서 상대적으로 안정된 기반을 갖는 자기 토지 소유 농민이 줄어든 반면에 타인의 토지를 경작하거나 순전히 노동력을 파는 것으로 최소한의 생계를 유지하는 농민들, 그리고 그것도 불가능해 화전민이 되거나 해외 이민을 하는 농민들이 늘어나고 있었던 것이다. 자작 겸 소작농과 소작농은 서로 상반되는 변화 추세를 보이고 있었지만 양자를 합친 비중은 1920~1930년대에 거의 70~80퍼센트 수준을 유지했다. 소수의 지주가 그들이 소유한 소작지를 매개로 전체 농가의 8할 정도를 지배하고 있었던 셈이다.

1923년 영농 형태, 경영 규모, 지역별 생산력의 격차를 종합한 농민층의 계급별 범주 분포 추정치는 지주 17842호, 부농 88820호, 중농 491111호, 빈농 969039호, 고농(농업 노동자) 162209호였다. 곧 1920년대 초반에 전체 농가의 3분의 2 정도가 빈농 내지는 고농으로 이미 상당한 정도의 빈농화가 농촌 내부에서 진행되고 있었다. 이러한 상황은 1920년대 이후 산미 증식 계획같이 농민의 의사를 무시한 농업 정책이 강행되는 과정에서 더욱 심화되었다. 일부 조선인 지주층과 부농층은 일제의 농업 정책에 적극적으로 호응해 영농 규모를 늘려 나간 반면에 많은 농민들이 빈농으로 몰락했다. 이제 농촌 내부에는 지주와 빈농 사이의 계급적 모순이 구체화되고 있었다. 농민들의 삶이 피폐할 대로 피폐해진 1920년대 말 공황기 이후 이러한 상태는 더욱 심각해졌다.

농민들 가운데 압도적 다수를 차지하고 있던 빈농층은 농업 경영만으로는 농가 경제의 재생산이 불가능했다. 대부분의 빈농은 고율 소작

농민의 기름도 한계가 잇지   1923년 2월의 신문에 실린 풍자 만평이다. 당시 높은 소작료에 시달리고 있는 농민의 처지를 극명하게 보여 주고 있다. 1920년대 조선 인구의 80퍼센트 이상이 농민이었다. 이들 가운데 80퍼센트 정도는 경작할 땅이 전혀 없거나 약간의 땅만 있는 사람으로, 다른 사람의 토지를 빌려 경작하고 수확의 50퍼센트 이상을 소작료로 냈다. 인구의 3퍼센트가 경작지의 절반 이상을 소유했고 그나마 가장 비옥한 토지는 일본인 차지였다.

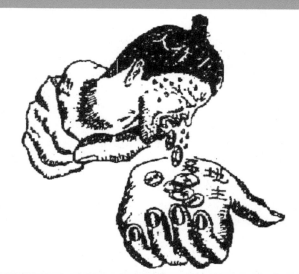

작작 짜내어라   1923년 5월 《동아일보》에 실린 삽화. 1920년대 후반부터 1930년대 전 기간에 걸쳐 총생산량의 40~50퍼센트의 쌀을 일본으로 반출해 조선 농민은 만성적 식량 부족에 시달렸다. 결국 산미 증식 계획은 일본인 대지주와 일부 조선인 지주의 이익만을 보호했다.

료의 착취, 각종 식민지 농업 정책과 조세 공과의 수탈 등으로 인해 적자 경영을 면하지 못했다. 여기에 공황기에 들어서자 농산물 가격이 폭락하면서 농민들의 생활 기반을 파괴했다. 농산물 가격의 하락에 따른 농가 수입 감소와 공업 생산품의 가격 차이로 인한 불리함은 농가 경제의 곤란을 가중시켰다. 따라서 빈농층은 농업 경영 이외의 방법으로 생계를 보충할 수밖에 없었다. 그 방법이란 주로 임노동, 부채였다.

1930년 조선총독부의 조사에 따르면 소작 농가에서 생활 곤란으로 임노동에 종사하는 비율이 전국 평균 37퍼센트에 이르렀다. 이러한 상황은 자작 빈농의 경우에도 마찬가지였을 것이다. 임노동으로도 생계를 해결할 수 없는 경우에 농민들은 부채에 의존할 수밖에 없었다. 조선농회가 1930년과 1932년 사이에 경기도, 전라남도, 경상남도, 평안남도, 함경남도의 5개 도를 대상으로 실시한 조사에 따르면 소작농은 339원 54전의 평균 소득에 371원 75전의 지출을 기록해 32원 21전의 적자를 기록하고 있었다. 그런데 1918년 조선총독부에서 조사한 농가 경제 상황에 따르면 전국적으로 평균해 상류 농가가 1061원, 중류 농가가 101원, 하류 농가가 5원의 흑자를 기록하고 있었다. 곧 1910년대 말까지만 해도 농가 대부분이 적든 많든 일정한 정도의 수익을 남기고 있었지만, 1920년대의 반농민적 농업 정책의 강행 과정에서 대부분의 소작 농가가 적자를 기록하게 되었던 것이다. 이러한 적자를 메울 수 있는 마지막 방법은 부채밖에 없었다.

조선총독부의 조사에 따르면 1930년 자작 겸 소작농 및 소작농의 경우 75퍼센트 정도가 평균 65원 정도의 부채를 지고 있었으며, 그 부채 총액은 무려 1억 원 이상으로 추정되었다. 그런데 농민들이 돈을 빌릴 수 있는 곳은 이자가 상대적으로 싼 금융 기관이 아니라 고리대금업이었다. 개인 고리대의 이자는 연 30~40퍼센트에 이르렀다. 대부분이 지주인 고리대금업자는 절량기인 봄과 가을에 보릿돈, 볏돈이라는 이름 하에 수확을 예매하는 형식으로 수확 예정가의 절반에도 미치지 못하는 가격에 농작물을 입도 선매했다. 이러한 상황에서 농민들은 부채를 갚지 못해 대개 야반도주를 했다. 밀양군 하남면 백산리에서는 1930년 말 한 달 사이에 800호 가운데 40여 호가 야반도주를 했다. 이는 밀양에만 국한된 것이 아니라 전국 각지에서 일상적으로 나타난 현상이었다.

전남 화순군 동복면의 오연복이라는 농민이 1930년에 작성한 일기는 당시 농민들의 상황을 이해하는 데 시사적이다. 오연복은 광주학생운동이 일어난 1929년을 전후해 광주 고등 보통학교를 다녔으며 학교를 중퇴한 후에는 고향에서 아무런 재산도 없이 농업에 종사하고 있었다. "원수의 금전 오늘 같은 심사로 여러 날을 살아가려면 반드시 일이 나고야 말 것이다" 또는 "아! 자본 없는 사람은 지랄도 못할 노릇이더라"라는 구절에서 알 수 있듯이, 그의 일기는 돈이 없으면 아무것도 할 수 없는 사회에 대한 원망으로 가득 차 있다. 극도의 현금 부족과 빈곤, 그로 인한 사회에 대한 원망, 현재의 처지에서 벗어나려는 노력, 일제의 말단 통치 기구에 대한 적대감, 대지주에 대한 반발감, 민족 해방 운동에 대한 높은 관심 등은 당시 농민들에게 일반적으로 나타난 현상이었다.

식민지 공업화의 전개와 노동자 계급의 형성
3·1운동 이전만 해도 일제는 〈회사령〉을 통해 조선 안에서의 자본

투자를 극도로 억제하는 정책을 펼쳤다. 그러나 3·1운동 이후 문화 정치의 일환으로 〈회사령〉이 폐지됨으로써 조선에서도 자본을 투자하고 회사를 설립할 수 있는 길이 열렸다. 그 결과 1920년대 이후 공업화가 진전되기 시작했다. 그러나 조선 후기 이래 내재적 발전이라는 틀 안에서 또는 그 연장선상에서 조선인에 의해, 적어도 조선인이 중심이 되어 주체적으로 공업화가 이루어진 것은 아니었다. 공업화가 어떤 방향으로 진행될 것인지를 규정한 것은 일본 제국주의였다. 특히 일제의 대외 침략 정책의 추이에 따라 공업화는 지체되기도 하고 급진전되기도 했다.

1910년대까지만 해도 조선에 설립된 회사(또는 지점)의 주요 영역은 제약, 연초, 도기, 제사, 인쇄, 성냥, 비누, 전기, 운수, 창고, 금융, 판매, 무역 및 중개 등에 국한되어 있었다. 특히 생산 부문은 아직 완전히 근대 공업이라고 보기 어려운 업종도 상당수인 데다가 자본의 규모도 별로 크지 않았다.

〈회사령〉이 철폐된 이후에는 조선인뿐만 아니라 일본인 자본도 본격적인 자본 투자를 도모했다. 물론 하루아침에 공업의 성격이 바뀐 것은 아니었다. 1920년대에는 도시의 소비 인구를 대상으로 한 공업 중심으로 공장이 설립되기 시작했다. 1920년대 공업은 전통적 부문과 근대적 부문이 결합한 중소 공업이 절대적 비중을 차지하고 있었으며 가내 공업도 상당수 존재하는 양상을 보이고 있었다. 그러나 그런 가운데서도 근대적 부문을 중심으로 대규모 자본 투자가 이루어지고 있었다는 사실은 조선에서도 식민지 공업화가 시작되었으며 도시 주민 가운데 노동자가 일정한 비중을 차지하기 시작했음을 의미하는 것이었다.

1920년대 공업화를 상징하는 것은 일제 강점기 당시 대표적인 '민족 자본'이라고 일컬어지는 '경성방직(주)'이 1923년부터 경기도 시흥군 영등포에서 조업을 시작한 사실이다. 이 당시 영등포는 경부선과 경인선이 분기하는 역이라는 점에서 대표적인 공장 지대로 각광을 받고 있었다. 실제로 영등포 일대에는 1920년대에 들어서면서 경성방직 공장을 비롯해 피혁, 기와, 방적, 기계, 맥주 부문의 근대 공장이 집중하고 있었다. 그 결과 1913년만 해도 1259명에 지나지 않던 조선인이 1929년에 이르러서는 5139명으로 급증했다. 이들이 근대 공장에서 새로운 일자리를 찾은 노동자였다는 사실을 짐작하기란 그리 어려운 일이 아니다. 근대적 공장이 설립되면서 그 공장에서 일하는 노동자가 증가하고 이들 노동자가 특정 지역에 밀집 거주하는 양상이 1920년대에 비로소 나타나기 시작한 것이다.

또 다른 대표적 예로 함경남도 흥남을 들 수 있다. 원래 흥남은 함경남도의 중심 도시이던 함흥의 남쪽을 가리키며 1920년대 초까지는 지명조차 없던 곳이었다. 그러던 곳이 1927년부터 일본의 대표적 신흥 재벌이던 노구치野口 콘체른의 투자로 질소 비료 공장이 건설되기 시작하면서 '북선北鮮의 대읍'이니 '동양 굴지의 기업 도시'라는 이름으로 불리는 대규모의 중화학 공업 도시로 탈바꿈했고, 그 결과 1931년에는 읍으로, 다시 1944년에는 부로 승격되기도 했다. 그런데 질소 비료 생산에는 전력 공급이 필수적이었다. 이에 일제와 노구치 콘체른은 흥남과 가까운 장전강, 부전강에 수력 발전소를 건설했다. 이러한 흥남 일원의 공업화 과정은 질소 비료 공장과 수력 발전소를 세우면서 수많은 조선인 노동자가 목숨을 잃을 정도로 대규모 노동

경성방직   경성방직㈜ 전경과 설립 허가서. 경성방직은 호남 지방의 지주 출신인 김성수가 전국의 대지주와 상인 자본을 규합하여 자본금 100만 원으로 창설한 회사로서, 영등포에 직조 공장을 건설하고 제품 생산을 기계화했다. 또한 서민 출신이 일으킨 민족 기업을 대표하는 것이 평양 고무신 공장과 평양 메리야스 공장으로, 이들 기업은 우리 민족의 기호에 맞는 내구성이 강하고 값이 싼 제품을 만들었다. 평양 메리야스 공업은 1920년대에 그 전성기를 맞이하여, 당시 우리나라 전체 메리야스 생산량의 70퍼센트 가량을 차지했다. 일제의 대륙 침략 전쟁이 개시된 1930년대 이후에는 병참 기지로서의 이용 가치가 없는 기업은 일제의 교묘한 탄압으로 해체되거나 일본인 기업에 흡수되는 경우가 많았다. 이에 따라 1920년대에 비해 기업 활동이 크게 침체되었다.

력의 투입을 수반하는 것이었다.

1930년대 이후 특히 만주사변을 계기로 일제는 병참 기지화 정책의 일환으로 농공 병진의 구호 아래 조선의 공업화를 본격적으로 추진했다. 일본을 정공업精工業 지대, 조선을 조공업粗工業 지대, 만주를 농업 지대로 하는 분업 관계를 만들겠다는 것이 1931년 조선 총독으로 부임한 우가키 가즈시게宇垣一成의 구상이었다. 우가키에 의해 농업 위주이던 종전의 경제 정책이 공업과 농업을 병행시키는 쪽으로 바뀌었다. 물론 이는 조선의 공업 자체를 발전시키기 위한 것이 아니었다. 일본의 독점 자본이 조선에서 지하 자원과 수력 자원, 그리고 값싼 노동력을 마음껏 수탈하게 하여 일본의 국책선이라고 일컬어지던 만주를 방위할 수 있는 토대를 튼튼히 하겠다는 것이 그들의 속내였다. 따라서 이 시기 공업화는 식민지 공업화에 지나지 않았다.

1910년대 조선에는 일제가 시행한 토지 조사 사업으로 땅을 빼앗기고 농촌을 떠나 도시로 몰려드는 사람이 많아졌다. 그러나 이들을 모두 고용할 정도로 조선의 공업이 발달하지 못했기 때문에 초기 노동자 가운데는 토목 공사장 등에서 일하는 날품팔이 노동자가 많았다. 또 1920년대 섬유, 고무신 등 경공업 부문을 중심으로 공장 노동자가 늘었지만 전체 노동자에서 공장 노동자가 차지하는 비중은 아직 낮았다. 그럼에도 이 무렵부터 차츰 근대적인 모습을 지닌 노동자가 출현하고 노동자로서 의식을 갖기 시작했다는 것은 중요한 의미를 갖는다. 식민지 공업화 정책이 본격화되면서 노동자 수는 크게 늘어났다. 전체 노동자 수에서 공장 노동자가 차지하는 비율은 1920년대에 5~8퍼센트에 지나지 않았지만 1930년대 전반기에는 40~50퍼센트가

조선 질소 비료 주식회사　　노구치 콘체른이 운영했던 조선 질소 비료 주식회사는 1927년 5월 일본의 질소 비료 주식회사가 자본금 1000만 엔을 투자하여 홍남에 설립한 동양 제일의 황산암모늄 비료 회사다. 침략 전쟁이 확산되면서 일제는 조선의 공업화가 필요하게 되자, 종래의 농업 위주의 식민 정책에서 농공 병진 정책으로 그 방향을 바꾸어 조선의 공업화를 서둘렀다. 이는 병참 기지로서 조선의 공업화도 필요했지만, 한편으로는 세계 경제 공황에 빠진 일본 경제를 회복시키기 위해 조선을 새로운 투자지로 삼으려는 것이었다.

수풍댐 건설　　　1937년 평안북도 삭주군의 수풍댐 건설 공사에 동원된 조선 노동자들. 조선으로 진출한 업종은 전기, 화학, 기계, 금속 등을 중심으로 한 중화학 공업과 군수 공업의 원료를 획득하기 위한 철, 석탄, 마그네슘, 알루미늄 등 광업 부분에 집중되었다. 이로 인해 한반도에는 여러 공업 지대가 형성되었고, 건설 현장에는 많은 조선인 노동자들이 동원되어 열악한 조건과 환경에서 일해야 했다. 이러한 공업 지대가 주로 지하 자원과 수력 자원이 풍부한 북부 지역에 편중되었다는 점에서 국토의 균형적인 발전보다는 일본 독점 자본의 이득을 위한 배려였다고 볼 수 있다.

되었다. 이 시기에는 예전에 비해 중화학 공장에서 일하는 노동자 비율도 높아졌다.

그렇지만 조선인 노동자의 노동 조건은 열악하기 짝이 없었다. 공장은 늘어 가고 노동자 수도 많아졌지만 조선인 노동자들은 말할 수 없이 혹독한 조건에서 온갖 차별을 받으며 일했다. 낮은 임금, 긴 시간 노동, 나쁜 작업 환경이 이 시기 노동자들의 기본적인 노동 조건이었다. 일제와 자본은 조선인 노동자에게 낮은 임금을 주고 마구 일을 시켜도 괜찮다고 여겼다. 심지어 일본인 어용학자들은 조선인 노동자가 게으르고 책임감이 없는 데다 이곳저곳 직장을 옮겨 다니는 등 나쁜 습성을 갖고 있으므로 임금을 낮게 주어야 한다는 논리를 폈다. 조선인 노동자들은 단순한 생활에 익숙하기 때문에 낮은 임금으로도 잘 살 수 있다고 주장하기도 했다. 이는 물론 조선인 노동자에 대한 차별을 정당화하려는 억지 주장이었다.

조선인 노동자는 일본 노동자보다 1.2배 내지 1.5배 더 긴 시간을 일하면서도 임금은 일본인의 절반도 받지 못했다. 여성 노동자 임금은 남성 노동자 임금의 절반에 지나지 않았다. 따라서 일본인 성인 남성 노동자는 조선인 미성년 여성 노동자에 비해 거의 5배 이상의 임금을 받고 있었다. 남녀를 불문하고 조선인 노동자는 일본인 노동자에 비해 극심한 임금 차별을 받고 있었다. 일제도 인정한 것처럼 조선인 노동자의 임금은 일본인 노동자에 비해 거의 3분의 1 혹은 절반 수준에 불과했다.

노동 시간의 차이를 감안할 때 민족별 차이는 더욱 커진다. 특히 여성 노동자의 경우 훨씬 장시간 노동을 하면서도 저임금을 받고 있었다. 조선인 여성 노동자는 식민지 공업화가 진행되고 있던 상황에서 가장 중요한 노동 착취의 대상이었던 셈이다. 이는 농촌으로 돌아가더라도 달리 생계를 마련할 길이 없던 여성 노동자의 약점을 자본(주로 일본 자본)이 악용하고 있었음을 보여 준다.

근대적 공장 공업이 일정하게 성장하면서 적지 않은 조선인 여성이 공장 노동자가 되었다. 1930년 무렵부터 전체 노동자 가운데 여성 노동자가 30퍼센트를 웃돌았다. 여성 노동자는 주로 방직 공장에서 일했고 화학·식료품 공장, 기계·금속·공업 부문에서도 적지 않은 여성이 노동을 했다. 여성 노동자는 저임금과 열악한 노동 조건에서도 일할 수 있는 존재로 인식되었기 때문에 남성 노동에 대한 대안이라는 의미가 있었다. 공업화가 진행되자 조선인 여성 노동자는 수적으로 꾸준히 증가했지만 늘 억압과 차별의 대상이 되었다.

감독, 십장 등 중간 관리자의 착취에 벌금과 강제 저축 따위가 덧붙여지면 노동자의 실질 임금은 더 줄어들었다. "임금보다 벌금이 더 많아 그다음 날 임금에서 깎아야" 하는 일도 적지 않았다. 노동자들은 체벌 등 인간답지 못한 대우도 받아야 했다. 일제는 벌금과 폭행 등의 방법으로 노동자에게 규율을 지키라고 다그쳤다. 1930년대 중화학 공장이 늘어나면서 산업 재해와 질병도 늘어났다. 자본가들이 이윤만을 목표로 삼으면서 노동자의 건강을 챙기는 일을 소홀히 하는 상황에서 많은 노동자들이 "폐가 문드러지고 막 썩어 들어가는 느낌이 드는 작업 환경 속에서 뼈가 삭는 노동"을 해야 했다. 유년 노동자와 미숙련 견습공은 더욱 산업 재해 발생률이 높을 수밖에 없었다. 만약 공장에서 사고라도 일어나면 자본 측은 가족에게 알리지도 않고 시신을

방적 공장   일본의 방적 자본은 조선에 진출해 농촌에서 토지를 빼앗기고 생활고를 해결하려는 젊은 여성들을 감언이설로 공장에 끌어들였다. 높은 벽돌담 안에서 밖에 나가지도 못하는 생활이 강제된 곳도 있었다.

개나 고양이 시체처럼 처리해 버리기도 했다. 어린 여성 노동자들은 기숙사에 수용되어 사감의 철저한 감시 아래 마음대로 외출할 수도 없었다. 공장의 높은 담은 감옥과 다를 바가 없었다.

이 시기 조선인 노동자의 삶이 어떠했는지를 보여 주는 일화가 있다. 1930년대 중반 식민지 조선의 치안을 책임지고 있던 조선총독부 경무국장이 경성의 공장 지대를 돌아보고 난 뒤 공장주들에게 "일반 임금이 싸고 승급이 늦다, 퇴직·사망의 경우에 수당이 없다, 상해 또는 재해에 대한 보상 방법이 충분하지 못하다, 유년공·여공의 근로 시간이 너무 길다, 공휴일 근무의 임금을 지급하지 않는다, 작업 시간에 비해 휴게 시간이 적다,…… 직공에 대한 위로 설비가 없다,…… 직공 수에 대하여 변소 수가 적다, 공장 욕장浴場의 설비가 없다, 협애한 기숙사에 다수를 수용하는 것은 위생상 좋지 못하다"고 경고했다. 일본인 고위 관료의 입장에서 볼 때도 공장의 노동 조건은 열악하기 짝이 없었으며 그곳에서 일하는 노동자들은 저임금을 받으면서 인간 이하의 취급을 받고 있었다. 물론 여기에 해당하는 이는 전체 노동자가 아니라 주로 조선인 노동자들이었다.

식민지 도시화와 도시 문제의 발생

일제 강점은 새로운 도시화 현상을 야기했다. 먼저 도시의 성격 자체가 크게 바뀌었다. 국망 이후 대한제국의 명칭이 '조선'으로 격하되고 대한제국의 수도인 한성부가 경기도에 속한 한 지방으로서의 경성부로 이름이 바뀐 것처럼 전통적인 도시 체계에 큰 변화가 일어났다. 일제는 도시를 침략의 전초 기지로 규정했다. 그에 따라 모든 전

12부
경기도의 경성, 인천, 경상남도의 부산, 마산, 경상북도의 대구, 전라남도의 목포, 전라북도의 군산, 평안남도의 평양, 진남포, 평안북도의 신의주, 함경남도의 원산, 함경북도의 청진.

2522면
이 가운데 인구가 많고 상공업이 어느 정도 발달해 도시로서의 성격을 갖춘 경기도 개성, 수원, 영등포, 충청북도 청주, 충청남도 공주, 강경, 대전, 조치원, 전라북도 전주, 익산, 전라남도 광주, 경상북도 김천, 포항, 경상남도 진주, 진해, 통영, 강원도 춘천, 황해도 해주, 평안남도 겸이포, 평안북도 의주, 함경남도 함흥, 함경북도 성진, 회령의 24개 면은 지정면.

통 도시가 주변화되었다. 일제는 본국과의 연결 고리, 식민지 지배와 수탈의 기지로 새로운 도시 체계를 만들려고 했다. 이러한 목적에 따라 1914년 4월부터 새로 부제와 지정면제가 도입되었다. 새로운 지방 행정 제도에 따라 전국이 13도 12부●220군 2522면●으로 재편되었다. 일제 강점기 지방 행정 체계에서 도시라고 공인된 것은 12개 부와 24개 지정면뿐이었다.

그런데 12부는 모두 개항 이후부터 일본인들이 집단적으로 거주하고 있던 지역이었다. 전통 도시 가운데 경성, 평양, 대구만이 부로 지명되었을 뿐이고 개성, 수원, 공주, 전주, 진주, 해주, 의주, 함흥 등은 지정면이라는 이름 아래 행정적 지위가 강등되었다. 경기도의 안성, 경상북도의 안동, 경주, 경상남도의 밀양, 동래, 함경남도의 북청 등은 아예 지정면에서도 배제되었다. 특히 부로 지정된 군산이나 청진보다 총 인구수가 더 많던 개성(당시 인구 순위로는 5위), 함흥, 전주 등이 부 지정에서 배제된 것과 지정면을 지정할 때 현지에 거주하는 총 인구수를 기준으로 하지 않고 일본인 수를 기준으로 삼은 것(일본인 거주자가 250명 이상이거나 조선인에 대한 일본인의 비율인 30퍼센트 이상인 경우)이야말로 당시 새로운 도시 체계의 성격을 그대로 보여 준다. 결과적으로 조선인의 생활과 밀접한 관련이 있던 전통적 도시 체계는 와해되었다. 그 자리를 대신한 것은 일제가 수탈을 위해 설치한 경부선, 경원선, 호남선 등을 따라 형성된 새로운 도시 체계였다.

이러한 의미에서 일제 강점기 도시에서 일어난 일련의 변화는 식민지 도시화로 정리될 수 있다. 그런 가운데서도 도시는 겉으로 볼 때 자본주의적 문화, 상업, 금융, 교육 등을 두루 갖춘 복합 도시의 성격을 띠기 시작했다. 전반적으로 도시의 인구도 크게 늘어났다. 물론 전체 도시 인구가 전체 농촌 인구를 뛰어넘을 정도는 아니었지만 도시화 과정은 분명히 거스를 수 없는 흐름이 되었다.

일제는 도시에 새로 관공서 건물을 세우면서 식민지의 모습이 드러나도록 했다. 1925년 구舊경복궁 자리에 세워진 조선총독부 신청사는 콘크리트 석조 건물로 위압적 느낌을 주었다. 조선 민중 위에 군림하는 분위기는 총독부 청사 외에도 부청사, 경찰서, 법원, 금융 기관 등에도 그대로 나타나고 있었다.

그런가 하면 1920년대부터는 식민지 자본주의의 변모에 걸맞은 도시적 풍경도 등장했다. 경성 등 일부 도시에 들어서기 시작한 백화점이 대표적인 보기이다. 백화점에서는 양복, 넥타이, 음료수, 안경, 전축, 원피스, 옷장, 모자, 양산, 핸드백 같은 근대 상품이 팔리고 있었다. 1920년대에 일본에서는 이미 독점 자본주의가 진전되고 있었고 그 영향으로 식민지 조선에서도 자본주의화 과정이 일정 부분 나타났다. 공장에서 생산된 각종 상품이 늘어났고 일본으로부터의 수입품도 늘어났다. 이에 따라 도시 상업도 자본주의 판매에 부합하는 모습으로 바뀌었는데 그 과정에서 나타난 것이 백화점이었다. 일제 강점기 백화점 가운데 대표적인 것이 경성에 세워진 히라타平田백화점, 조지야丁字屋백화점(지금의 롯데영플라자 자리), 미나카이三中井백화점(지금의 신세계백화점 자리) 등이었다. 이들은 모두 1920년대 중반부터 1930년대 중반 사이에 세워졌다.

도시의 자본주의적 소비를 주도한 것은 처음에는 일본인이었지만 조선인들도 점차 그 영향 아래 놓이게 되었다. 조선인의 전통적 상업 지역인 종로에도 백화점식 경영을 내세우는 상점이 등장했다. 그 정점은 1933년 경성에 세워진 화신백화점이었다. 쇼윈도와 진열 판매로 상징되는 백화점의 운용 방식은 식민지 도시에서도 이미 소비 자본주의가 시작되었음을 알리는 것이었다.

일제 강점기 초기에 도시로 몰려온 하층민들은 행랑살이를 하며 근근이 살았다. 행랑살이는 행랑을 가진 큰 집의 행랑채에 하층 영세민이 집세 없이 들어가 살면서 주인집에 일이 있을 때 무료 또는 약간의 급료와 음식을 대가로 노동해 주고 그 외에 시간이 있으면 행상이나 품팔이를 하는 거주 제도를 말한다. 한때 경성에서는 조선인의 20퍼센트 정도가 행랑살이를 했다고 할 정도로 행랑살이는 성행했다. 그러나 1920년대 중반부터 행랑살이는 현저하게 줄어들었다. 그 대신에 성행한 것이 토막이었다.

토막은 나뭇가지, 가마니 등 갖은 재료를 사용해 지은 움막집이다. 당시에는 땅에 구멍을 파고 멍석이나 가마니 같은 것으로 덮은 굴집인 토굴도 토막으로 통칭되었다. 토막은 주로 산비탈, 성벽, 하천 주변, 철로 주변, 다리 밑, 제방, 화장장 주변 등 한마디로 사람이 살 수 없는 환경에 자리를 잡았다. 이러한 토막에 살고 있는 사람들을 토막민이라고 불렀다. 토막민은 결코 적은 숫자가 아니었다. 도시 주민 가운데 상당수가 토막민이었다. 1920년대부터 본격적으로 등장한 토막민으로 상징되는 도시 빈민은 이후 계속 늘어났다. 1926년 무렵 경성의 빈민은 약 4000명 정도였지만 1930년 무렵에는 3만 명 정도로 늘었다. 1933년에는 토막민만 1만 명을 넘어섰다는 기록도 있다. 토막민 등 도시 빈민은 자신의 육체만으로 생계를 유지해야 하는 사람들

태평로 1920년대 태평로부터 세종로까지의 모습이다. 경성의 각 거리는 식민지 도시로서의 성격을 확실하게 드러냈는데, 광화문통에서 태평통으로 이어지는 거리는 각종 관공서와 경성일보, 동아일보, 조선일보 등이 위치하는 등 언론의 거리로 특성화되었다.

조지야백화점 조지야백화점 주요 고객의 60~70퍼센트가 조선인이었고, 30~40퍼센트가 일본인이었다. 조선인 상점을 이용하는 일본인은 극히 적었던 데 비해 일본인 상점을 이용하는 조선인은 상당히 많은 편이었다. 백화점의 주요 조선인 고객은 도시의 상류층이었다. 이들은 풍요로운 일상생활을 즐기며 서구적 취향의 의식 구조를 가지고 있는 부르주아들이었다.

토막 도시로 몰려든 농민들은 일반 주택의 행랑채에 기거하거나 공한지空閑地 등의 빈 공간에 움막이나 토막을 짓고 집단으로 거주하게 되었는데, 이들을 토막민이라고 했다. 토막은 땅을 파고 자리 조각이나, 짚·거적때기로 지붕과 출구를 만든 집이었다.

다리 밑 아이들 토막민들은 서울을 비롯해 인천, 부산 등 도시 주변 어디에나 존재했다. 이들은 시내외를 막론하고 제방, 하천변, 다리 밑 등지에 거주했는데, 서울의 경우 홍제동, 돈암동, 아현동, 신당동 등이 대표적인 지역이었다.

로 날품팔이 노동자, 잡역부, 지게꾼, 인력거꾼, 행상인, 넝마주이, 고물상, 목공, 점원, 청소부, 작부 등 대체로 불안정하고 비고정적인 직종에 종사하면서 식민지 도시에 노동력을 공급했다.

또 하나 빠뜨릴 수 없는 사실은 한 도시 안에서도 일본인 공간과 조선인 공간이 분리된 것이다. 지금도 일제 강점기의 흔적이 남아 있는 도시에 가 보면 시원시원하게 잘 정리된 구시가와 집이고 도로고 어디가 어딘지 구분할 수 없을 정도로 다닥다닥 붙어 있는 구시가가 확연하게 구분된다는 사실을 쉽게 확인할 수 있다. 전자는 일본인 거주 지역이었고 후자는 조선인 거주 지역이었다. 일제는 일본인 거주 지역에는 마치町라는 행정 명칭을 사용하고 조선인 거주 지역에는 동이라는 행정 명칭을 사용함으로써 일본인과 조선인의 공간을 명확하게 구분했다.

해외 이주민의 삶

1939년에 고복수가 노래한 〈타향살이〉의 노랫말 1절은 "타향살이 몇 해던가 손꼽아 헤어 보니 고향 떠난 십여 년에 청춘만 늙어, 부평초 같은 내 신세가 혼자도 기막혀서 창문 열고 바라보니 하늘은 저쪽"이다. 고향을 떠나 낯선 곳에 사는 사람의 처지를 물 위를 둥둥 떠다니는 아기 손톱만 한 잎인 부평초에 빗댄 이 노래는 음반으로 발표되자마자 엄청난 인기를 끌었다. 대부분의 조선인이 너 나 할 것 없이 타향살이와 부평초라는 표현에 공감했기 때문이었을 것이다.

일제 강점기에 민중 사이에 널리 퍼진 〈신고산 타령〉이라는 신민요도 마찬가지다. 이 노래에는 "신고산이 우르르 화물차 떠나는 소리에 구고산 큰 애기 반 봇짐만 싸누나"라는 가사가 나온다. 고산高山(구舊고산)은 조선 시대 이래 함경남도 안변의 중심지였다. 그런데 일제가 이 땅을 지배하면서 종래의 고산을 대신해 경원선의 역으로 신新고산을 새로 건설한 것이다. 이 신고산역을 통해 자본주의 상품 경제를 상징하는 기차가 일본에서 생산된 각종 상품을 실어 오고 우리 농촌에서 생산된 각종 산물을 실어 갔다. 그리고 그동안 일제, 지주, 자본가에 의해 이중 삼중으로 착취를 당하다가 몰락할 대로 몰락한 구고산의 농민들은 고향 땅에서 살 수 없게 되었다. 그들은 봇짐 하나만 둘러메고 도시에 가서 노동자나 토막민이 되거나 혹은 삼수갑산의 화전지대로 들어가 화전민이 되거나 혹은 만주, 일본으로 떠나는 유랑민이 될 수밖에 없었다.

이는 안변의 농민들에게만 국한된 현상이 아니라 전국 각지에서 일상적으로 일어나던 일이었다. 일제의 억압과 수탈에 의해 몰락하면서 더 이상 농촌에서 살 길이 없다고 여긴 사람들은 정든 고향을 떠나 부평초처럼 타향을 떠돌기 시작했다. 타향살이를 가장 절실하게 느낀 이들은 말도 통하지 않는 나라 밖에서 사는 사람들이었다.

특히 일제 강점 초기에는 만주로 이주하는 사람들이 많았다. 1920년대에는 함경도와 평안도 등 북부 지역의 몰락 농민들이 살길을 찾아 만주로 이주하는 현상이 일상화되었다. 그 결과 1910년만 해도 22만 명 남짓이던 만주의 조선인은 1930년이 되자 60만 명으로 크게 늘었다. 그 가운데서도 조선인이 집중적으로 이주한 지역은 접경지대인 간도였다. 간도 지역 거주민 가운데 75~80퍼센트가 조선인일 정도였다. 간도를 비롯해 만주로 이주한 조선인은 토지를 소유할 수 없어서

1902
최초의 하와이 이민 100여 명 인천 출발.

1920
일본군, 혼춘 사건을 구실로 북간도 조선인 학살.

1931
만주사변 발생.

만주로의 이주 행렬 일제 강점 초기 만주 이주민의 수는 급격하게 증가했다. 국권 피탈 후 민족 해방 운동을 위해 망명하는 사람들이 생겼고 나중에는 생존을 위해 이주하는 사람들이 크게 늘어났기 때문이다. 이들 이주민은 현지 토착민들의 극심한 핍박을 이겨내며 악조건 속에서도 황무지를 개간하고 생활 근거지를 마련해 나갔다. 한편 독립군 기지를 마련하기 위하여 이곳으로 망명해 온 민족 지도자들은 이주민의 집단촌을 건설하고, 동포 자제의 민족 교육을 위한 학교를 세워 군사 교육을 병행하면서 독립군을 양성하는 데 주력했다.

중국인에게서 땅을 빌려 농사를 짓거나 날품팔이 노동자로 일했다. 만주의 조선인들은 황량한 만주 벌판에서 새로운 삶의 길을 개척해 나갔다. 농사를 지을 수 있는 곳에서는 조선의 전통적 농법에 따라 농사를 짓고 자녀를 학교에 보내고 무장 투쟁 단체의 활동을 지원했다. 그러나 동시에 만주에서 민족 해방 운동이 성장하는 데 위기의식을 느낀 일제에 의해 만주의 조선인 사회는 늘 탄압과 통제의 대상이 되었다. 대표적인 것이 1920년 가을 한 달여에 걸쳐 발생한 경신참변庚申慘變이었다. 이때 일제는 항일 무장 세력의 근거지를 파괴하기 위해 간도 각지에서 양민 학살·체포, 부녀 강간, 가옥·교회·학교 방화를 자행했다.

일제가 만주 침략 야욕을 노골적으로 드러내면서 조선인 이주민은 중국과 일본이라는 두 고래 사이에서 등이 터지는 새우 신세가 되었다. 이러한 현상은 1920년대 중반 만주를 장악하고 있던 장쭤린張作霖 군벌이 중국으로 귀화하지 않은 조선인의 권리를 인정하지 않겠다는 정책을 펼치면서 더욱 심화되었다. 중국 측이 조선인에게 귀화를 강요한 데는 일제가 만주에 사는 조선인을 앞세워 만주를 침략하고 있다는 의심이 깔려 있었다. 그러나 일부 친일파를 제외하고는 조선인이 일본 국민이라는 의식을 갖고 있던 것도 아니었다. 만주의 조선인은 일본 국민도 아니고 중국 국민도 아닌 사실상 무국적 상태에 놓여 있었다. 1920년대 중반 이후 만주의 참의부, 정의부, 신민부, 조선공산당 만주총국 등이 일제히 만주에 거주하는 조선인에게 중국 국적 취득을 권유하는 귀화 운동을 벌였다. 1931년 만주사변이 일어나기 전까지만 해도 적지 않은 국내의 지식인들이 이러한 운동을 지지한 것은 모두 중국 국적 취득이 만주에 거주하는 조선인의 권리를 보호하고, 나아가 반일의 한 방편이 될 수 있다는 생각의 산물이었다.

그런 가운데 1931년 7월 만보산萬寶山 사건이 일어났다. 조선인 농민이 물길을 내려 하고 중국인 지주가 이를 막는 과정에서 충돌이 일어나 출동한 일본인 경찰이 중국인에게 총까지 쏘게 되었지만 인명 피해는 없었던 사건이었다. 조선인과 중국인의 대립을 이용해 만주를 침략할 기회만 엿보고 있던 일제는 이 사건에 대한 거짓 정보를 흘렸고 《조선일보》가 조선인이 다수 피해를 입은 것으로 오보를 냈다. 이에 따라 국내에서는 대규모의 화교 박해 사건이 일어났고 역으로 중국에서도 조선인에게 보복을 가하는 등 파장이 커졌다.

일제는 만주사변을 일으키고 이듬해인 1932년 괴뢰 국가인 만주국

화교 박해 사건 만보산 사건으로 조선인과 중국인의 감정이 격화되어 조선인들에 의해 아수라장이 된 평양의 중국인 거리. 1931년 조선에서의 화교 박해 사건은 7월 2일《조선일보》의 관련 보도로 인해 인천으로부터 시작해 경성, 평양, 사리원, 개성, 남포, 원산, 공주 등 화교들이 다수 거주하는 지역으로 급속히 확대되었다. 평양의 경우 상황이 특히 심각했는데, 7월 5일 밤 7시경 평양의 조선인들은 칼과 돌을 든 채 화교라면 남녀노소를 막론하고 닥치는 대로 습격했다. 이 습격 사건으로 약 260명의 화교가 사망하고 500여 명이 부상을 당했다고 한다.

을 세운 뒤 많은 조선인을 이주시켜 중국 동북 지역을 대륙 침략의 병참 기지와 식량 기지로 활용하려고 했다. 조선인 보호라는 명분 아래 조선인을 집단 부락이나 집단 농장에 모아 놓고 통제하기도 했다. 일제의 이주 장려 정책에 따라 1930년대 후반이 되면 만주 조선인의 수는 더욱 늘어났고 사는 곳도 소련과의 접경지대인 헤이룽장성 북부까지 확대되었다.

그런 가운데 만주국 건립 이후 조선인 특히 뒤늦게 만주로 이주한 조선인 사이에는 '이등 국민(공민)'의 담론이 널리 퍼졌다. 만주국은 형식적으로 오족협화라는 구호 아래 민족 간 평등을 지향하고 있었다. 오족협화란 만주국에 거주하는 자는 종족을 초월해 모두 평등하다는 전제 아래 만주국을 구성하던 다섯 종족 곧 일본, 조선, 중국, 만주, 몽골의 오족이 일률적으로 공존공영을 도모해 나간다는 이념이다. 그런데 이는 어디까지나 공식적인 담론이었고 실제로는 일본인이 오족의 첫 번째를 차지하고 있었다. 그리고 조선인은 법률상 일본 국민이기 때문에 사실상 오족 가운데 일본인 다음의 자리를 차지한다는 것이 이등 국민 담론의 핵심이었다. 그렇다고 조선인이 이등 국민으로서의 실질적 지위를 누리고 있었던 것은 결코 아니었다. 객관적으로 중국인과 조선인 사이에 특별한 제도상의 혜택에는 차이가 없었다. 그런데도 많은 조선인과 중국인이 객관적 사실 여부와 무관하게 조선인이 이등 국민이라고 믿고 있었다. 그리고 일제는 암암리에 이를 조장하고 있었다.

이 시기에는 일본으로 이주하는 인구도 크게 늘어났다. 일제가 본국의 급속한 자본주의 발전에 따라 발생한 노동력 부족 문제를 해결하기 위해 1922년부터 조선인의 자유 도항을 허용한 것을 계기로 연평균 1만 명 이하이던 일본으로의 유출 인구가 연평균 3만 명 이상으로 급증했다. 이러한 경향은 나중에 자유 도항이 철회되었음에도 지속되었다.

일본으로의 이주민 가운데는 일본과 지리적으로 가까운 전라도, 경상도 출신이 많았다. 이들은 일본의 대표적 공업 지대 곧 도쿄, 요코하마를 중심으로 한 간토 지방과 오사카, 고베를 중심으로 한 간사이 지방에서 저임 노동 시장의 최하층으로 편입되었다. 이 밖에도 일본 탄광업의 중심 지대인 규슈 지방에도 상당수의 조선인들이 이주했다.

그러나 살길을 찾아 대거 도일한 조선인들은 곧 민족 차별과 계급 차별이라는 냉혹한 현실에 직면해야 했다. 먼저 일본인들이 쓰는 '조센진'이라는 표현 자체가 일본의 천민인 부락민, 일본의 근대화 과정에서 일찍이 식민지화된 홋카이도와 류큐의 선주민족인 아이누족, 오키나와인과 함께 일본 내 차별을 상징하는 용어였다. 일본에서 조선인은 일본인과 동일한 권리를 갖는 주체로 인정받지 못했다. 조선인은 일본의 신민이 아니라 '외지인'일 뿐이었고 조선에 거주할 때보다 더 심한 민족 차별을 실감하게 되었다.

일본에 건너간 조선인들은 일상적으로 멸시, 억압, 차별의 대상이 되었다. 당시 일본인이 흔히 내뱉었던 "정어리가 생선인가, 찬밥도 밥인가, 조센진이 인간인가?"라는 말은 일본에 거주하는 조선인이 겪고 있던 차별과 억압을 단적으로 보여 준다. 차별과 억압은 때때로 극단적인 형태로 나타났다. 대표적인 예로 1923년 간토 대지진 당시 6000

명에서 2만 명 사이로 추정되는 수많은 조선인이 단지 '조센진'이라는 이유 하나 때문에 집단으로 학살당한 것을 들 수 있다.

한편 조선인 노동자는 같은 직종의 일본인 노동자에 비해 더 열악한 조건에서 일하면서도 더 적은 임금을 받았다. 심지어 집을 구하지 못해 일본인들이 살기를 꺼리는 불량 주택, 가건물, 축사, 전염병 환자 수용 시설 등 열악한 공간에 모여 살았다. 민족 차별과 함께 조선인 노동자는 계급 차별의 대상이 되었다. 일제 당국이 "조선인 노동자의 생활 상태는 실로 비참 그 자체"라고 인정할 정도였다. 여기에 1920년대 말부터는 세계 대공황의 여파로 일본 경제가 위기에 빠지자 조선인 노동자들은 실업의 위험에 직면해야 했다.

조선인들은 출신 지역에 따라 특정한 지역에 모여 살았다. 이를테면 오사카의 이카이노는 '제주 사람들의 거리'라고 불릴 만큼 제주도 출신의 조선인이 많았다. 일본 사회 그 자체가 적대적 차별 구조를 가지고 있는 가운데 조선인의 집단 거주 지역은 안식의 장소였다. 이러한 집주화集住化는 한곳에 정착하는 정주화定住化와 아울러 진행되었다. 당초 조선인의 도항은 생산 연령층에 의한 일시적 단신 출가의 성격이 강했다. 그러나 시간이 흐르면서 단신 출가자는 정주화를 지향하기 시작했다. 이들이 일본에 정착한 다음 고향에서 가족을 불러들이는 경우가 늘어났다.

한편 조선인의 정주화는 자녀에 대한 교육 문제와 직결되었다. 따라서 이들은 일제의 끊임없는 탄압 아래에서도 야학과 강습소를 통해 후세에게 민족의 언어를 가르침으로써 민족의 정체성을 유지하는 데 힘을 기울였다. 아울러 어려운 여건에도 신문과 잡지의 발간을 통해

간토 대학살   간토 대지진 후 시신을 검색 중인 자경단원. 간토 대학살은 1923년 간토 대지진 이후 일본 관헌과 민간인들이 조선인과 일본인 사회주의자를 학살한 사건이다. 간토 대지진은 1923년 9월 1일 간토·시즈오카·야마나시 등 간토 지방에서 일어난 대지진으로, 수십만 가구가 무너지거나 불에 탔으며, 수백만의 이재민과 10여 만 명이 넘는 사망자 및 실종자가 발생한 비극적인 사건이다. 그런데 일본 군국주의자들은 당면한 위기와 혼란을 극복하기 위하여 공황 상태에 빠진 민중의 보수적 감정을 이용하려고 했다. 그로 인해 일본에 살고 있던 조선인들이 표적이 되었다.

오사카로 떠나는 사람들　　오사카로 떠나는 사람들을 배웅하
는 제주도 항구의 풍경. 1923년 12월 15일 제주도와 오사카 간
에 정기 항로가 개설된 후 많은 제주인들은 일자리를 찾아 일
본으로 갔다. 일본으로 진출한 제주인들은 오사카에 많이 거주
했으며, 주로 여성은 방직 공장, 남성은 건설 현장에서 일했다.

조선인 사회의 의사소통망을 확립하는 한편 민족 의식과 계급 의식을 고취하려고 했다.

이러한 교육 활동과 언론·출판 활동이 있었기 때문에 조선인들의 집단적 거주지는 그 자체가 민족 운동의 근거지가 될 수 있었다. 조선인들은 자신들의 거주 공동체를 바탕으로 메이데이 행사 참가, 파업 지원, 민족 기념일 행사 참가, 식민 통치 규탄 대회 참가 등 다양한 활동을 벌였다. 조선인들은 계, 친목회 등 다양한 이름을 가진 자신들만의 단체를 만들어 학교를 세우고 출판 활동을 벌임으로써 민족적 정체성을 유지하며 민족 운동에 이바지했다. 한편 청년층을 중심으로 새로운 사조를 받아들이는 양상도 나타났다. 이들은 국내를 드나들면서 새로운 사조의 매개자 역할을 하는가 하면 새로운 사상을 바탕으로 일본에서 민족 해방 운동에 직접 참여하기도 했다.

식민지의 문화와 사상

새로운 사상과 계급·계층의 등장

3·1운동 이후 일제가 내건 문화 정치 아래 새로운 사상의 유입이 가속화되었다. 그 핵심은 사회 개조 사상 및 사회주의였다.

먼저 3·1운동을 전후해 사회 개조에 대한 관심이 높아졌다. 3·1운동 직후인 1919년 4월 일본에서 《개조》라는 이름의 잡지가 창간된 데

오사카 메이데이
행사에 참여한 군중.

서도 알 수 있듯이 1910년대 말과 1920년대 초는 전 세계적으로 사회 개조의 사상이 유행하고 있었다. 1918년 제1차 세계대전이 끝나면서 전쟁의 원인으로 지목된 군국주의, 침략주의에 대한 비판의 소리가 높아졌으며 아울러 제국주의 열강에 의한 세계 지배 체제를 비판하는 소리도 높아지고 있었다. 그러면서 잘못된 세계를 바로잡을 원리로서의 개조(사회 개조, 세계 개조)가 많은 지식인들의 공감을 얻고 있었다. 이러한 사회 개조 사상은 3·1운동을 전후한 시기에 식민지 조선에도 적지 않은 영향을 미쳤다. 1920년대 초에 발간된 각종 신문과 잡지에 '개조'라는 말이 널리 쓰인 것이 이를 잘 보여 준다.

그러나 개조 사상이 새로운 사상의 주류를 이루던 시기는 극히 짧았다. 원래 개조라는 말에는 사회주의와 부르주아 민주주의 사상이 혼재되어 있었다. 1920년대 초반 주도권을 장악한 것은 정치 참여의 기회가 막혀 있으므로 문화라는 비정치 영역에서 계몽을 통해 근대화를 이루려고 한 문화 운동이었다. 문화 운동의 주체로 설정된 것이 청년이었고, 문화 운동의 전략으로 강조된 것이 바로 개조였다. 그러나 1920년대 초 짧은 기간이 지나면서 문화 운동은 주도권을 상실했다. 그리고 사회주의가 새로운 민족 해방의 이념으로 널리 수용되면서 문화 운동론적인 개조의 시대가 사회주의의 시대로 넘어갔다.

실제로 1920년대에 가장 인기 있던 문화 상품 가운데 하나가 사회주의였다. 3·1운동 이전에 이미 서구에서 진행되고 있던 노동 운동의 동향이나 러시아에서의 볼셰비키 혁명이 일부 지식인의 관심을 끈 바 있지만 적어도 국내에서는 관심 이상은 아니었다. 사회주의가 일제의 식민지 지배를 받는 조선인의 민족 해방 운동의 이념으로 정착되는 현상은 3·1운동 이후였다. 당시 러시아, 중국, 일본 등지에서 활동하던 조선인 혁명가들이 처음 받아들인 사회주의는 1920년대에 접어들면서 빠른 속도로 국내에서 확산되었다.

"수년 전만 하여도 맑스 등록 상표 아닌 사상 상품은 조선 사상 시장에 가격이 적었고 맑스 신도가 아니면 시대의 낙오자라는 불미한 칭호를 얻게 되었다. 억지로라도 맑스 도금술과 맑스 염색술을 발명하여 사상적 낙오자 됨을 면하기에 노력하였다"라는 기사(《중외일보》 1927년 4월 17일자)가 나올 정도로 사회주의는 시대의 흐름을 대표하는 사조가 되었다. 당시 신문과 잡지에는 사회주의를 소개하는 글이 빈번하게 실리고 있었다. 그리고 맑스주의자를 자처하는 젊은이들이 하나의 사회 집단으로 등장했다. '맑스보이'가 바로 그것이다.

이처럼 사회주의가 젊은이들을 중심으로 빠른 속도로 받아들여지면서 '신사회新社會'라는 말이 유행했다. 신사회란 "빈부의 차이가 없는 사회, 계급의 알력이 없는 사회, 모든 인간이 노동하고 최고의 문화적 향락 생활을 누리게 되는 사회"를 의미했다. 곧 사회주의 사회의 완곡한 표현이었다. 일제의 경찰 문서에 따르면 1930년대 초 함경남도의 정평 농민 조합에 속한 농민들의 독서 목록에는 《맑스-엥겔스 전집》, 《무엇을 할 것인가》(레닌), 《유물사관 해설》, 《맑스 경제학》, 《사회주의와 철학》 등이 포함되어 있었다. 물론 모든 농민이 이 책들을 읽고 사회주의를 제대로 이해했다고는 볼 수 없을 것이다. 그러나 제목만으로도 그 내용을 짐작할 수 있는 책을 농민들이 접하고 있었다는 사실은 당시 일제의 탄압에도 사회주의를 이해할 수 있는 통로가 열려 있었으며 이 통로를 통해 사회주의가 민중에게도 광범위하게 퍼져 나가고 있었음을 의미한다.

새로운 사상과 문화의 주체는 새로운 계급이고 새로운 계층이었다. 새로운 계급이란 노동자이고 새로운 계층이란 청년, 소년, 여성이었다. 사회주의가 수용됨에 따라 전통 사회에서는 홀대를 받던 노동자가 새로운 사회의 주역으로 주목받았다. 새로운 계급은 아니지만 농민도 백정도 자신들을 억압하는 사회를 바꾸어 농민 해방, 백정 해방을 이루기 위해 지역 차원에서 조직을 꾸리고 더 나아가서는 전국적 단위의 조직을 만들어 나갔다.

한편 전통 사회에서는 그 존재 가치를 인정받지 못하던 청년, 소년, 여성이 사회의 중심 세력으로 떠오르기 시작한 것도 중요한 의미를 갖는다. 이러한 계층이 처음으로 주목을 받기 시작한 계기는 3·1운동이었다. 3·1운동 당시 거리의 만세 시위에 청년, 소년, 여성이 적극적으로 참가하면서 이들 계층은 변화하는 사회의 한 상징이 되었다. 1920년대 이후 이들 계층의 권익 향상과 역사적 임무 수행을 내건 청년 단체, 소년 단체, 여성 단체가 전국 각지에서 조직되었다. 특히 주로 '○○청년회'라는 이름 아래 마을 단위로 조직되고 있던 청년 단체는 새로운 사상이 더 널리 확산되고 여기에 입각한 민족 해방 운동이 활성화되는 데 중요한 역할을 했다. 신문과 잡지에 청년, 소년, 여성 관련 기사가 수없이 실린 것이라든지 '청년', '어린이', '여성'이라는 이름을 내건 대중 잡지가 창간된 것도 청년 문화, 소년 문화, 여성 문화가 1920년대 이후에는 우리 사회에 정착되고 있었음을 잘 보여 준다.

3·1운동 이전만 해도 청년이라는 말은 극히 제한적으로 쓰였다. 이광수를 비롯한 일본 유학생 출신의 몇몇 지식인은 청년이 근대 개혁

을 이끌어야 한다고 주장했지만 그러한 주장이 큰 반향을 불러일으킬 정도는 아니었다. 그러나 1920년대에 들어서면서 청년이야말로 근대 개혁의 주체라는 인식이 큰 공감대를 형성하고 실제 사회 운동으로까지 이어지기 시작했다.

애초에 청년은 조선을 근대화하기 위해 여러 사람을 계몽할 수 있는 힘을 가진 이로서, 교육을 통해 상당한 수준의 교양과 지식을 갖춘 존재로 여겨졌다. 당시 조선 인구의 대다수를 차지하고 있던 농민이나, 새롭게 형성되고 있던 노동자의 상황에 비추어 볼 때 이런 청년상은 현실과 동떨어진 것이었다. 거의 모든 청년이 교육의 사각지대에 놓여 있는 상황에서 문화 운동론자들이 내세운 청년상은 한계를 가질 수밖에 없었다.

이에 따라 사회주의자들이 문화 운동론자들을 비판하고 나섰다. 사회주의 운동이 정착하면서 청년이란 "혁명 운동의 본진이며 별동대의 핵심이 되고 지도자"여야 한다는 생각도 널리 퍼졌다. 노동자와 농민을 중심으로 하는 일반적인 사회주의 운동의 원리에서 본다면 청년을 지나치게 강조하는 것은 이상할 수도 있다. 그럼에도 사회주의자들이 청년의 역할을 중시한 데는 까닭이 있었다. 혁명의 주체여야 할 노동자 계급의 형성이 아직 미진하고 농민 운동도 조직화되지 못한 상황에서, 사회주의자들은 자연 연령상 10대 후반부터 20대에 해당하는 청년이야말로 가장 순수하고 열정적인 세대로 혁명을 이끄는 존재라고 보았다.

물론 이처럼 청년의 역할을 부풀려 강조하는 경향은 1920년대 후반이 되면서 점차 약화되었다. 이 시기에 노동자의 파업 투쟁과 농민의 대중 투쟁이 활발하게 전개되면서 여전히 청년을 중시하던 천도교 등 일부를 제외하고는 청년이 민족 해방 운동에 앞장서야 한다는 생각은 극복되기 시작했다. 사회주의자들은 노동자와 농민을 중심으로 한 조직을 만들어야 한다고 보았으며 자본과 노동, 지주와 소작인 등 계급 문제에 더 신경을 썼다. 그리고 청년 문제를 계급의 틀 안에서 해결하려고 했다.

1920년대 이전에는 소년을 단지 자연 연령을 기준으로 '아직 어른이 되지 않은' 존재 곧 '작은 성인' 세대로 보는 경향이 강했다. 그런데 1920년대에 들어서면서 소년은 나름대로 독자적 속성을 지닌 하나의 집단으로 인식되기 시작했다. 그 시작은 소년 대신에 어린이라는 말을 쓴 방정환에게서 비롯되었다. 방정환은 어린이를 때 묻지 않고 자연에 가장 가까운 존재로 보았다. 심지어 어린이는 한울님과 같다고까지 했다. 방정환은 천도교단의 힘을 빌려 1921년 천도교소년회를 조직하고 1922년 5월 1일을 어린이날로 선포하는 한편 1923년에는 어린이를 위한 잡지로 《어린이》를 창간하는 등 어린이를 위한 활동을 펼쳤다.

그러나 방정환이 상정한, 티 없이 맑고 순수하며 마음껏 놀고 걱정 없이 지내는 어린이상 또한 실제와 동떨어진 것이었다. 식민지의 현실은 소년들을 교육도 제대로 받지 못한 채 일찍부터 농업 노동에 종사하거나 도시에 나가 노동자가 되도록 몰아가고 있었기 때문이다. 따라서 방정환 식의 어린이 운동을 비판하는 움직임이 나타났다. 이들은 동화 속에나 등장할 것 같은 어린이가 아니라 현실을 살아가는 소년인 무산 소년, 노동 소년을 새로운 소년 운동의 주체로 내세웠다.

1921
천도교소년회 조직.

1922(5월 1일)
'어린이의 날' 제정.

1923(3월)
우리나라 최초의 아동 잡지 《어린이》
창간.

방정환과 잡지 어린이 　3·1운동 이후 집회·결사의 자유가 제한적이나마 허용되자 각종 사회 단체들이 조직되는데, 1920년대에는 소년 운동이 활발하게 전개되었다. 방정환 등이 발기한 천도교소년회는 5월 1일을 어린이날로 정하고 《어린이》라는 잡지를 발간했다. '어린이' 는 방정환이 아동을 인격적으로 대접하라는 의미에서 사용하기 시작한 용어다.

이러한 움직임은 1923년부터 나타났고, 1925년에는 사회주의 운동의 성격을 띤 오월회가 조직되었다. 오월회를 중심으로 한 소년 운동은 무산 소년 운동을 내세웠다. 오월회의 주도 아래 1928년에는 조선소 년총동맹이 조직되어 농촌이나 도시의 노동 소년을 대상으로 야학, 강습회 활동을 벌였다.

　근대 이전만 해도 여성에게는 이름이 없었다. 여성은 하나의 인격 적 주체로 인정받지 못했다. 그런데 1920년대 이후 여성으로서의 자 각을 바탕으로 사회적 실천에 적극적인 모습을 보이는 여성들이 등장 했다. 1895년 을미의병 당시 의병장 유홍석의 며느리인 윤희순은 의병 운동에 동참하려고 했지만 여성은 가사와 자녀 양육에 힘써야 한다는 시아버지의 반대에 부딪혀 뜻을 이루지 못했다.

그로부터 20년이 조금 더 지난 1919년에 발표된 〈대한 독립 여자 선언서〉는 여성이 남성과 마찬가지로 상무 정신을 가지고 독립을 위해 투쟁해야 한다고 강조했다. 독립을 위한 투쟁에 남성과 여성의 차이가 있을 수 없다는 것이었다. 실제로 3·1운동의 전개 과정에서 적지 않은 여성들이 죽음을 두려워하지 않고 만세 시위에 참여했다. 여성의 사회적 역할이 바뀌기 시작한 것이다.

이러한 변화를 가장 빨리 행동에 옮긴 이는 '신여성'이라고 불리던 여성들이었다. 1920년대가 되면 도시의 지식인 사회에서 신여성이라는 말은 일반적인 용어가 되었다. 신문과 잡지에도 신여성 관련 기사가 많이 실렸다. 뾰족구두, 양장, 양산, 모자, 안경 등이 신여성의 상징이 되었다. 그러나 무엇보다도 신여성이 하나의 계층으로 새로 등장했음을 보여 주는 상징적인 모습은 단발이었다. 신여성들은 합리적인 생활을 위해서이건 여성 해방과 반봉건을 이루기 위해서이건 사회에 대한 하나의 도전으로 머리카락을 잘랐다. 물론 신여성의 단발 행위는 보수적 남성들에게 조롱거리가 되기도 했다. 그러나 단발은 1930년대 중반이 되면 흔히 볼 수 있는 사회 현상이 되었다. 심지어 머리카락을 자르는 데서 한 걸음 더 나아가 파마를 하는 것도 젊은 여성 사이에서 유행했다.

신여성에는 크게 보아 세 부류가 있었다. 첫 번째는 "정조는 도덕도 법률도 아무것도 아니요, 오직 취미다. 밥 먹고 싶을 때 밥 먹고, 떡 먹고 싶을 때 떡 먹는 것과 같은 것"이라고 선언한 나혜석처럼 자유

신여성 문화　　각종 매체에 실린 신여성 관련 풍자 만평이다. 외모나 자신의 육체에 대한 관심은 바로 신여성들의 욕망을 표현할 수 있는 출구 중 하나였다. 그래서 1920~30년대 조선 사회에서 도시를 중심으로 한 소비 문화가 형성되었을 때, 신여성은 그 역할의 담당자로 주목받기도 했다. 뾰족구두, 양장, 양산, 모자, 안경, 단발 등은 그들의 상징이 되었다. 특히 단발은 단순히 아름다움을 표시하는 행위가 아니라, 여성들에게 전통과 구습의 사슬을 끊는 상징적 행위였다.

市○內○洞으로지나는다 男女○○學校마○○로 ……그다음위기멋저버푸젯또다가 ——(安·風浪生華)——

연애를 중시하고 여성의 정조 문제를 쟁점화하려고 한 급진적 자유주의 신여성이다. 두 번째는 허정숙, 주세죽 등 "계급이 있는 한 참 연애는 없다"고 주장하면서 여성 그 자체보다는 민족과 계급을 중시하고 그러한 맥락에서 여성을 반봉건 계급 투쟁의 주체로 자리매김하려고 한 '맑스주의' 신여성이다. 세 번째는 김활란처럼 일부일처제를 강조하고 축첩 제도 같은 봉건 질서에 대해 비판적이면서도 유교적 가부장제 자체에 대해서는 묵인한 기독교 계열 신여성이다.

그렇지만 이러한 차이에도 신여성은 여성의 자각을 바탕으로 한 여성 해방을 지향하면서 이를 위한 계몽 활동을 중시한다는 공통점이 있었다. 그랬기 때문에 신여성은 'ㅇㅇ여성청년회'와 같은 이름의 단체를 만들고 여성의 권익 향상, 나아가서는 여성 해방과 민족 해방을 위해 다양한 활동을 벌일 수 있었다. 그리고 그 정점이 여성계의 통일 전선체로 1927년에 출범한 근우회였다.

식민지 교육의 확대

19세기 후반 이후 국권이 위기에 처하자 교육을 통해 국권을 회복하려는 운동이 요원의 불길처럼 전국에 퍼져 나갔다. 그 결과 구국 운동의 일환으로 전국 각지에 사립학교가 설립되었다. 그러나 일제는 강점 직전부터 사립학교에 대한 통제를 가하다가 조선에서 교육이 확대되는 강점 이후에는 사립학교의 설립을 조선총독의 인가 사항으로 하는 한편 설립의 요건을 더욱 강화해 사실상 사립학교 체계를 붕괴시키려고 했다. 실제로 일제의 이러한 정책에 따라 전국 각지에 설립되었던 수많은 사립학교가 정식 인가를 받지 못하고 문을 닫게 되었다.

중등 교육 기관과 고등 교육 기관에 대한 규제는 더욱 까다로웠다. 일제는 식민지 조선에서 교육이 확대되는 데 대해, 특히 고등 교육 기관을 설치하는 데 극도로 부정적인 인식을 갖고 있었다. 조선총독인 데라우치는 "식민지 교육을 정치, 법률 기타 고상한 학리적 과목으로 진행하는 것보다는 우선 새로 편입된 영토의 국민에게 생활상 직접 필요한 실용적 학예를 가르치는 일이 급하다고 할 것이니, 나의 조선인 교육 방침도 이에 있다"라고 언급한 바 있다. 곧 식민지 지배에 필요한 최소한의 교육만을 조선인에게 실시한다는 것이 애초에 일제가 갖고 있던 교육 방침이었다.

그러나 일제는 3·1운동을 통해 식민지 지배의 위기를 느끼면서 조선인에 대한 교육의 기회를 어쩔 수 없이 확대하게 되었다. 특히 3·1운동 직후부터 '우리 민족'의 힘으로 대학을 만들자는 움직임이 나타났고, 그 결과 1922년 민립 대학 설립 운동이 본격화되는 등 교육에 대한 조선인의 열망이 어느 정도인지를 확인한 일제로서는 무한정 우민화 교육을 밀고 나갈 수는 없었다.

이러한 일제의 교육 정책 변화를 단적으로 보여 준 사례가 바로 경성제국대학의 설립이었다. 일제는 3·1운동과 그 이후 민족 해방 운동의 흐름에서 드러났듯이 조선인 사이에 반제 반일 사상이 고조되는 상황을 제압하고 식민지 지배를 학문적으로 정당화하는 이론 체계를 수립하기 위해 1924년 식민지 조선의 최고 교육 기관이자 일본 제국 판도 안에서 다섯 번째 제국 대학인 경성제국대학을 설치하기로 했다.

식민지 조선에서 유일한 대학으로 경성제국대학을 설립한 데서 단

1922
조선 민립 대학 설립 기성회 조직.

1923
〈경성제국대학 설치에 관한 법령〉 발표.

1926
경성제국대학 개교.

1938
〈조선 교육령〉 제3차 개정.

경성제국대학　식민지 조선에서 고등 교육에 대한 열망과 의지가 확산되고 1920년대 초에는 종합 대학의 설립을 추진하는 '조선 민립 대학 설립 운동'이 일어났다. 1923년 이상재를 대표로 하는 조선 민립 대학 기성회의 발기 총회가 개최되어 전국적인 민립 대학 설치 운동이 일어나자, 이에 자극받은 일제는 이를 저지하는 한편, 여론을 무마하기 위해 대학 설립 계획을 세웠다. 경성제국대학 법문학부에는 법과·철학과·사학과·문과의 4개 학과가 있었으며, 1929년 4월에 최초로 법문학부 제1회 졸업생 90명(조선인 22명)을, 1930년에는 의학부 졸업생 55명(조선인 12명)을 각각 배출했다. 경성제국대학은 법문학부 18회, 의학부 17회, 이공학부의 3회 졸업생을 배출했으며, 이들 졸업생 가운데 조선인은 모두 810여 명이었다. 그 뒤 1946년 9월에 국립 서울대학교가 발족되면서 서울대학교에 통합되었다.

적으로 드러나듯이 일제는 이전의 우민화 정책 기조를 계속 유지하면서도 고등 교육에 대해 부분적으로 기회를 확대하는 정책을 실시했다. 일제 강점기 고등 교육은 기본적으로 전문학교에 대한 (제국)대학의 우위, 사학에 대한 관학의 우위가 특징인 이중 구조였다. 식민지 조선에서는 (제국)대학-관립 전문학교-사립 전문학교라는 위계 체계가 형성된 것이다. 이러한 위계 체계는 중등 교육에서도 마찬가지로 나타나고 있었다. 공립 중등학교와 사립 중등학교 사이에도 위계 체계가 만들어진 것이다. 확대된 교육 기회를 통해 중등 교육 이상의 교육을 받은 조선인 가운데 일부는 이데올로그나 관료로서, 또는 지역 정치의 동반자로서 일제의 지배 체제에 포섭되는 모습을 보였지만 일부는 민족 해방을 위해 투신했다.

　일제가 조선에서 실시한 교육 정책의 변화는 고등 교육뿐만 아니라 초등·중등 교육에서도 나타났다. 이전에는 일본인과 조선인의 교육 연한 자체가 달랐는데 1922년 〈조선 교육령〉을 개정하면서 그것을 일치시키는 등 외견상 민족 차별을 완화하는 시늉을 냈다. 나아가 조선에서 보통학교의 수를 늘려 나가 1910년대의 6면 1교가 1930년 무렵에는 1면 1교로 확대되기도 했다. 조선인을 대상으로 한 실업 교육 강화 방침에 따라 다수의 실업 교육 기관이 새로 설립된 것 또한 1920년대 이후 교육의 중요한 변화 양상이었다.

　그러나 이러한 교육 정책의 변화로 말미암아 식민지 교육의 본질이 바뀐 것은 아니었다. 조선인은 보통학교-고등 보통학교-전문학교(또는 대학)로 이어지는 교육 체계를 따라야 한 데 반해 일본인에게는 소학교-중학교-대학으로 이어지는 교육 체계가 적용되었다. 민족을 차별하는 이원적 교육 제도 자체는 바뀌지 않았던 것이다. 일본인과 같은 공교육을 받을 기회는 극소수의 조선인, 친일파의 자제이거나 나중에 스스로 친일파가 되는 조선인에게만 주어졌다. 더 큰 문제는 동화주의 원칙에 따라 조선 교육 기관의 교과 과정에서 일본 역사·지리·문학 교육이 대폭 강화되고 일본어 과목이 필수가 된 반면에 조선 역사·지리·문학 교육은 주변화되고 한글 과목은 축소되었다는 것이다.

1910년대 보통학교 취학률은 5퍼센트 미만이었다. 보통학교 자체가 많지도 않았지만 조선인 가운데 상당수가 일제의 식민지 교육을 거부한 것도 크게 작용했다. 그런데 1920년대에 들어서면서 취학률이 상승하기 시작했다. 1930년 무렵이면 보통학교에 입학하기 위해 경쟁을 한다는 기현상까지 나타났다. 그 결과 1937년 무렵이면 취학률이 25퍼센트 정도로 높아졌다. 적어도 초등 교육은 하층 조선인으로까지 확산되고 있었던 것이다.

1920년대 이후 비록 제한된 형태이기는 하지만 교육의 기회가 이전보다 확대된 것은 조선인 사이에 퍼지고 있던 교육에 대한 열망과 이에 대응하려 한 일제의 식민지 교육 정책이 상호 작용한 결과였다. 교육이 근대 국가를 만드는 데 초석이 된다고 여기고 더 나아가 근대 사회에서 개인의 출세를 좌우하는 가장 좋은 길이라는 인식이 조선인 사이에서 널리 확산되었다. 이러한 상황에서 일제는 교육에 대한 열망을 강하게 갖고 있던 조선인 청소년들에게 기회를 열어 줄 수밖에 없었던 것이다. 이미 보통학교와 중등학교, 그리고 다시 대학이나 전문학교로의 진학은 이 시기를 살던 젊은이들에게 개인을 위해서도 민족을 위해서도 최선의 길로 인식되고 있었다.

그렇지만 초등 교육을 중심으로 일제의 공교육이 확대되었다는 것은 학교가 식민지 지배의 한 도구로 쓰일 가능성이 더 커졌음을 의미한다. 공교육에서는 동화주의 이데올로기가 담겨 있는 일본어 교과서를 통해 일본 정신을 주입시키고 일본 문화의 우수성을 가르쳤다. 실제로 일제 강점 초기만 해도 일본어를 조금이라도 이해하는 조선인이 6만 명 정도에 불과했지만 1934년 무렵에는 일본어를 구사할 수 있는 조선인이 85만 명 정도로 크게 늘어났다. 학교 안에서 교사나 학생이 모두 일본어만 써야 하고 "교실에 들어간 학생은 송장처럼, 나무로 만든 통처럼 가만히 앉아서" 배우는 상황이었으니 식민지 교육을 통한 일본어 보급과 일본 정신의 주입은 어느 정도 성과를 거둘 수 있었다.

1920년대 이후 조선에서 보통학교에 들어가고 상급학교에 진학하는 것은 돌이킬 수 없는 흐름이 되었다. 이처럼 보통학교 취학률이 높아진 연유는 교육 내용이 좋아서라기보다는 교육을 통해 사회적 지위를 높이려는 열망 때문이었다.

그러나 사람들이 꿈꿨던 대로 교육을 받아 지위를 높일 수 있는 기회는 많지 않았다. 하층의 조선인이 보통 교육을 받아 지위가 높은 집단으로 옮겨 가기는 어려웠다. 보통학교를 졸업한 학생 가운데 상급학교에 진학하는 경우도 있었지만 이는 일부분에 지나지 않았다. 거의 모든 보통학교 졸업생이 상급학교 진학을 포기하고 농촌에서 농사일을 돌보거나 잠재적인 실업 인구가 되었다. 중등 이상의 교육 기관으로 진학하더라도 학비 문제 등으로 학교를 그만두는 일이 많았다. 1928년에 보통학교를 졸업한 남학생 가운데 10퍼센트만이 중등학교에 진학하거나 근대적 부문에서 직장을 얻는 데 성공했을 뿐이다. 특히 여학생이 취업

보통학교　　　1920년대 보통학교 조회와 수업 시간이다. 3·1운동 이후 일제의 지배 체제가 정비되고, 민족 해방 운동이 새로운 전기를 맞으면서 조선인들은 어떤 식으로든 학교 교육을 받으려 했다. 보통학교에 들어가고 상급학교에 진학하는 것은 사회적 지위를 높이기 위한 절차가 되었다. 하지만 보통학교 졸업자들은 상급학교 진학자, 은행과 관공서 취직자 몇 명을 제외하고는 대부분 가사에 종사하게 되는 게 현실이었다.

일제는 이러한 조선인들의 교육에 대한 열망을 조선인을 회유·동화하는 수단으로 삼았다. 특히 일제의
보통 교육 정책은 '보통의 지식과 기능을 습득' 하게 하고, '일어를 보급' 하는 동화 정책의 일환이었다.

이나 중등학교 입학에 성공한 비율은 4퍼센트도 되지 않았다.

근대 언론 매체의 확산

이 시기에는 또한 근대적 언론 매체가 널리 확산되었다. 먼저 한말에 잠깐 등장했다가 일제의 무단 통치 아래 명맥이 끊긴 바 있던 한글 신문의 발간이 문화 정치의 이름 아래 허용되었다. 이에 따라 《동아일보》(1920년 4월), 《조선일보》(1920년 3월), 《시대일보》(1924년 3월, 이후 《중외일보》, 《조선중앙일보》로 개제改題) 등의 일간지가 창간될 수 있었다. 물론 이것이 식민지 지배 정책의 근본적인 전환을 의미하는 것은 아니었다. 특히 친일 단체인 대정친목회에게 《조선일보》의 발간을 허용한 데서도 단적으로 드러나듯이 한글 신문 발간을 허용한 일제의 의도는 조선인의 불만을 다소 누그러뜨리는 동시에 민심을 파악하려는 데 있었다. 그러나 당시 한글로 발간되던 중앙지가 조선총독부의 기관지이던 《경성일보》의 자매지 《매일신보》밖에 없었다는 점을 생각할 때 새로운 한글 신문의 발간은 중요한 의미를 갖는다.

친일 신문으로 출발한 《조선일보》의 경영권이 1924년에 민족 운동에 관여한 적이 있던 신석우에게 넘어간 데서도 짐작할 수 있듯이 한글 신문에 대해 조선인이 갖는 기대는 일제의 예상을 뛰어넘는 것이었다. 사회 개조와 사회주의라는 새로운 사상을 받아들인 지식인들은 한글 신문을 통해 더 많은 사람들을 상대로 자신들의 생각을 펼칠 수 있는 합법적인 통로를 마련하게 되었다. 1925년 무렵 조선의 지식인들이 세 신문을 가리켜 '세 개의 정부'라고 부를 정도로 한글 신문이 민족적 과제를 토론하고 실천하는 장이 되기를 바랐다. 그 기대는 독자 수로 나타났다. 예컨대《동아일보》는 창간 당시 1만 부를 발행했는데 1924년에는 발행 부수가 2만 부 정도로 두 배가량 늘어났고 1928년에는 다시 두 배가 늘어나 4만 부 정도가 되었다. 세 신문도 한때는 조선인의 민족적 기대에 부응하는 모습을 보였다.

그렇지만 일제의 엄중한 통제하에서 한글 신문의 활동 범위는 극히 제한적이었다. 식민지 지배 체제의 근간을 건드리는 것은 일절 허용되지 않았다. 일제는 세 신문이 식민지 지배 체제가 정해 놓은 '선'을 조금이라도 넘어서는 보도를 하면 탄압을 가했다. 탄압의 방법에는 정간, 압수, 삭제 등이 있었다. 특히 1920년대까지만 해도 발행 부수가 가장 많은《동아일보》조차 발행 부수 4만 부를 가까스로 넘길 정도로 독자가 제한되어 신문사 운영에 어려움을 겪고 있던 상황에서 정간 조치는 엄청난 타격이었다.

이러한 일제의 탄압에 먼저《동아일보》의 논조가 바뀌기 시작했다. 조선총독부의 회유에 넘어가 상하이에서 귀국한 뒤《동아일보》편집국장으로 있던 이광수는 1924년 1월 〈민족적 경륜〉이라는 사설을 썼다. 이 사설의 요지는 일제의 지배를 인정하면서 자치권 확보를 위한 운동을 펼쳐야 한다는 것이었다. 이는 김성수, 송진우 등《동아일보》계열이 주동이 되어 독립 운동은 불가능하니까 일제가 허용하는 합법적인 정치 단체를 만들자면서 결성한 연정회의 취지를 그대로 반영한 것이었다. 이 사설로 인해《동아일보》불매 운동이 광범위하게 일어났다. 경영진은 변명을 늘어놓았지만 자치 운동 파문은 1926년에도 되풀이되었다.

《동아일보》보다는 조금 뒤늦기는 하지만 1920년대 말이 되면《조선

東亞日報　創刊號

主旨（主旨）를 선명（宣明）하노라

아보（我報）의 본분과 책임

時勢天下之大勢爲權古今之
時宜　當爲合乎時日
祝　東亞日報創刊

旰衡天下之大勢
商推古今之時宜

아직모르나？（知아春아？）

1910(8월 30일)
《매일신보》창간.

1920(3월 5일)
《조선일보》창간.

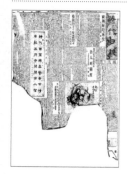

1924(3월 31일)
《시대일보》창간.

일제 강점기 신문들　　3·1운동 후 일제의 조선에 대한 통치 방식이 이른바 문화 정치로 전환하면서 종래의 헌병 경찰 대신에 보통 경찰 제도를 시행하는 등 몇 가지 변화를 보였다. 이러한 정책 변화의 하나로 총독부는 조선인들에게도 제한적으로나마 일간지의 발행을 허용한다는 방침을 정했다. 이러한 방침이 알려지자 10여 건이 넘는 발행 신청이 몰렸다. 10년 동안이나 신문 발행과 언론의 자유가 억압당했던 데 대한 반작용이었다. 일제는 "통치를 교란시키지 않는 범위 내에서"라는 조건을 붙여, '배포 전 검열 지도' 아래 1920년 1월 6일자로 《동아일보》, 《조선일보》, 《시사신문》의 3개 신문사 설립을 허가했다. 《동아일보》는 김성수 등 77인의 발기로 1920년 4월 1일에 창간된 일간지로, 조선 민중의 표현, 민주주의 지지, 문화주의의 제창을 3대 사시社是로 내걸었다. 김성수와 송진우 이하 거의 모든 기자들이 2, 30대였기 때문에 청년 신문이라고 불리기도 했다.

일보》에서도 논조의 변화가 나타나기 시작했다. 원래 《조선일보》는 타협적 노선을 밟고 있던 《동아일보》와는 달리 자치론을 반대하고 사회주의 색채의 논조를 펴서 한때는 '사회주의 신문'이라는 평가를 받고 있었다. 사회주의와 비타협적 민족주의의 제휴에 의해 민족 통일 전선체로 신간회가 출범한 뒤에도 신간회 활동을 소개하는 고정란을 두는 등 민족 해방 운동에 적극적인 자세를 보였다. 그러던 《조선일보》도 1920년대 말부터는 "정치적 색채를 거세"하기 시작했다.

두 신문의 논조 변화는 1929년 11월부터 광주학생운동이 전국적으로 확산되는 가운데 학생들에게 시위를 자제하고 학교로 돌아가라고 권유하는 사설을 실은 데서 단적으로 드러났다. 그리하여 두 신문은 1930년대 이후에는 뜻있는 사람들로부터 "없기보다는 낫다"는 비아냥거림의 대상이 되었다. 신문들이 일제에 타협적인 성향을 드러내자 비타협적 민족주의자들이나 사회주의자들이 이를 비판하고 나섰지만 이미 신문을 민족 운동의 수단이 아니라 일종의 상품으로 보고 있던 두 신문의 경영진(김성수, 방응모)에 의해 신문의 기업적 성격은 나날이 강화되었다. 그리고 1930년대 이후 일제의 언론 통제가 대폭 강화되면서 신문 지면에서 일제를 비판하는 기사를 찾아보기는 점점 힘들어졌다. 오히려 광고 수입과 직결된 일본 상품의 광고가 급증했고 지면의 오락적 성격도 강화되었다.

3·1운동 이전만 해도 《천도교월보》(나중에 《천도교회월보》로 개제), 《경학원잡지》, 《학지광》, 《조선문예》, 《청춘》, 《태서문예신보》, 《유심》 등 극소수에 지나지 않던 잡지의 출간도 유행했다. 사실 무단 통치 아래 조선인이 발간한 잡지는 극도로 위축되어 있었다. 대중 계몽지인

《청춘》이나 도쿄 유학생 기관지인 《학지광》 같은 잡지도 있었지만 종교 잡지가 거의 절반을 차지할 정도로 무단 통치 아래에서의 잡지 발간은 기형적인 형태를 띠기도 했다.

1919년 2월에 김동인 등이 창간한 문예 잡지 《창조》, 그리고 같은 해 말에 순 한글 이름으로 발간된 《서울》은 1920년대 이후 더 뜨거워진 잡지 발간 열기를 예고하는 것이었다. 1920년대 잡지 발간에 앞장선 것은 새롭게 등장하고 있던 젊은 문인들이었다. 주로 일본 유학을 통해 근대 사조를 접한 문학 청년들은 《폐허》(1920), 《장미촌》(1921), 《백조》(1922), 《영대靈臺》(1924), 《조선문단》(1924), 《해외문학》(1926) 등의 문학 잡지를 통해 시, 소설, 평론을 발표함으로써 일약 문단의 새로운 흐름을 형성하게 되었다.

이 밖에도 1920년에만 《공제》, 《개벽》 등 20여 종이 창간된 것을 비롯해 《청년》, 《아성我聲》, 《계명》, 《신천지》(이상 1921), 《신생활》, 《시사평론》, 《부인》, 《동명東明》, 《조선지광朝鮮之光》(1922), 《어린이》, 《신여성》, 《농민》, 《산업계》(이상 1923), 《사상운동》, 《불교》(이상 1924), 《신민》, 《조선농민》(이상 1925), 《아희생활》(나중에 《아이생활》로 개제), 《신인간》, 《동광》, 《별나라》, 《별건곤》(이상 1926), 《이론투쟁》, 《현대평론》, 《한글》, 《노동운동》, 《신흥과학》(이상 1927), 《한빛》, 《신생》(이상 1928년), 《농민생활》, 《삼천리》, 《신흥》(이상 1929), 《조선물산장려회보》, 《농민》, 《대중공론》, 《해방》(이상 1930), 《혜성》(나중에 《제일선》으로 개제), 《비판》, 《이러타》, 《신동아》(이상 1931), 《신계단》(1932), 《신가정》, 《전선》, 《중앙》(이상 1933), 《진단학보》(1934), 《사해공론》, 《조광》(1935), 《여성》(1936) 등 수백 종이 차례로 발간되었다.

일반 대중을 대상으로 한 종합 잡지도 있었지만 노동자, 농민, 청년, 소년, 여성 등 특정 계급·계층을 겨냥한 잡지도 적지 않았다. 심지어 특정 계급·계층 가운데서도 더 특수한 집단을 위한 잡지, 예를 들어 백정을 위한 《정진》, 고용인을 위한 《용성》, 사회사업가를 위한 《백악》, 결핵 환자를 위한 《요양촌》 등도 발간되었다. 특수한 분야만을 다루는 잡지(언론계의 《신문춘추》, 《철필》, 《짜날리즘》, 영화·연극계의 《문예·영화》, 《극예술》, 《영화조선》 등, 한의약계의 《동양의약》 등), 지역 차원의 잡지(평양의 《대평양》, 대구의 《여명》, 호남의 《호남평론》 등)도 등장했다.

1920년대 초중반에 가장 영향력이 컸던 잡지는 천도교 직영의 개벽사에서 발간하던 《개벽》이었다. 잡지 이름은 동학의 개벽 사상에서 따온 것이었다. 《개벽》은 종교 단체에서 발행했지만 학술, 교양, 문예를 다룬 종합 잡지의 성격을 띠고 있었다. 분량도 당시로서는 매우 두툼한 160쪽 안팎이었다. 특히 천도교 이론가이던 이돈화의 글과 사회주의를 소개하는 글들이 실려 젊은 지식인들에게 큰 영향을 미쳤다.

1920년대 말 이후에는 《삼천리》가 그런 역할을 했다. 《삼천리》는 내용 면에서 《개벽》에 견줄 만한 대표적인 교양 잡지였다. 그러면서 뜬소문 등으로 대중의 호기심을 자극하는 기사를 고정적으로 게재함으로써 대중오락 잡지로서의 성격도 띠고 있었다. 나중의 일이지만 1930년대 중반부터는 친일 성향을 띠게 되어 독자들의 비판을 받은 장수 잡지이기도 했다.

아울러 《공제》, 《신생활》, 《조선지광》, 《이론투쟁》, 《신흥과학》, 《비판》 등 수십 종에 달하는 사회주의 계열 잡지가 간행된 데도 주목해야 한다. 사회주의가 널리 소개되어 사회주의 운동이 활발한 1920년대 이후의 분위기가 반영되었을 것이다.

주요 신문과 잡지가 지사 또는 지국이라는 이름으로 전국에 걸쳐 확보한 배포망 가운데 상당수는 1920년대 각 지역에서 민족 해방 운동이 활성화되는 데 크게 이바지했다. 이 무렵만 해도 신문과 잡지에 관여하던 인물 가운데는 민족 해방 운동에 직간접적으로 관여하는 인물들이 많았고 따라서 이들의 노력으로 새로운 언론 매체를 통해 새로운 사상도 더 빠르게 그리고 더 광범위하게 확산될 수 있었다.

신문과 잡지의 문장이나 용어는 이전의 한문체에서 벗어나 국한문 혼용체가 정착되었다. 《비판》의 경우 독자들의 투고를 권유하면서 "한자와 어려운 말을 써서 보내시면 글을 싣기 곤란합니다. 아무라도 잘 읽어서 이해할 수 있도록 써 주십시오"라고 광고할 정도였다. 지식인뿐만 아니라 대중도 읽기 쉬운 지면이 당시 언론 매체들의 지향점이었던 것이다.

대중문화의 보급

1920년대 이후에는 서적, 영화, 라디오, 유성기 음반 등을 통한 대중문화의 보급도 급속하게 이루어졌다. 문학 작품 가운데 첫 번째 베스트셀러는 1910년대에 나온 이광수의 《무정》이었다. 이후 근대적인 사랑 이야기를 다룬 이광수의 여러 소설이 대중에게 큰 사랑을 받았다. 이광수뿐만 아니라 적지 않은 인기 작가가 등장했다. 베스트셀러 가운데는 홍명희의 《임꺽정》 같은 소설도 있었지만 대중의 말초적 정서에 호소하는 통속 소설이 많았다.

정작 대중에게 가장 인기 있던 것은 딱지본 소설이었다. 딱지본이란 이름은 울긋불긋한 표지에서 연유한 것으로, 《심청전》, 《춘향전》 등의 고전 소설이나 《장한몽》 등의 신파 소설이 많았다. 주로 농촌의 장노년층과 부인을 중심으로 소비되었는데, 《춘향전》은 1년에 40만 부를 팔았다고 한다.

1920년대에 새롭게 각광받기 시작한 대표적인 매체는 영화였다. 20세기 총아인 영화가 우리 사회에 처음 수용된 것은 1900년대였지만 애초에 영화의 주요 수용층은 소수에 지나지 않았다. 그러던 영화가 1920년대 이후에는 유행의 흐름을 타기 시작했다. 다른 나라에서 수입된 영화를 보는 것으로 만족하던 데서 한 걸음 더 나아가 직접 영화를 만들려는 움직임을 보인 것도 이 무렵이었다. 조선에서 제작된 첫 영화가 무엇인지에 대해서는 논란이 많지만, 1923년 무렵에 처음으로 영화가 제작된 이후에는 유행처럼 퍼져 나갔다.

그 가운데서도 1926년에 공개된 나운규●의 〈아리랑〉은 가장 돋보이는 영화였다. 〈아리랑〉 이전의 영화는 권선징악의 줄거리와 관객의 눈물을 자극하려는 과장된 연기로 특징되는 신파극이 대부분이었다. 신파극의 주인공들은 거스를 수 없는 근대화의 물결에 저항감을 느끼면서도 그 흐름을 거역하지 못하는 나약한 모습을 보였다. 그런데 〈아리랑〉은 여러모로 달랐다. 먼저 지주, 마름, 소작인, 일제의 하수인, 지식인 그리고 가난과 성희롱에 희생당하는 여성 등 조선의 현실에 뿌리를 둔 인물이 등장했다. 식민지 조선의 농촌을 무대로 여러 사회 문제를 다루면서 민중이 현실의 억압에 좌절하지 않고 저항하는 모습을 그려낸 것도 획기적이었다. 이 영화에 대한 관객의 반응은 열광 그 자체였다. 1926년 상반기에만 110만 명의 관객을 동원할 정도였다.

나운규羅雲奎(1902~1937)
나운규는 함경북도 회령에서 태어나 1919년 3·1운동에 참여했다. 그 후 간도로 건너가 독립 운동에 투신했다. 대한국민회에 가입, 활동하다가 일경에 체포되어 2년간 옥고를 치렀다. 출옥 후 윤봉춘과 더불어 한국의 영화 예술 개척에 힘썼는데, 〈아리랑〉 등 민족적 경향이 강한 영화를 주로 제작함으로써 항일 민족 의식 고취에 공헌했다.

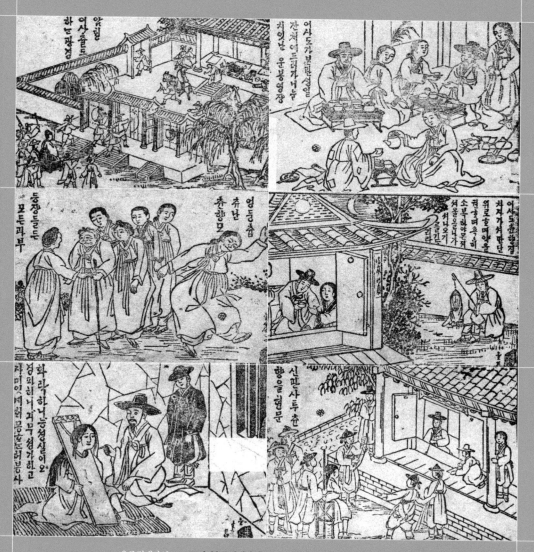

옥중절대가인　　1925년 《옥중절대가인》으로 출간된 《춘향전》 딱지본 소설의 삽화다. '딱지본' 이란 명칭은 소설의 표지가 아이들의 딱지와 같이 울긋불긋해서 그렇게 부르게 된 것이다. 1910년대부터 출현한 '구활자 본' 고소설을 그렇게 불렀는데, 당시에는 '이야기책' 으로도 불렀다. 《춘향전》은 당시 대중소설의 바람직한 방식으로 거론될 만큼 식민지 시대 최고의 베스트셀러였다.

조선인 20명 가운데 한 명꼴로 본 셈이었다. 〈아리랑〉이 상영되는 영화관의 분위기는 마치 의열단원의 폭탄 투척을 보는 듯한 설렘으로 가득했다고도 한다.

영화가 대중문화 현상으로 정착된 것은 영화관을 찾는 관객 수의 급증에서도 잘 드러났다. 1927년에는 하루에 만여 명이 영화관을 출입할 정도였으며 1935년에는 그 수가 더 늘어나 하루에 2만 명 이상이 영화관에서 영화를 보고 있었다.

주목할 만한 사실은 영화의 주요 소비층이 청소년층이었다는 것이다. "그래서 한때는 종로통 대로로 활보하는 남녀 청소년은 영화에 나타난 인물들의 분장을 하고 다닌 때도 있었으며 그들의 섭어嚬語는 영화의 자막을 외우는 것 같은 그런 것이었다"라고 할 정도로 영화는 청소년층에게 큰 영향을 미치고 있었다. 바야흐로 학생층 사이에서 야간 상영을 의미하는 '야학', 당시 경성의 대표적 영화관인 메이지좌를 의미하는 "메이지대학", 외국 영화 한 편과 일본 영화 한 편의 동시 상영을 의미하는 "영어 한 시간 국어 한 시간" 등의 은어가 유행하는 시대였다.

영화의 유행과 더불어 영화 잡지의 출간도 붐을 형성했다. 《영화》 (1926), 《키네마》(1927), 《문예영화》(1929), 《대중영화》(1930), 《프롤레타리아영화》(1930), 《영화시대》(1931), 《신흥영화》(1932), 《영화조선》 (1936), 《영화보》(1937) 등이 속속 창간된 것이다.

영화의 소비라는 측면에서 보면 영화 흥행을 주도한 것은 미국의 할리우드 영화였다. 1930년대 중반까지도 할리우드 영화가 60~70퍼센트의 점유율을 차지하고 있었다.

그러나 여기서 지나칠 수 없는 사실이 하나 있다. 당시 영화관은 도시에 밀집되어 있어서 영화에 쉽게 접근할 수 없는 사람들이 상당수였다. 도시에서는 청소년을 중심으로 영화 문화가 빠르게 확산되었지만 인구 구성상 절대다수를 차지하는 농촌 주민에게는 영화를 접할 기회가 거의 없었다. 영화는 분명히 근대 문화의 한 상징이고 영화관과 영화를 보는 관객의 증가는 근대의 확산이다. 그렇지만 일제 강점기의 근대란 결코 균질적이지 않았다는 사실에 주목할 필요가 있다. 영화를 보고 잘생긴 배우에 매혹되는 사람들은 극히 제한된 공간에 사는 특수한 사람들이었다.

식민지 조선에서 정규 라디오 방송이 시작된 것은 1927년 말이었다. 경성방송국의 첫 방송이 일본어와 한글의 두 언어가 사용된 혼합 방송이었다는 사실이야말로 이 시기 방송의 식민지성을 잘 보여 준다. "공중 문화 예술의 힘이 내선 민중의 융화 기관이 되리라"는 기대에서 드러났듯이 일제는 식민지 조선을 통치하기 위한 수단의 하나로 경성방송국을 설립했다. 따라서 편성과 내용도 일정 수준을 벗어나지 못했다. 초기의 방송 편성은 2회의 뉴스, 일기 예보, 9~10회의 주식과 미두 시세, 일용품 시세, 강연 및 음악 정도였다. 심지어 "오늘 뉴스는 없습니다"라는 뉴스 방송도 있었다.

혼합 방송이라고는 하지만 일본어 방송 시간이 70퍼센트였고 한글 방송은 일본어 방송 사이에 부분적으로 끼워져 있을 뿐이었다. 따라서 조선인은 물론이고 일본인에게도 호응을 얻는 데 실패했다. 이에 일제는 1929년부터 본국의 방송을 중계했다. 그러자 일본인 청취자는 늘어났지만 조선인 청취자들의 불만이 고조되었다. 방송을 시작한

J.O D.K. KEIJO CENTRAL
BROADCASTING OFFICE WITH
THE ANTENA STANDING HIGH
UP IN THE AIR, KEIJO.

1915
조선 무선전화 송수신 시험.

1927
경성방송국 방송 시작.

1932
경성방송국, 조선방송협회로 개편.

경성방송국　　1926년에 설립된 경성방송국은 1927년 2월 16일 JODK란 호출 부호로 개국 방송을 시작했다. 당시 방송은 한글과 일본어 방송시간 비율이 1:3이었다가, 그해 7월에 2:3의 비율로 바뀌었다. 방송은 주로 일본어 방송인 경제시황 보도와 한글 방송의 물가시세·일기예보·공지사항 등이었다. 1929년 9월부터는 일본 방송을 그대로 중계하기 시작했으나 6년여에 걸쳐 실시된 단일 방송은 청취자들의 불만을 초래해, 수신기 보급의 부진과 경영난의 원인이 되었다. 그러자 조선총독부는 이를 해결하기 위하여 이중 방송, 즉 한글 방송의 독립 계획을 추진했다.

지 5년이 지난 1932년 말 전체 라디오 보급 대수는 3만 대를 넘지 않았다. 그리고 그 가운데서도 조선인 청취자는 극히 일부였다.

경영난을 타개하고 조선인 청취자를 끌어들이기 위해 일본어 방송과 한글 방송을 별도로 내보내는 이중 방송 계획이 세워졌다. 그리고 1932년 7월 경성방송국이 사단법인 조선방송협회로 바뀌면서 일본어 방송을 담당하는 제1방송과와 한글 방송을 담당하는 제2방송과로 분리되었다. 이런 조치는 방송이라는 선전 도구에 더 많은 조선인이 귀를 기울이게 할 필요에 따라 취해진 것이었다. 한글 방송 가운데는 국악 프로그램과 드라마가 인기를 끌었다.

이후 라디오 보급은 계속 활기를 띠어 1937년에는 11만 대를 넘었고 전체 20퍼센트 정도이던 조선인 청취자도 40퍼센트로 증가했다. 그러나 전체 조선인 인구에 비추어볼 때 방송의 영향력은 상대적으로 미미한 편이었고 특히 라디오가 거의 보급되지 않은 농촌 지역에서는 더 그러했다. 1931년 만주사변이 일어나자 일제가 방송에 대해 "유사시 보도 기관의 중요한 역할"을 수행할 것을 지시한 데서도 알 수 있듯이 전시 체제 아래 방송은 전쟁 수행을 위한 도구로서의 성격이 더욱 강화되었다.

"근대 이후 대중 매체에 의해 전달되면서 그 나름의 작품적 관행을 지닌 서민들의 노래"를 대중가요라고 한다. 대중가요 보급의 주된 원천은 유성기 음반이었다. 유성기가 처음 국내에 소개된 것은 대한제국 시기였다. 음반 보급은 1920년대 이후 대중화되었다. 대중가요로서는 1926년에 발표된 〈사의 찬미〉가 큰 인기를 끌면서 문화 산업으로서의 가능성을 열었다. 특히 1929년 음반 녹음 방식이 전기식으로 바뀌고 난 뒤인 1930년대에 들어서면서는 '레코드의 홍수'라는 말이 나올 정도로 음반은 인기 있는 문화 상품이 되었다.

이 시기 음반으로 발매된 대중가요에는 크게 트로트, 신민요, 민요, 재즈송 등 네 종류가 있었다. 이 가운데서도 판소리나 잡가 등의 전통가요를 제치고 1930년대 이후 가장 인기를 끈 장르는 트로트였다. 트로트는 '레'와 '솔'이 없는 5음계에 '쿵' 하는 낮은 음과 '짝' 하는 높은 음이 엇갈리는 네 박자 노래다. 1931년에는 일본의 엔카를 번안한 〈술이란 눈물이냐 한숨이냐〉가 널리 불렸고 다음 해에는 엔카 형식을 빌려 만든 〈황성의 적跡〉이 커다란 반향을 불러일으키면서 본격적인 대중가요 시대가 열렸다.

1933년 무렵에는 콜럼비아, 오케 등 6개 회사가 '레코드 전쟁'을 벌일 정도로 대중가요는 주목받고 있었다. 전국 방방곡곡의 남녀노소가 유성기에서 흘러나오는 소리에 귀를 기울이는 상황이 된 것이다. 장터를 돌아다니던 소리꾼들 대신 유성기를 가지고 다니면서 노래를 들려 주고 돈을 버는 사람이 생겼다는 기록도 대중가요의 인기를 잘 보여 준다. 실제로 1936년 무렵 조선에서 1년 동안 판매된 음반은 100만 장이었고 이 가운데 한글 음반만 30만 장이었다니 다른 문화 상품보다도 음반 보급이 활발했다.

그런데 대중가요 역시 음반 산업의 이윤 추구를 위한 상품이었다. 실제로 일제 강점기에 대중가요 음반을 만든 레코드 회사는 모두 일본 자본이었다. 자본주의 상품으로 유통된 대중가요 음반은 역설적으로 민중 스스로 만들어 부르던 노동요 등의 영역을 잠식했다.

더욱이 대중가요의 대부분은 슬픈 노래였다. 그것도 극복할 수 없

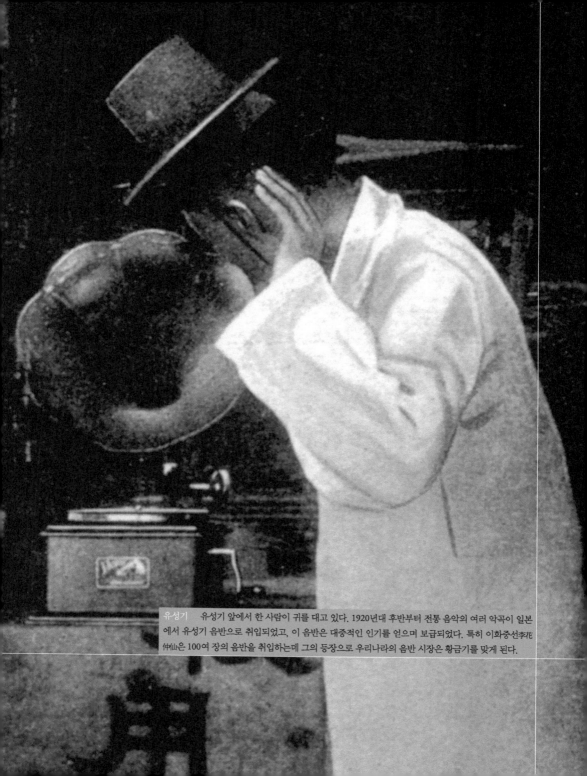

유성기　유성기 앞에서 한 사람이 귀를 대고 있다. 1920년대 후반부터 전통 음악의 여러 악곡이 일본에서 유성기 음반으로 취입되었고, 이 음반은 대중적인 인기를 얻으며 보급되었다. 특히 이화중선李花仲仙은 100여 장의 음반을 취입하는데 그의 등장으로 우리나라의 음반 시장은 황금기를 맞게 된다.

는 개인적 고통만을 노래했지 더 나은 미래를 향한 적극적 의지를 담아내지는 못했다. 대중은 노래로 슬픔을 뱉어 내고 싶었고 대중가요는 그런 대중에게 대리 만족을 주었을 뿐이었다.

문학이든 영화든 아니면 대중가요든 새로운 문화의 확산이 늘 순조로운 것만은 아니었다. 거기에는 기존의 낡은 문화를 고수하려는 세력과의 문화적 충돌이 따랐다. 1920년대 중반 전국적으로 확산되고 있던 백정 해방 운동, 즉 형평 운동의 전개 과정에서 나타난 형평사와 그 지지 세력에 대한 공격, 신여성 담론이 확산되는 가운데 신여성에게 가해진 각종 비난, 그리고 청년 운동과 농민 운동의 확산에 위기의식을 느낀 농촌 '부로층'이 '청년층'에게 보인 적대 의식 등은 그러한 충돌이 1920년대 이후 사회에 만연하고 있음을 잘 보여 준다.

더 큰 문제는 일제가 내건 문화 정치 아래에서도 사실상 문화의 자유는 크게 억압받고 있었다는 사실이다. 바로 검열 제도가 그것이다. 일제는 식민지 조선 안에서 이루어지는 거의 모든 문화 활동에 검열을 실시했다. 조선총독부 경무국 안에 검열을 전담하는 기구도 설치되었다. 일제 강점 초기에는 문자 매체에 대한 검열이 극심했지만 새로운 매체가 확산되고 대중문화의 영향력이 커지자 매체 전반이 검열의 대상이 되었다.

검열에는 사전 검열과 사후 검열이 있었다. 웬만한 내용은 검열에서 걸러졌다. 예를 들면, 1926년에 제정된 〈활동사진 필름 검열 규칙〉에 따라 사전 검열을 거치지 않은 필름은 아예 상영할 수 없었고 검열한 뒤에도 "공안, 풍속, 보건"에 문제가 있다고 판단하면 경무국이 언제든지 상영을 금지하거나 필름을 삭제할 수 있었다. 사회주의 성향을 띠는 작품은 검열 과정에서 심각하게 훼손되어 필름의 3분의 2가 잘려 나가기도 했다. 제목이 불온하다는 이유 하나만으로 나운규 감독의 〈두만강을 건너서〉는 〈사랑을 찾아서〉로, 심훈 감독의 〈어둠에서 어둠으로〉는 〈먼동이 틀 때〉로 바뀌어야 했다. 매체 대부분이 검열 망을 피해갈 수 없었다. 용케 〈아리랑〉 같은 영화가 만들어지고 〈빼앗긴 들에도 봄은 오는가〉 같은 시가 발표되기도 했지만 그것은 극히 예외적인 일이었다.

민족 해방 운동의 성장과 분화

국내 민족 해방 운동의 분화와 사회주의 운동의 성장

일제가 이 땅을 강점하고 있는 동안 식민지 지배에는 몇 차례 위기가 있었다. 위기는 기본적으로 민족 해방 운동의 고조와 맞물려 있었다. 3·1운동을 통해 민족 해방 운동의 첫 번째 고조가 이루어지자 일제는 식민 통치 정책을 문화 정치로 전환했다. 그러나 문화 정치로도 식민지 지배 체제의 근본적 안정을 이룰 수는 없었다. 1920년대 이후의 민족 해방 운동은 제국주의에 반대하는 것은 물론이고 봉건 유산을 극복도 지향하는 민족 혁명의 정치 운동으로까지 고양되었다. 국내외를 막론하고 주어진 여건의 차이에 맞추어 다양한 형태의 민족 해방 운동이 있었다.

3·1운동 이후 국제 정세는 크게 변화했다. 러시아 혁명의 성공과 제1차 세계대전의 종전 이후 국제 질서는 재편되기 시작했다. 제1차 세계대전 이후 국제 정세의 변화 속에서 국내외의 민족 해방 운동 세력 가운데 일부는 워싱턴으로의 길을 선택해 외교 운동을 전개했다. 여기에는 제1차 세계대전 이후 아시아 태평양 지역의 패권을 둘러싸고 미국과 일본 사이에 대립이 심화되고, 그러한 대립이 조선의 독립에 유리한 조건으로 작용할 것이라는 기대가 깔려 있었다. 그러나 1921년 말 동아시아에서의 제국주의 열강의 이해관계를 조정하기 위해 미국의 주도 아래 열린 워싱턴 회의(1921~1922)로 미국과 일본 사이에 타협이 이루어지고 제국주의 지배 체제가 다시 안정되자 외교 운동은 일장춘몽으로 끝나고 말았다. 이제 민족주의와 사회주의의 분화, 그리고 민족주의 안에서의 분화가 가속화될 수밖에 없었다.

《동아일보》를 중심으로 하는 일군의 민족주의 세력은 이제 단기간에 민족 해방을 이루는 것은 절망적이라고 보고 장기적인 관점에서 민족의 실력을 기르는 것이 최선이라고 판단했다. 이에 실력 양성이라는 이름 아래 학교를 세우고, 기업을 만들고, 언론 기관을 확립하는 데 주력하기 시작했다. 그 가운데서도 극단적인 일부는 실력을 기르기 위해 필요하다면 일제의 식민지 지배도 용인한다는 자세를 보였다. 그리고 이러한 생각은 나중에 자치론으로 이어져 민족 해방 운동 안에서 끊임없는 논란의 대상이 되었다.

민족 개조론을 주장한 이광수에 대해 신채호가 "강도의 비위에 거슬리지 아니할 만한 언론이나 주창하여 이것을 문화 발전의 과정으로 본다 하면 그 문화 발전이 도리어 조선의 불행"이라고 지적한 것이야말로 이러한 상황을 단적으로 보여 주는 것이었다. 한편 이와는 조금 다른 맥락에서 기독교와 천도교도 YMCA 농촌부, 조선농민사 등 단체를 통해 농민을 계몽하고 농촌 생활을 개선하기 위한 다양한 활동을 벌이고 있었다.

사회주의는 민족 해방 운동이 지속되기를 원했던 많은 사람들이 선택한 길이었다. 3·1운동의 실패 속에서 새로운 민족 해방의 길을 모색하던 젊은이들은 민족의 해방을 가능하게 하는 유일한 길은 제국주의에 의존하는 것이 아니라 그에 적대적으로 맞서는 것이라는 소비에트 러시아와 공산주의 제3인터내셔널(코민테른)의 호소에 귀를 기울였다. 이들은 민족 혁명을 위한 한 방안으로 사회주의를 받아들였다. 그리하여 혁명적 민족주의의 한 분파에서 비롯된 사회주의 세력이 1920년대 이후 민족 해방 운동의 가장 큰 흐름을 형성하게 되었다.

당이라는 이름 아래 최초로 출현한 사회주의 단체는 1918년 노령에서 결성된 한인사회당이었다. 그리고 1919년 말부터는 국내에서도 당을 지향하는 비밀 결사, 곧 일정한 조직적, 정치적 공통성에 입각한 비밀 결사가 만들어지기 시작했다. 1919년 10월 20여 명으로 구성된 비밀 결사가 조직된 것을 비롯해 1920년 3월에는 '조선공산당', 5월에는 합법 단체인 조선노동공제회 내부의 '맑스주의 크루조크(소조)', 6월에는 도쿄 유학생 중심의 사회혁명당, 10월에는 또 다른 사회혁명당이 각각 결성되었다. 1920년에 결성된 네 비밀 결사는 나중에 일제강점기 사회주의 운동의 주요 분파인 화요파, 북풍파, 상해파, 서울파의 모체가 되었다.

이미 식민지 본국인 일본에서는 10여 년 전부터 사회주의에 대한 탄압이 있었다. 그리하여 1910년대 이래 사회라는 이름이 붙은 것은 모두 금지 대상이 되고 있었다. 자본주의의 발전과 함께 사회주의 보급이 활발해진 동시에 사회주의에 대한 탄압도 가중되던 것이 일본의 상황이었다. 아무리 문화 정치라고는 하지만 식민지에서 사회주의 단체를 만드는 일은 비밀리에 이루어질 수밖에 없었다. 해외에는 존재하지 않던 비밀 결사가 국내에서만 만들어진 것은 바로 이러한 이유 때문이었다. 여러 사회주의 분파는 운동의 지향을 둘러싸고 끊임없는 대립과 통일의 과정을 거치면서 1925년 4월 조선공산당을 조직했다. 서울파 등 일부 분파가 참여하지 않았지만 조선공산당은 최초의 통일된 당으로서 네 차례에 걸친 일제의 탄압을 받으면서도 1928년 말 코민테른의 지시에 의해 해산될 때까지 민족 해방 운동에 큰 영향을 미쳤다.

조선공산당의 활동 가운데서도 특히 주목되는 것은 1926년 6월 10일 대한제국의 마지막 황제인 순종의 인산일에 맞춰 기도한 만세운동(6·10만세운동)이다. 당시 조선공산당은 천도교 구파 등 비타협적 민족주의 세력과 함께 국민당 또는 대한독립당이라는 이름의 거족적인 정당을 만든다는 구상을 하고 있었다. 이러한 구상의 일환으로 사회주의와는 관련 없지만 대중의 민족 감정을 폭발시킬 수 있는 잠재적 힘을 갖는 날인 순종의 장례일에 대규모의 만세 운동을 일으키려는 기획을 세운 것이다.

민족 문제에 대한 사회주의자들의 적극적인 관심은 결국 1927년 2월 신간회의 창립으로 귀결되었다. 이미 일부 민족주의 세력과의 통일 전선을 추진하고 있던 조선공산당은 물론이고 조선공산당 밖에서 조선공산당과 대립하면서 독자적으로 민족주의와의 연대를 모색하고 있던 서울파도 신간회의 창립에 참여했다. 창립 이후 사회주의자들은 신간회에 민족 통일 전선체의 위상을 부여하면서 그 힘을 강화하는 데 주력했다.

사회주의 운동이 확대되면서 새롭게 등장하거나 새롭게 발견된 계급·계층을 바탕으로 한 대중 운동도 활성화되었다. 청년 운동, 소년 운동, 여성 운동, 노동 운동, 농민 운동, 형평 운동 등의 부문 운동에서 전국적인 조직(조선노농총동맹, 조선농민총동맹, 조선노동총동맹, 조선청년총동맹 등)이 만들어졌고 지역별로도 운동 조직이 활발하게 꾸려졌다.

그 가운데서도 주목할 부분은 지역을 단위로 한 운동 단체의 성립과 확산이다. 1920년의 지방 제도 개정에서 드러났듯이 일제에게 지역이란 위로부터의 지배를 관철시키는 통로였다. 따라서 일제가 지역의 자치를 이야기할 때는 조선 민족을 식민지 지배 체제로 통합시키는 수단이라는 의미가 전제되어 있었다. 그러나 조선인의 입장에서 지역은 다른 의미가 있다. 지역은 유지 집단에게는 자신들의 지배를 유지하고 재편하기 위한 공간이며, 민중에게는 자신들의 일상 생활에서 이익을 지키고 향상시키기 위한 공간이었다. 따라서 지역을 둘러싼 인식의 차이는 본질적으로 대립과 갈등의 여지를 갖고 있었다. 그 대립의 구도는 한편으로는 일제 식민지 권력과 조선인 사이에서, 다른 한편으로는 지역의 유력자 집단과 민중 사이에서 형성될 수 있었다.

조선 후기 이래의 지역적 자치 질서가 아직 유지되는 상황에서 일제가 지역 지배 구조의 동반자로 설정한 조선인 유력자 집단, 곧 일정 정도 이상의 재산 또는 직업을 갖고 있으면서 각종 조직을 통해 지역 사

1925(4월 17일)
조선공산당 창립.

1926(6월 10일)
6·10 만세운동.

1929(11월)
광주학생운동 발생.

만세운동　1926년 6월 10일 순종의 인산(장례) 행렬이 창덕궁 돈화문을 출발하여 청량리쯤을 지나고 있는 모습(왼쪽)과 군중을 진압하고 있는 일본 경찰들(오른쪽)이다. 민족주의 계열과 사회주의 계열로 나뉘었던 민족 해방 운동은 1926년 4월 순종의 사망을 계기로 서로 연대해 만세 시위를 벌일 것을 계획했다. 그러나 일제는 또다시 3·1운동과 같은 거대한 항일 시위가 발생할 것을 우려해, 서울에 비상 경계령을 내리고 지방에 주둔하고 있던 일본군을 서울에 집결시켰다. 이러한 상황 속에서 사회주의 계열의 시위 계획이 사전에 탄로 나는 바람에 조선공산당 간부들을 비롯해 많은 사람이 검거되었다.

회의 권력 구조에 참여하고 있던 민간인들은 여전히 일제의 지역 정책에 완전히 포섭되지 않고 있었다. 그리고 이러한 양상은 적어도 1920년대 중반까지 지속되었다. 그것을 잘 보여 주는 것이 1920년대 초부터 면민 대회, 군민 대회라는 이름 아래 성행하고 있던 지역 주민 집회였다. 각 지역의 면민 대회, 군민 대회에서는 해당 지역의 현안을 둘러싼 불만이 면사무소 또는 군청을 향해 표출되었다. 이러한 대회를 주도한 것은 1920년대 중반까지도 대개 그 지역의 유력자 집단이었다.

이처럼 일제의 지역 정책에 일정한 거리를 두고 있던 유력자 집단은 오히려 유력자로서의 위상을 유지하기 위해 지역에서 청년 단체를 결성하는 데 앞장섰다. 3·1운동 이후 전국 각지에서 '교육 보급, 문화 향상, 산업 발전' 등을 내건 청년 단체가 우후죽순처럼 조직되었는데 이 과정에서 주도적인 역할을 한 것이 바로 유력자 집단이었다. 나아가 일부 유력자는 농민 단체, 노동 단체를 결성하는 데도 관여했다. 유력자 집단은 한말 이래 새로운 문명을 수용한 후 실력 양성론에 근거해 사회 개혁을 지향하던 계층이었다. 이들은 일제 강점이라는 상황 아래 한편으로는 민족의 독립을 바라면서 다른 한편으로는 지역 민중에 대한 자신들의 지배적 위치가 유지되기를 바라고 있었다. 따라서 지역을 바탕으로 한 운동 단체의 결성은 이 두 가지 요구를 모두 만족시킬 수 있는 방법으로서의 의미를 갖고 있었다.

1920년대 초에 각 지역에서 결성된 각종 운동 단체는 군보다는 면이나 리를 단위로 결성되는 것이 일반적이었다. 그리고 거의 예외 없이 지역의 명칭을 단체의 명칭으로 내걸었으며 나름대로의 강령과 규약, 조직 체계를 갖추고 있었다. 이는 한말 계몽 운동 시기보다 운동 단체의 지역적, 민중적, 근대적 성격이 더 강화되었음을 의미한다. 한편 면 단위의 운동 단체가 출현했다는 것은 지역 민중의 저항에도 불구하고 면 단위로 지역이 재편되고 있던 현실을 반영한다.

그러나 유력자 집단을 중심으로 한 운동은 그리 오래가지 않았다. 3·1운동을 통해 성장한 새로운 세대가 '혁신'이라는 기치를 내걸고 등장했기 때문이다. 이후 1920년대 중반에 이르면 이들 혁신 청년이 지역의 각 부문 운동을 주도했다. 1925년을 전후해 각 지역의 운동 단체들은 연맹이나 연합회라는 이름으로 군 단위의 연합체를 결성하기 시작했다. 이어 1927년부터는 전국 각지에서 기존의 연합체가 군 단위의 동맹으로 전환되었다. 그리하여 서울에 본부를 둔 '삼총'[*]—군의 동맹—면의 지부—리의 반으로 이어지는 집권적인 조직 체계가 확립되었다. 이제 집권화된 국가 권력에 맞서 지역을 기본 단위로 하면서도 궁극적으로는 전국을 지향하는 운동 체계를 갖춘 것이다.

삼총
조선청소년동맹, 조선농민총동맹, 조선노동총동맹.

지역의 운동 단체는 지역 민중의 이익을 지키기 위한 소작 쟁의, 노동 쟁의, 일제의 식민지 지배 정책[*] 반대 운동, 그리고 지역 민중의 의식을 높이기 위한 민중 교육 기관 개설, 강연회 개최 등 다양한 활동을 벌여 나갔다. 그 가운데서도 세금 문제를 포함해 불법적이고 독단적인 면 행정에 문제를 제기하고 나아가 요구가 받아들여지지 않을 때는 직접 면사무소를 습격하는 투쟁까지 벌인 데 주목해야 한다. 일제가 추진한 지역 재편 정책의 상징인 면사무소가 지역 민중에게는 단지 '일본 제국주의의 하부 기관'으로 비추어지고 있었다. 이에 지역 민중은 일제가 재편한 지역을 단위로 한 운동 단체를 통해 일제의 말단 기구에 대한 투쟁을 벌인 것이다. 지역 민중의 투쟁으로 1920년대 말부터 1930

식민지 지배 정책
조세·농회·수리 조합·삼림 조합·고치·면화 증산 정책, 공동 판매 제도.

년대 초 사이 지역에 따라서는 일제의 지역 지배 말단 기구가 뿌리에서 부터 흔들리는 일종의 반해방구半解放區적인 상황이 나타나기도 했다.

이러한 상황은 1929년 세계 대공황 이후 현저해졌다. 세계 대공황 직후 국내 각지에서는 대중 투쟁이 활발하게 전개되었다. 대중 투쟁의 고양은 1929년 11월에 일어난 광주학생운동에서 시작되었다. 전라남도 광주에서 시작된 학생들의 반일 시위 운동은 빠른 속도로 전국 각지로 퍼져 나갔다. 도시는 물론이고 농촌에서도 학교가 있는 곳이라면 어디에서나 학생 투쟁이 전개되었다. 특히 1930년 1월 서울에서 일어난 학생 시위는 '여학생 만세 시위 운동'이라고 불릴 정도로 여학생의 주도적인 노력과 적극적인 참여로 이루어졌다.

민족 차별에 대한 저항 의식 그리고 일제의 식민지 지배에서 벗어나야 한다는 열망은 단지 학생에만 국한된 것이 아니었다. 광주학생운동의 주도 세력은 3·1운동과 마찬가지로 전 민족이 참가하는 저항 운동을 계획했다. 물론 이러한 의도가 전면적으로 성공한 것은 아니었지만 광주학생운동은 민중의 심정적인 지지를 받으면서 부분적으로나마 거족적 운동의 성격을 띠고 있었다.

광주학생운동에서 촉발된 대중 투쟁의 열기는 급속하게 공장으로 농촌으로 광산으로 확대되었다. 광주학생운동 이후 몇 년 동안 세상을 떠들썩하게 만든, 노동자와 농민의 대규모 투쟁이 이어졌다. 1930년 1월의 부산 조선방직 노동자 파업, 1930년 3월의 함경남도 정평의 정평농민동맹 집회 해금解禁 시위, 1930년 5월의 함경남도 신흥탄광 노동자 파업, 1930년 7월의 함경남도 단천 삼림조합 반대 투쟁, 1930년 8월의 평양 고무공업 노동자 파업, 1931년 5월의 함경남도 홍원

호세연납戸稅延納 진정 시위, 1931년 11월의 강원도 삼척 도로공사비 불납 시위, 1932년 3월의 경상남도 양산의 양산농민조합 폭동, 1933년 7월의 부산 고무공장 노동자의 연대 파업 등으로 이어지는 일련의 노동자·농민 투쟁이 이 기간에 일어났다.

이러한 대중 투쟁은 지역 활동가들의 노력으로 촉발된 것이었지만 동시에 활동가들로 하여금 민족 해방의 가능성이 더욱 무르익어 가고 있다고 인식하게 만들고 운동 방침의 전환을 모색하는 계기로 작용했다. 일제 타도라는 대중의 요구가 폭발하는 상황을 활동가들은 민족 해방의 시기가 임박한 것으로 받아들인 것이다. 이와 같이 민중의 대중 투쟁이 고조되자 이러한 투쟁을 더욱 효과적으로 지도할 수 있는 조직과 운동 노선이 필요했다.

사회주의 세력은 당시의 정세를 혁명적 공세기로 인식하고 새로운 운동 방침을 실천에 옮기려 했다. 그 하나는 계급 대 계급 전술에 따라 민족 부르주아지를 고립화의 대상으로 설정하는 한편 노동자·농민을 혁명적 대중 조직(농민 조합과 노동 조합)으로 견인하여 하층 통일 전선을 결성하고, 이를 당 재건과 노농 대중의 폭동적인 투쟁으로 연결하는 것이었다. 이러한 맥락에서 사회주의 세력은 조선청년총동맹과 신간회 해소 운동을 전개했다. 그리고 대중 폭동 전술론을 펼쳤다. 자연 발생적으로 고조되고 있던 대중 투쟁을 반일 정치 폭동으로 전환시키자는 것이었다.

이러한 혁명적 정세관은 같은 시기에 진행되고 있던 조선공산당 재건 운동에도 큰 영향을 미쳤다. 사회주의자들은 빠른 기간 안에 당을 재건할 수 있을 것으로 여겼다. 따라서 종래의 분파 조직에 대한 연장선에서 각각 그룹을 형성해 당 재건을 위한 준비 조직을 꾸리는 데 주안점을 두었다. 이 무렵 이미 혁명적 대중 조직 운동이 시작되고 있었지만 그 이전에 당 재건 준비 조직을 꾸리는 것이 강조되고 있었던 것이다.

나아가 많은 사회주의자들이 계급 대 계급 전술에 따라 민족 부르주아지와 소부르주아지를 혁명의 적으로 규정했다. 이에 따라 노동자·농민 대중의 투쟁 열기가 고조되었음에도 불구하고 더 광범위한 반일 세력이 민족 해방 운동에 동원될 가능성은 오히려 줄어들고 말았다. 실제로 1932년 초부터 대중 투쟁은 급격하게 퇴조하기 시작했다. 노동자의 동맹 파업, 농민의 소작 쟁의, 학생의 동맹 휴학 건수가 모두 1931년을 정점으로 줄어들었다. 또한 1932년 이후에는 파업 투쟁의 규모나 폭력성도 점차 약화되었으며 대규모 농민 폭동도 함경도의 몇몇 지역을 제외하고는 거의 발생하지 않았다. 여기에 이미 조선공산당의 해산을 지시한 코민테른이 1930년과 1931년에 걸쳐 경쟁적으로 당 재건 운동을 벌이고 있던 각 분파에게 해체를 지시함에 따라 사회주의자들은 새로운 방향을 모색할 수밖에 없었다.

이에 사회주의자들은 새로운 조직 노선을 채택했다. 새로운 노선의 핵심은 사회주의 운동의 역량을 생산 현장에서 대중과 결합하고 대중의 투쟁을 지도하는 데 투입함으로써 당 재건의 대중적 토대를 강화한다는 것이었다. 그리하여 많은 활동가들이 콤그룹, 그룹, 협의회, 동맹 등의 이름 아래 "도처에 혁명의 씨앗, 곧 조직의 씨앗"을 뿌리기 위해 생산 현장으로 들어갔다. 사회주의자들은 개개의 그룹이 여러 지역에서 활동한 결과 당 재건의 가능성이 성숙했다고 판단되는 시기에 코민테른의 지도 아래 이들 그룹의 대표가 모여 당을 재건한다는 방침을 공유하고 있었다. 각 지역의 그룹은 혁명적 대중 조직의 강화라는 방침에 따라 대중 속으로 파고들었다. 그 결과 사회주의 운동의 대중적 토대가 확대되었고 많은 사회주의자들이 배출되었다. 이러한 조직 노선의 변화와 함께 생산 현장의 활동가들 사이에서는 1930년대 초의 계급 대 계급 전술을 극복하려는 움직임도 나타났다.

1935년 이후 사회주의 운동의 흐름은 다시 한 차례 바뀌었다. 코민테른은 1935년 들어 파시즘의 대두에 맞서기 위해서는 식민지에서 반제 민족 통일 전선을 결성하는 것이 중요하다고 결정했다. 이미 계급 대 계급 전술의 한계를 인식하고 있던 사회주의자들은 코민테른의 새로운 방침을 받아들임으로써 당 재건 운동 노선을 크게 보아 두 가지 방식으로 전환했다.

그 하나는 종래의 혁명적 대중 조직 대신에 다양한 이름의 광범위한 반일 대중 조직을 새롭게 결성하거나 기존의 합법적 대중 단체에 가입해 이를 활용하려는 것이었고 다른 하나는 혁명적 대중 조직 노선을 고수하면서 반일 대중 조직의 결성을 병행하려는 것이었다. 전자의 방식은 갑산에서 가장 철저하게 관철되었다. 갑산의 활동가들은 1937년 1월 결성한 조선민족해방동맹의 하부 조직에 '항일, 반일'이라는 이름을 붙이는 등 반제 통일 전선 대중 조직을 표방했다. 이에 비해 원산에서 혁명적 노동 조합 운동을 벌이고 있던 원산 그룹도 1937년 6월부터 애국적 민족 부르주아지, 소부르주아지, 인텔리를 포함한 광범위한 인민을 민족 해방 운동에 견인한다는 방침에 따라 혁명적 노동 조합 운동과 반제 통일 전선 운동을 병행하기로 했다.

조선민족해방동맹　　사진은 체포된 조선민족해방동맹의 책임자 박달(앞줄 가운데). 조선민족해방동맹은 함경남도 갑산에서 조선공산
당 재건 활동을 벌이던 갑산공작위원회가 김일성이 주도하는 재만한인조국광복회와 연계를 맺으면서 1937년 1월 개편된 조직이다.

해외의 임시 정부 수립 운동과 무장 투쟁

3·1운동은 해외에서 민족 해방 운동이 발전하는 데 중요한 계기가 되었다. 3·1운동에서 독립에 강력한 열망을 목도한 수많은 청년들이 해외로 나가 운동 대열에 참가했다. 국내와 접경한 만주에는 무장 투쟁에 참여하기 위해 청년이 대거 몰려들었다. 제국주의 열강의 조계이기 때문에 상대적으로 활동이 자유로웠던 상하이에도 임시 정부를 수립하겠다는 뜻을 가진 사람들이 모였다. 1920년대 이후 해외의 민족 해방 운동은 만주에서의 무장 투쟁과 중국 관내에서의 임시 정부 수립 운동이라는 두 축을 중심으로 전개되었다.

임시 정부 수립을 위한 움직임은 3·1운동 직후 국내외에서 다양하게 나타났다. 그 가운데서도 가장 대표적인 것은 국내의 한성 정부와 노령의 대한국민의회, 그리고 상하이의 대한민국 임시 정부였다. 1919년 4월에 출범한 대한민국 임시 정부는 〈대한민국 임시 헌장〉을 통해 민주 공화제를 천명했다. 이로써 1910년대까지만 해도 부분적으로 남아 있던 복벽주의가 극복되는 결정적 계기가 마련되었다. 이후 모든 민족 해방 운동 세력이 민주 공화제를 표방했다. 1919년 9월에는 대한민국 임시 정부를 중심으로 대한국민의회 일부 세력 및 한성 정부와의 통합이 이루어졌다. 대한민국 임시 정부는 운동 자금을 마련하기 위해 국내에 연통제를 실시하는가 하면 국내와의 연락을 위해 교통국을 설치하기도 했다. 초기만 해도 이승만 식의 외교 운동에 치중한다는 비판을 받았지만 대한국민의회의 이동휘가 국무총리로 취임한 뒤에는 1920년을 독립 전쟁 원년의 해로 선포하는 등 실력 양성과 독립 전쟁을 병행하는 노선을 채택했다. 그러나 곧 여러 세력이 모여 출범한 대한민국 임시 정부에 내재해 있던 갈등이 표출하면서 이동휘가 국무총리직을 사임하는 등 분열이 일어나기 시작했다.

이에 따라 1923년 1월 운동 전선을 통일시키기 위해 국민 대표 대회가 열렸다. 이 대회는 기존의 대한민국 임시 정부를 해체하고 새로운 임시 정부를 수립하자는 창조파, 대한민국 임시 정부 자체는 그대로 두고 조직만 개조하자는 개조파로 분열되어 결국에는 통일을 이루는 데 실패하고 말았다. 그리고 대한민국 임시 정부는 이후 오랫동안 침체 상태에 빠지고 말았다.

중국 관내 곧 산하이관 이남의 중국 본토 운동 세력이 임시 정부를 중심으로 움직이고 있는 동안 만주와 노령에서는 독립 전쟁을 최종 목표로 한 무장 투쟁이 벌어지고 있었다. 무장 투쟁은 국망을 전후해 형성된 이주민의 망명촌을 근거지로 하고 있었다.

서·북간도 지역에서는 1919년 상반기에만 독립을 내걸고 70여 개의 단체가 결성될 정도로 독립 전쟁의 분위기가 고조되고 있었다. 따라서 1920년을 전후해 간도의 독립군이 압록강과 두만강을 건너 국내 진공 작전을 전개하는 일이 빈번했다. 이에 일제는 일본군을 만주로 보내 독립군을 탄압했다. 그 과정에서 1920년 6월에는 봉오동 전투 그리고 1920년 하반기에는 청산리 전투라는 대규모의 전투가 벌어졌고 독립군은 대승을 거두었다.

그러나 만여 명에 달하는 조선인 이주민을 학살한 경신참변 등 일제의 탄압이 가중되고, 대한민국 임시 정부의 이동휘 등이 러시아의 볼셰비키 혁명에 참가해 시베리아에 진주한 일본군과 본격적인 전쟁을 벌인 다음 그 여세를 몰아 독립을 이룬다는 전략을 세우자 만주의 독립군 부대는 1920년 말부터 노령으로 이동했다. 당시 노령에서는 상하이파 고려공산당과 이르쿠츠크파 고려공산당이 대립하고 있었는데 이 대립이 노령으로 이동한 독립군 부대도 분열시켰다. 이런 상황에서 1921년 6월 자유시에서 이르쿠츠크파와 상하이파 사이에서 유혈 충돌이 일어남으로써 독립군은 역량에 큰 타격을 입은 채 노령을 떠날 수밖에 없었다.

이후 독립군은 다시 만주에서 체제를 정비하기 시작했다. 참의부가 1923년 8월 결성된 것을 비롯해 1924년 11월에는 정의부, 그리고 1925년 3월에는 신민부가 각각 출범함으로써 이른바 3부 정립 시대가 열렸다. 3부는 각각 다른 지역을 기반으로 하고 있었다. 3부 정립은 해당 지역에서 분산적으로 활동하던 독립군 단체의 통합체가 출범했음을 의미하는 것이었다.

참의부가 대한민국 임시 정부 산하 기관으로 군사적 활동에 치중한 데 비해 정의부와 신민부는 대한민국 임시 정부와 거리를 두고 지방 차원의 자치 정부를 지향했다. 정의부와 신민부는 해당 지역 이주민 사회의 자치 행정 기관이자 군사 기관이라는 이중의 성격을 갖고 있었다. 민정과 군정을 결합한 활동이 이루어졌다는 것은 만주에서의 민족 해방 운동이 단기전이 아니라 장기 체제에 들어갔음을 의미한다.

만주에는 사회주의 계열의 무장 투쟁 단체도 존재했다. 대표적인 것이 1923년 연해주에서 결성되어 북만주 일대로 이동한 적기단赤旗團이었다. 1926년 조선공산당 만주 총국이 결성되는 등 1920년대 중반에 이르자 만주의 이주민 사회에도 사회주의가 널리 퍼졌다. 그러면서 민족주의와 사회주의 구별을 뛰어넘어 통일 전선체를 만들자는 논의

가 나타나기 시작했다.

사실 이 무렵 통일 전선 운동의 단초는 국내와 중국 관내에서 먼저 마련되었다. 중국 관내는 1926년 7월 대한민국 임시 정부 국무령에 취임한 홍진이 '전 민족적 대당체 조직'을 3대 정강의 하나로 제시했고, 이어 1926년 10월에는 민족 유일당 운동 베이징 촉성회가 결성되었다. 이후 베이징, 톈진, 난징, 상하이, 광저우, 한커우 등지에서 민족 유일당 운동이 전개되었다.

민족유일당 운동이란 민족 해방 운동이 성장하고 분화하는 가운데 드러난 이념의 차이를 극복하고자 다양한 운동 단체를 통괄하는 하나의 지도 정당을 만들자는 움직임으로 일종의 통일 전선 구상이었다. 여기에는 당시 소련이나 중국에서 채택된 이당치국以黨治國 원리, 즉 당이 정부를 지도한다는 원리도 반영되었다. 대한민국 임시 정부가 유일당 출범을 예상하고 1927년 4월에는 헌법을 고쳐 이당치국 체계를 갖추는 등 민족 유일당 운동은 한동안 활기를 띠었다.

그러나 중국에서 국공 합작이 실패로 끝남에 따라 중국 관내의 민족 유일당 운동도 좌절되고 말았다. 결국 민족 유일당 운동은 뚜렷한 결실을 맺지 못했다. 그러나 이후 해외 민족 해방 운동 세력 사이에서 정당을 만들려는 움직임이 나타나는 데 결정적 계기가 되었다는 점에서 그 의미는 결코 작지 않다.

중국 관내에서 민족 유일당 운동이 실패로 돌아가자 만주에서는 대신에 3부 통합 운동이 전개되었다. 그 결과 3부 가운데서도 기존 단체를 부정하는 개인 본위 조직론자들로 이루어진 전 민족 유일당 촉성회파는 1928년 혁신 의회, 1929년 한족 총연합회를 거쳐 1930년에는 한국 독립당, 한족 자치연합회, 한국 독립군 등을 결성했다. 이에 반해 기존 단체를 긍정하는 단체 본위 조직론자들이 조직한 전 민족 유일당 협의회파는 1929년 조선혁명당, 국민부, 조선혁명군을 조직했다.

한국 독립당·한족 총연합회(또는 한족 자치연합회)·한국 독립군과 조선혁명당, 국민부, 조선혁명군은 각각 동일한 주체 세력을 바탕으로 한 정당, 정부, 군의 삼신동체三身同體 조직이었다. 그리하여 1920년대 중반 이후의 3부 정립은 해체되고 만주의 민족 해방 운동은 크게 남만주의 조선혁명당·조선혁명군, 그리고 북만주의 한국 독립당·한국 독립군이라는 두 갈래로 정리되었다.

그런데 조선혁명당과 한국 독립당은 모두 사회주의 정당처럼 이당공작以黨工作의 원칙을 채택하고 있었다는 점이 주목된다. 아울러 두 정당 모두 진보적 강령을 내세우고 있었다. 조선혁명당은 아예 노농 사회를 지향했고 한국 독립당도 당 강령에서 민본 정치, 노본 경제, 인본 문화를 표방하고 있었다. 두 정당 모두 사회주의 정당은 아니었지만 우익 정당이라고 보기 어려울 정도로 진보적 성격을 띠고 있었다.

그런 가운데 1931년 9월 만주사변이 일어났다. 한국 독립군도 조선혁명군도 일제와의 전면적인 전투에 돌입했다. 일제의 만주 침략이 중일전쟁으로 확대되어 무장 투쟁에 유리한 기회가 될 것이라고 판단했기 때문이다. 한국 독립군과 조선혁명군은 중국 항일군과 연합 전선을 펴면서 수많은 전투를 벌여 상당한 전과를 거두었다. 한국 독립군은 1932년 초 하얼빈 전투를 필두로 같은 해 9월과 11월 전략적 요충지인 쌍성 전투를 승리로 이끌었고 다음 해 초 경박호 전투와 6월 초의 동경성 전투에서도 승리했다. 1933년 6월의 대전자령 전투는 봉오동 전투, 청산리 전투와 함께 독립 전쟁의 3대 대첩으로 꼽힐 만큼 큰 승리였다. 조선혁명군도 1932년 3월 영릉가 전투를 승전으로 이끈 뒤 환런, 퉁화현, 류허현 일대를 평정했다. 같은 해 5월부터 7월 사이에는 신빈·청원현 전투·영릉가 전투·석인구 전투·무순현 노구대 전투를 연이어 벌였다.

그러나 이미 만주국이 수립되고 일제가 사실상 민주 전역을 무력으로 장악한 상황에서 독립군이 일본군과 지속적으로 전투를 벌이는 것은 점차 어려워졌다. 그리하여 한국 독립군과 조선혁명군의 주도 세력은 중국 관내 독립 운동 세력과 손을 잡고 후일을 도모한다는 방침을 세우고 중국 관내로 이동했다. 그리고 이들의 이러한 구상은 1940년 9월 대한민국 임시 정부 산하 한국 광복군의 창건으로 귀결되었다.

한편 만주에서는 사회주의 세력에 의해 1930년 5·30투쟁에서 1932년 춘황 투쟁에 이르는 일련의 대중 투쟁이 벌어졌다. 그리고 춘황 투쟁 후에는 옌지, 허룽, 왕칭, 훈춘, 남만, 닝안, 랴오허, 주하, 미산 등지에서 유격대가 조직되었다. 일부 유격대는 우파인 중국 구국군이나 한국 독립군과 함께 반만 항일 전선에 참전하기도 했다.

사회주의자들이 만든 유격대는 1933년 중국과의 항일 통일 전선을 표방하면서 동북 인민혁명군으로 발전했다. 1933년에는 한국 독립군이, 그리고 1936년에는 조선혁명군이 중국 관내로 들어간 뒤 만주의 무장 투쟁은 동북 항일 연군, 그리고 그 후신인 동북 항일 연군 교도려에 의해 지속되었다. 그 와중에 발생한 반민생단 사건으로 500여 명에 달하는 조선인 활동가가 학살되는 큰 시련도 있었지만 이들은 1936년 5월 코민테른의 반제 민족 통일 전선 방침에 입각해 조선의 독립을 선결 과제로 내건 재만 한인 조국 광복회를 결성하는 등 항일 투쟁에 전력을 기울였다. 그리고 1937년 6월 동북 항일 연군의 한 부대가 국내로 진격해 함경남도 보천보를 공략했다. 이 사건은 당시 《동아일보》(1937년 6월 5일자)와 《조선일보》(1937년 6월 6일자)에도 대서특필되어 국내 민중에게도 적지 않은 영향을 미쳤다.

만주에서 재만 한인 조국 광복회가 결성되기 한 해 전인 1935년에는 중국 관내에서 의열단, 한국 독립당, 신한 독립당, 조선혁명당, 대한 독립당이 기존의 한국 대일 전선 통일 동맹을 발전시켜 사회주의자와 민족주의자의 연합 조직인 조선민족혁명당을 결성했다. 조선민족혁명당은 소수가 다수를 수탈하는 제도를 철폐하기 위해 모든 토지를 국유화해 농민에게 분배하고 대규모 생산 기관 및 독점 기업을 국영화하려고 했다. 조선민족혁명당에 참가하는 것을 거부한 김구 중심의 임정 고수파가 대안으로 만든 한국 국민당도 "정치·경제 및 교육의 균등을 기초로 한 신민주 공화국을 건설"하고 "토지와 대생산 기관을 국유로 해 국민의 생활권을 평등하게 한다"는 방침을 밝혔다. 사실상 조선민족혁명당의 방침과 큰 차이가 없었다. 이는 1930년대 중반 무렵에 이르렀을 때 중국 관내의 여러 운동 세력이 민족주의와 사회주의라는 이념적 지향성의 차이를 뛰어넘어 비슷한 노선을 추구하고 있었음을 의미한다. 그리고 이러한 움직임이 나중에 대한민국 임시 정부를 중심으로 한 통일 전선의 결성으로 귀결된다.

— 이준식

일본 제국주의는 1931년 만주사변에 이어 1937년 중국 대륙 침략을 위해 중일 전쟁을 도발하면서 군국주의 파시즘 체제를 구축하고 식민지 조선에 대해 동원과 수탈을 자행했다. 일제의 침략 전쟁은 제2차 세계대전에 추축국으로의 합류와 미국에 대한 태평양 전쟁 도발로 이어지면서 자국의 몰락을 초래했고, 그 결과 식민지 조선도 해방을 맞이했다. 일제는 침략 과정에서 식민지와 점령지에 대한 수탈과 폭력을 가했다. 이것은 단지 전쟁이란 특수 상황에서 벌어진 우연한 행위가 아닌 적자생존, 약육강식의 논리와 2등 제국주의 국가로서의 콤플렉스가 뒤섞인 일본 제국주의의 실체이자 본질 그 자체였다. '어둠이 깊을수록 새벽은 가까워진다'고 했다. 일제 침략 전쟁하에 식민지 조선인들의 삶은 고통스러웠지만, 해방을 맞기 위한 힘겨운 투쟁은 계속되었다. 그러나 권력에 대한 개인적 욕망과 굴종으로 스스로 일본 제국주의의 승전을 기원하며 조선인임을 거부한 친일 세력도 커져 갔다. 이러한 암흑이 걷히고 1945년 8월 15일, 일본의 패전과 조선의 독립이 이루어졌다.

침략 전쟁과
식민지 전시 동원 체제

1938~1945, 일본 제국주의 민낯을 드러내다

일본 군국주의(파시즘) 체제와
전시 동원 이데올로기

일본 군국주의 체제의 성립과 침략 전쟁의 확대

제1차 세계대전에서 연합국 쪽에 가담한 일본은 전쟁으로 물자 부족에 허덕이던 유럽 여러 나라에 상품을 팔아 큰 이익을 얻었다. 그러나 전쟁이 끝난 뒤에는 유럽 국가들과 경쟁이 치열해지면서 일본의 경기는 악화되었다. 설상가상으로 1929년 시작된 세계 대공황의 파도가 일본을 덮치면서 실업자가 늘어나고 농민들도 경제적으로 많은 어려움을 겪게 되었다.

이러한 상황에서 일본의 정치인들은 경제적 어려움과 사회 불안에 대한 해결책은 내놓지 못하고 온갖 부패 사건에 연루되어 국민의 믿음을 잃고 있었다. 한편 대외적으로는 우방이었던 미국, 영국과 중국 시장을 놓고 경쟁하면서 관계가 틀어지기 시작했다. 미국, 영국, 프랑스 등 많은 식민지를 가진 선진 자본주의 국가의 블록화 경향에 식민지가 적은 독일이나 일본과 같은 나라의 경제 사정은 더 악화되었다.

국제적으로 고립되어 가고 있던 일본은 유럽에서 미국, 영국 중심의 국제 질서에 반기를 들며 등장한 독일 나치 정권과 이탈리아의 무솔리니 정권에 접근했다. 이와 같은 일본의 내외적 정세 속에서 군부의 영향력은 더욱 커졌다. 일본 군부는 사회 불안과 대외 관계가 나빠지는 상황을 틈타 정변(쿠데타)을 일으켜 권력을 장악하려 했다. 이와 함께 경제 위기 극복을 명분으로 적극적인 대외 침략에 나섰다. 1931년 만주를 침략했고, 1937년에는 중국 본토까지 침략한 후 계속 침략을 확대해 갔다. 일제는 이러한 침략 전쟁을 합리화하기 위해 전쟁 목적이 일본, 중국, 만주국의 협력에 의한 '동아 신질서' 건설에 있다고 선전했다.

1937년 7월 일본군은 베이징 교외의 루거우차오 부근에서 선제 도발을 감행해 중일 전쟁을 일으켰다. 일제는 계속 군대를 증파하고 전선을 확대해 중일 전쟁은 선전 포고도 없이 전면 전쟁으로 치달았다. 일본군은 침략 과정에서 1937년 12월 중국 국민당 정부의 수도 난징을 점령해 무려 30만 명에 달하는 중국 민간인을 살해하는 비인간적인 만행도 서슴지 않았다(난징대학살).

일제는 중일 전쟁을 도발한 후 빠른 시일 내에 중국의 항복을 받아 전쟁을 끝내고 싶어 했다. 그러나 전쟁은 중국인들의 강력한 저항에 부딪혀 끝없는 수렁으로 빠져 들었다. 이러한 중일 전쟁의 장기화에 따라 일제는 급증하는 군수에 원만히 대처하기 위해 국가의 경제 활동과 국민 생활을 전면 통제할 수 있는 법령을 만들었다. 바로 국가 총동원법이다(1938.4.).

일제는 국가 총동원법에 기초해 자원 및 물자 동원과 인력 수탈을 가속화했고, 식민지인 조선에도 적용했다. 정치적으로도 국민들을 단일한 사상과 목표를 가지고 생활하도록 통제, 억압하는 전체주의(파시즘) 체제를 구축해 갔다. 특히 1939년 독일의 폴란드 침공으로 시작된 제2차 세계대전에서 독일이 승리를 거두고 있자, 이에 호응해 일본도 아시아의 맹주로 군림하고자 독일과 같은 강력한 정치 체제를 수립해야 한다는 목소리가 커졌다.

1940년 9월 일본은 독일, 이탈리아와 삼국 동맹 조약을 체결하고 1941년 4월에는 일소 중립 조약을 체결했다. 또한 미국에 적대적인 국가에 접근하는 외교책으로 미일 관계를 일본 측에 유리하게 조정하려 했으나, 오히려 미국을 자극하게 되면서 미일 관계는 악화일로를 걷게 되었다. 결국 1941년 12월 8일 일본군의 하와이 진주만 기습으로 태평양 전쟁이 시작되었다. 개전 초기 일본에 유리하게 전개된 태평양 전쟁은 1942년 6월 미드웨이 해전을 계기로 불리한 방향으로 전황이 바뀌었다. 그럼에도 일제는 전쟁 악화 사실을 숨기며 일본과 식민지에서 수많은 젊은이들을 전쟁터와 혹독한 일터로 내몰며 전쟁을 계속했다.

'내선일체'와 황국 신민화 정책

1936년 조선총독으로 부임한 미나미 지로南次郎는 1937년 중국 침략을 계기로 "반도인을 충량忠良한 황국 신민으로" 만들기 위한 '내선일체'를 제창하면서 '황국 신민화 정책'(이하 황민화 정책)을 전개했다. 내선일체론의 최후 목표는 아무 사심 없이 '천황'을 위해 죽을 수 있는 조선인을 만드는 데 있었다. 일본은 중국 침략을 확대하면서 일본인만으로 전쟁을 치르기에는 힘겨웠기에 조선인을 전쟁에 동원해야 했다.

학교에서는 귀에 못이 박히도록 내선일체를 강조했고, 마을마다 내선일체라고 쓴 포스터를 붙이거나 팻말을 세웠다. 이제 조선인들은 일상생활에서 내선일체를 실행하기 위해 하루에 한 번, 정오에 하던 일을 중단하고 일본 천황이 있는 도쿄를 향해 허리를 깊숙이 숙여야 했다. 모든 학교 학생들은 날마다 운동장에 모여 일본 황궁이 있는 동쪽을 향해 절을 하며(궁성 요배) 〈황국 신민 서사〉를 외워야 했다. 심지어 결혼식에서조차 신랑 신부는 물론 모든 하객들도 일어서서 〈황국 신민 서사〉를 외웠다.

〈조선 교육령〉 개정과 '황민화' 교육

조선인을 전쟁에 동원하기 위한 일제의 황민화 정책은 교육 부분에서 시작되었다. 조선총독부(이하 총독부)는 "조선인이 일본 국민이라는 자각을 철저하게 갖도록 하기" 위해 1938년 〈조선 교육령〉을 개정했다. 이를 위해 먼저 일본인 학교명(소학교, 중학교, 여학교)과 조선인 학교명(보통학교, 고등 보통학교, 여자 고등 보통학교)의 차이를 없애고 모두 동일하게 소학교, 중학교, 고등여학교라는 명칭으로 통일했다. 또한 내선일체에 입각한 공학 제도를 시행했다. 기존의 공립학교는 일본인과 조선인 학교가 구별되었으나, 신설 학교는 공학으로 운영하기로 했다. 교수 방법, 교과목, 교과 과정도 일본과 똑같이 했다. 교육령 개정 이후 보통학교 학생들 중 때로 결석이 증가한 경우도 있었는데, 조선인이 일본인과 같이 공부하면 육군 특별 지원병 대상이 될 것이라 생각한 학부모들이 고의로 자녀를 결석 혹은 퇴학시키는 경우가 있었기 때문이다.

보통학교의 필수 과목이었던 조선어를 선택 과목으로 바꾸었으며, 《초등 국사》 교과서를 발행해 일본인과 조선인 학생 모두에게 황국 사관에 입각한 역사 교육을 시켰다. 일본식 덕목을 가르치는 수신 교과도 각 학교, 각 학년마다 주당 1시간에서 2시간으로 늘려 황민화를 강요했다. 〈조선 교육령〉 개정에서 신설된 중등학교의 새 교과목인 공민 교과의 교육 목표는 조선 청소년들을 일본의 국체國體와 국헌國憲에 절대복종하는 황국 신민으로 길러 내는 데 있었다. 수신 교과의 교육 내용을 강화한 공민 교과를 통해서 일본 국수주의를 고취·선전했다. 교육을 통해 조선인 의식을 말살하고 일본인 의식을 주입시키고자 한 것이다.

일본의 태평양 전쟁 도발로 전쟁이 확대되면서 일제의 지배 정책은 조선의 모든 것을 군사 목적에 동원하는 방향으로 맞춰졌다. 교육은 군국주의 파시즘, 전체주의적 국가 체제에 따라 군사 능력 배양에 초점을 두었다. 일본어 교육과 군사 교련을 강화해 조선의 학생을 강건한 병사로 길러내고자 했다. 학교 제도도 바뀌어 전쟁 동원을 위한 인력 배치 계획 속에서 1941년 소학교의 명칭을 황국 신민을 뜻하는 국민학교로 바꾸었다. 그리고 중등학교의 수업 연한을 5년에서 4년으로 단축했다. 동시에 이미 1937년부터 시작된 학생들의 노동력 동원을 상례화했다.

학생들의 군사화와 노동력 동원을 강화하기 위해 총독부는 1943년 다시 〈조선 교육령〉을 개정해 학교 교육을 근로와 직결시키고, '황도 정신'을 근간으로 한 학교 내 군사 교육을 전면화했다. 수업 연한마저 단축해 학생들에 대한 노동력 동원을 노골적으로 드러냈다. 그동안

황국 신민화 정책　　조선 신궁에 참배하는 조선인 학생들(왼쪽)과 황국 신민 서사를 암송하는 학생들(오른쪽). 1930년대에 들어서 대륙 침략을 본격화한 일제는 우리 민족을 침략 전쟁에 동원하기 위하여 한국인을 일본인으로 동화시키는 데 박차를 가했다. 이른바 한국인을 일본 '천황'에 충성하는 백성으로 동화시키겠다는 '황국 신

성인의 황국 신민 서사

1. 우리는 황국 신민이다. 충성으로서 군국君國에 보답하련다.
2. 우리 황국 신민은 신애협력信愛協力하여 단결을 굳게 하련다.
3. 우리 황국 신민은 인고단련忍苦鍛鍊하여 힘을 길러 황도를 선양하련다.

아동의 황국 신민 서사

1. 우리들은 대일본 제국의 신민입니다.
2. 우리들은 마음을 합하여 천황 폐하에게 충의를 다합니다.
3. 우리들은 인고단련하고 훌륭하고 강한 국민이 되겠습니다.

민화 정책' 혹은 '민족 말살 정책'을 적극적으로 추진한 것이다. 일제는 한국을 병탄한 1910년부터 신사 정책을 수립하고, 각 지역에 관립 신사를 세우는 작업을 진행했다. 그리고 매일 아침 일본 궁성을 향해 허리 숙여 절을 하도록 강요했다. 더욱이 황국 신민의 서사를 강제로 암송 제창하도록 했는데, 학교나 관공서뿐만 아니라 은행, 회사, 공장, 상점 등 모든 직장의 조회와 각종 집회 의식에서 강제로 낭송되었고, 모든 출판물에도 반드시 게재되었다.

선택 과목으로나마 존속했던 조선어 교과는 1941년 〈국민학교령〉 공포와 더불어 초등 교육 과정에서 폐지되었고, 이어 1943년 교육령 개정으로 중등학교 및 사범학교 과정에서도 폐지되었다.

총독부는 조선에서 징병제를 시행하면서 일본어 해독이 가능하고 '황민화' 된 조선인 병사를 확보하기 위해 1946년부터는 의무 교육 제도를 실시한다고 발표했다. 그러나 이는 실현되지 않았고, 패전 막바지에 이른 1945년부터는 아예 수업을 전폐하다시피 하고 학생들을 작업장으로 총동원해야 했다. 1945년 7월 1일 〈전시 교육령 시행령〉을 공포해 모든 학생을 학급별·지역별로 학도 연합대로 편성했다.

창씨개명과 일본어 사용

일제가 추진한 황민화 정책 중 하나가 창씨개명이었다. 총독부는 1939년 〈조선민사령 중 개정 건〉(제령 제19호, 1939.11.10.)과 〈조선인의 씨명에 관한 건〉(제령 제20호, 1939.11.10.)을 공포해 조선인에게 '조선식 성'을 대신해 '일본식 씨'를 새로 만들고 이름도 일본식으로 바꾸게 하는 '창씨개명 정책'을 실시했다. 총독부는 창씨개명이 "내선일체의 완성"으로서, 조선인과 일본인이 같은 핏줄에서 기원한 같은 민족이라는 역사 인식(일선동조론日鮮同祖論)하에 "그간 사대 사상에 입각해 붙였던 중국식 이름을 버리고 일본식 이름을 가져야 한다"고 선전했다. 그러나 실제로는 조선인이 창씨개명을 했다 하더라도 "내선인 사이에 상이한 방책을 필요로 하는" 부분이 있다는 이유로 일본 본국으로의 본적지 이동은 인정하지 않는 등 창씨개명은 일제가 선전하는 것과 같이 진정한 내선일체를 위한 정책이 아니었다.

무엇보다 창씨개명을 추진한 본질적인 이유는 조선에서 징병제 실시를 염두에 두었기 때문이다. 1945년 일본 내무성 기밀 문서 중 제국 의회가 실시한 "창씨제도 실시 이유 및 그 결과"라는 설문에 "천황의 군대 안에 '김 아무개, 이 아무개'가 섞여 있는 것은 참기 어렵다"는 답변이 있다. 즉 내무성은 창씨개명을 징병제와 관련해 평가한 것이다.

창씨개명의 법적 근거인 제령 제19호는 1940년 이후 모든 조선인의 호적부에 본관을 포함한 관습적인 성명 이외에 일본식의 '씨명'을 함께 등재하고 '씨명'을 일상적인 개인 표지로 사용하도록 강제했다. 특히 "조선인 호주는 이 법령 시행 후 6개월 이내에(1940.2.11.~8.10.) 새로운 씨를 정하여 부윤 또는 읍면장에게 신청"하는 '신고申告 창씨' 방식을 채택했다. 이와 함께 "전항의 규정에 따라 제출하지 않았을 경우, 이 법령이 시행된 때 당시 호주의 성姓을 씨氏로 삼는다"는 '직권職權 창씨'도 병행했다. 어떤 형태로든 모든 조선인을 '창씨' 토록 한 것으로, 새로운 씨를 만들어 스스로 신고해 창씨를 하느냐, 아니면 신고하지 않고 기존의 성을 씨로 전환하느냐의 차이가 있었던 것이다. 일단 법령에 따라 당시 한반도에 살고 있던 조선인들은 모두 법적으로 창씨를 한 것이다.

그러나 총독부는 조선인 스스로 '신고'해서 창씨하도록 강제했다. 이는 조선인들이 일제의 정책에 순응해 자발적으로 창씨개명했다는 논리를 만들기 위해서였다. 이를 위해 국민정신 총동원 조선연맹의 말단조직인 애국반(10가구를 표준으로 전국에 40만 개 이상 조직)과 각급 학교 등을 통해 무자비하고 폭력적인 방법까지 동원하며 창씨개명을 강제했다. 이러한 일제의 강제 조치에 조선인들은 어쩔 수 없이 신고하는 경우가 많았고, 특히 창씨는 주로 종중 회의, 가문 회의를 포함한 문중과 친족 회의를 통해 결정하여 일족 단위의 단체 신고를 하는 경우도 많았다. 그 결과 1940년 8월 10일 당시 조선 호적 총수의 80.3퍼센트가 창씨를 신고했고, 이후에도 계속 독려하여 1941년 말까지 조선 인구의 81.5퍼센트에 이르렀다.

자발적으로 창씨개명을 했던 사람들을 보면 대체로 수산업, 교통업, 광업 등 인허가를 통해서 총독부나 일본인과의 접촉 기회가 많거나 상업, 공업 부문 중 규모가 큰 사업자에서 두드러졌다. 또 계층별로 보면 사업주, 기술자, 감독 등 지도층에 있거나 지식 계급에서 창씨 경향이 뚜렷했다. 그러나 창씨개명에 적극 반대하며 심지어는 자살한 사람도 있었고, "참정권·의무 교육 등이 없는 상태에서 씨를 창정해도 결국 형식적인 내선일체가 아닌가" "내지인과 같은 씨명으로 만들어 조선인에게 징병령을 적용하려는 편법"이라고 주장하면서 일본의 동화 정책에 민족 차별을 내포하고 있다는 사실을 인식하고 반대하기도 했다. 또 전통적인 성에 대한 강한 애착과 양반 의식에서 비롯된 반대도 있었다.

그런데 총독부의 예외 취급을 받아 '성'을 그대로 '씨'로 유지할 수 있어 창씨 신고가 필요 없는 특수층이 존재했다. 우선 이왕가李王家의 구성원들은 '씨'가 없는 일본 황실의 황족 대우를 받아 창씨 할 필요가 없었다. 또한 일제가 조선인들에게 창씨를 강요하지 않았다는 증거를 남겨 놓기 위해, 그리고 이들의 '가문적 자긍심을 존중해 주기 위해' 친일파 거두들에게는 '성'과 '씨'를 동일하게 사용할 수 있는 특권이 주어졌다. 대표적으로 귀족원 의원(윤덕영 등), 중추원 참의(한

상룡 등), 대의사(일본 중의원 의원 박춘금), 최고위 관리(김대우 전북지사 등), 대기업가(박홍식 등) 등을 들 수 있다. 그리고 홍사익 등과 같이 일본군에 복무하는 조선인 고위급 장교들도 자신의 성씨를 유지했다. 예외 취급을 받을 수 있는 특권층은 아니지만 창씨를 신고하지 않아도 묵인받은 집단도 있었다. 연희전문학교와 보성전문학교 등의 교수들과 완고한 기독교 계통의 학교에 근무하는 교사들, 그리고 총독부 산하 반관반민 기관에 근무하는 양반 출신 사무원 중에는 창씨를 신고하지 않는 경우가 적지 않았다. 총독부는 이들의 경우를 배일排日이나 독립 고취로 보지 않고 학자로서 또는 양반 후예로서 최소한의 인간적인 권위를 유지하려는 고집으로 인식해, 강의실과 사무실 등 공식 석상에서 그들이 자신의 성을 일어로 발음하는 것이 확인되면 창씨 신고를 하지 않아도 불이익을 주지 않고 그것을 '씨'로 묵인해 주었다.

이처럼 창씨개명 자체는 친일 여부를 판단하는 기준이 될 수 없다. 물론 지식인이나 고위 관리 중 나서서 창씨개명을 하며 일제의 정책을 적극 선전·협력한 경우도 있지만, 대부분은 힘없는 민들이 일제의 폭력적인 강압 조치에 어쩔 수 없이 창씨를 신고한 경우였다. 반면에 친일파의 거두들은 해방 이후 자신은 창씨개명하지 않았다는 것을 내세워 친일 행위를 덮기도 했다.

다음으로 일제가 징병제 시행에 걸림돌로 생각했던 것 중 하나는 낮은 일본어 해독률이었다. 즉 징병제 시행이 이뤄지기 위해서는 총인구의 20퍼센트 정도에 불과한 조선인의 일본어 해독률을 높이는 것이 급선무였다. 특히 징병·징용 대상자의 주요 공급지가 일본어 해독률이 낮은 농촌 지역이었기 때문에 일제에게는 더욱 절박한 문제였다.

창씨개명 선전 기사   당대 유명인인 이원보는 이가로, 이광수는 향산으로, 이승우는 오촌으로 창씨했다는 헤드라인을 달고 있다.

창씨개명을 위해 줄 선 사람들   창씨개명은 씨[氏]를 새로 만드는 것[創氏]과 이름을 바꾸는 것[改名]을 합한 말이다. 조선총독부는 1939년 11월 〈조선민사령朝鮮民事令〉을 개정하고 이듬해 2월부터 이를 시행했다. 이 정책은 궁극적으로 조선인의 혈통에 대한 관념을 흐려 놓아 민족적 전통의 뿌리를 파괴하는 데 목적이 있었다.

이 때문에 총독부는 징병제 결정과 더불어 일본어 상용을 강제하기 시작했다. 학교에서 조선어를 가르치지 않았고, 1942년부터는 일상 생활에서 일본어를 쓰는 운동이 본격적으로 벌어졌다. 학생들은 학교 안은 물론 밖에서도 일본어를 사용하는지 서로 감시해야 했다. 관공 서에서도 업무 시간에는 반드시 일본어를 써야 했고 이를 어기면 벌 금을 내야 했다. 이처럼 일제가 일본어 사용을 강제한 것은 언어 소통 의 문제를 넘어 조선인의 정신, 문화, 생활, 관습까지 일본식으로 통 일시키려고 했기 때문이다. 그러나 일본어 사용을 강제할수록 태어나 자연스럽게 익힌 말조차 사용할 수 없는 현실에 대한 조선인들의 저 항은 커져 갔다.

일제는 1931년 만주 침략을 전후해 조선인을 '병력 자원'으로 활용 하는 것을 적극 고려하기 시작했다. 중일 전쟁 도발을 앞두고 일본 육 군성은 조선인 징병 문제에 대한 의견을 조선 군사령부에 타진했다. 그러나 조선군은 조선인에 대한 징병제 시행은 당연하지만 현재 강력 한 민족 의식을 가진 상태에서 대일 적개심도 충만한 상황이므로 '수 십 년 후'로 상정할 수밖에 없다는 입장을 피력했다. 그러나 결국 중 국 침략을 계기로 조선군은 육군성 요구에 따라 "병역 문제 해결을 위 한 시험적 제도로서" 조선인 장정을 현역으로 복무시키는 〈조선인 지 원병 제도에 관한 의견〉을 제출했고 1938년 〈육군 특별 지원병령〉이 공포되었다.

일제는 여전히 조선인의 민족성에 '불신'을 가지고 조선인을 군대 라는 국가 권력의 폭력 장치에 편입시키는 것에 대해 불안해했다. 그 럼에도 지원병 제도를 실시한 것은 '병력 자원'의 확보보다는 지원병 자체를 '황국 신민'의 모델로 만들어 황민화 운동을 선전하고 추진하는 동력으로 삼기 위해서였다. 즉 지원병 제도는 조선 민족의 완전한 황국 신민화를 달성하기 위한 '과도적 방법'으로 도입되었다.

지원병이 되기 위한 자격 요건의 요체는 '사상이 견고한' 자였다. 조선군은 특히 민족주의, 사회주의 운동과 관련이 있는 조선인은 채용하지 않는다고 못 박았는데, 이는 전투력을 갖춘 '적'을 양산해 낼 수 있다는 불안에서 기인한 것이었다. 이런 '부작용'을 막기 위해 조선군 선발 과정을 치안 담당 경찰에게 맡겼고, 그것에 더해 지원 시 부윤 혹은 읍면장의 증명서를 제출하게 하는 복잡한 절차를 만들었다.

1938년 처음 지원병 제도가 시행될 당시 지원자 수는 2946명, 입소자는 406명에 불과하던 것이 1943년에는 지원자 수가 30만 3000명을 넘어섰다. 비약적인 지원자 수 증가는 물론 권력에 의한 강제에 힘입은 바 컸다. 총독부는 지원자 수가 '애국열의 바로미터'라며 각 도별 지원자 수를 공표하는 등 식민지 관료들 간의 경쟁을 유발해 지원병 모집에 적극 나서도록 했다. 그러나 이보다 더 중요한 지원 사유는 경제적인 데 있었다. 1930년대 열악해진 조선 농촌의 경제 상황은 농민들의 삶을 궁지로 몰아넣고 있었다. 이런 상황에서 "상이군인 및 군인 유족에 대해서는 담배·우표 등의 판매를 허가해 주고 우선적으로 영업할 수 있도록 할 것, 자영업자에 대해서는 자금 융통, 노력 원조 그 밖의 적당한 지도 알선에 힘쓸 것" 등의 군 지원자에 대한 조치가 출구가 없는 극빈 농촌 청소년들에게 유일한 돌파구로 여겨졌을 것이라 생각해 볼 수 있다.

하지만 황민화 정책은 조선인의 마음속까지 침투하지 못했다. 이에 총독부는 지원병 제도 실시를 계기로 조선인을 '진정한 제국 군인'으로 만들어 내기 위해 조선인의 내면 깊숙이 파고들어 세부적인 일상생활까지 간섭할 필요가 있었다. 자식의 입대를 꺼리는 어머니들에게는 "황국의 어머니 없이 황국의 건병健兵은 없다"는 슬로건 아래 모성애를 국가에 대한 충성과 결합시켰다. 또한 '제국 군인'이 될 조선인의 체력이나 건강 상태에 대해서도 주의를 기울여 "최고의 전력을 획득할 수 있는 강력한 체육 방침"을 추진하고, 식생활, 주거, 의복 등 일상생활의 세부까지를 일본화하기 위한 생활 개선 운동을 강력하게 전개했다.

지원병 제도를 시행할 당시만 해도 조선 주둔 일본군 및 총독부는 조선인의 황민화 정도로 보아 징병제의 시행은 적어도 2, 30년 후일 수밖에 없다고 판단했다. 그러나 징병제는 '의외로' 빨리, 그것도 태평양 전쟁의 개전과 거의 궤를 같이하여 시행되었다. 1942년 5월에 열린 각의에서는 1944년부터 조선에서 징병제를 실시하기 위한 준비 사항들이 결정되었다. 조선에서의 징병제 시행은 이미 만주 침략 이후 15년간의 전쟁으로 인적 자원의 고갈 상황에 부딪힌 일본 육군이 일본인 피해를 최소화하기 위해 식민지 조선인을 활용하고자 한 것이었다.

총독부는 1943년 10월부터 '징병 적령 신고'를 개시해 예정 적령자의 96퍼센트를 색출해 냈고, 1944년부터는 징병제 실시를 위해 호적 정비가 이루어졌다. 제1회 징병 검사는 1944년 4월부터 실시되었지만 그 과정이 순조롭지는 않았다. 특히 조선인이 실제로 입영하기 시작한 1944년 9월 이후에는 전황이 극도로 악화되어 아무리 외부 정보를 통제해도 사회적 불안과 동요 속에서 패전 분위기가 급속하게 확산되어 입영한 조선 청년들은 언어, 생활 양식의 차이, 내선 차별 속에서 탈주를 계속했다. 징병제는 제국과의 운명 공동체 속에서 황민에게만 주어지는 특권이며 나아가 대동아 공영권 내에서 '지도적 지위'에 서게 될 것이라 선전했지만, 실제로 마지막까지 조선인을 황국 신민으로 제대로 대우한 적이 없었던 일제에게 조선인들은 결코 충성할 수 없었던 것이다.

징병제 실시와 더불어 조선인의 참정권 문제가 대두되었다. 조선인이 일본인과 마찬가지로 병역의 의무를 지게 되자 1930년대 전반 이후 소강상태를 보이던 민족개량주의자들 사이에 참정권 논의가 재연된 것이다. 이에 대해 일제는 극히 제한적이고 형식적인 지방 자치제 도입으로 일관하던 대응 양식을 조선인 의원에게 일본 의회의 중의원 참여를 허용하는 방향으로 전환했다. 참정권 문제가 지방 자치제의 확대라는 방식으로 나아가 조선 지방 의회 설립으로 이어지면 조선의 자치령화나 독립으로 이어질 가능성이 있다는 우려 때문이었다.

일제는 징병제와 참정권 문제를 내선일체의 구현이라는 논리에서 선전했지만, 징병제 실시에 적극적이던 일본 군부와 정부는 참정권 문제에는 부정적이었다. 반면 총독부는 참정권 해결을 적극 추진하려 했다. 정치적 차별 상태에서 전쟁 동원은 한계가 있다고 판단했기 때문이다. 그러나 전 조선인의 생명을 대상으로 하는 징병제와 엄격한 제한 선거로 전 조선인의 2퍼센트에도 못 미치는 경제적 상위 계층을 대상으로 하는 참정권 문제를 내선일체의 논리에서 함께 포괄하며 조선인을 설득시키기는 어려웠다.

1938
국민정신 총동원연맹 창립.

1941
일본, 하와이 진주만 공습.

1943
징병제 공포.

징병 제도　징병 제도 시행을 축하하는 《매일신보》 1943년 5월 1일자 광고. 태평양 전쟁으로 전선이 확대되자, 일본은 더 많은 병력과 병참 지원 인력이 필요하게 되었다. 이에 따라 1942년에는 대규모 국민동원 계획이 수립되었고, 1943년에는 학도지원병 제도가 실시되어 학생들마저 강제로 전쟁터에 끌려갔다. 그리고 1944년에는 국민 징용제를 실시하여, 남녀를 불문하고 후방의 병참 지원 인력으로 동원했다.

지도층의 친일 협력과 전향

'친일파'란 단지 일본에 우호적이고 일본 문화를 찬양·동조하는 자를 가리키는 말이 아니다. '친일파'는 주로 반민족 행위자 또는 민족 반역자를 가리키는 말로 사용된다. 특히 강제 징용이나 징병으로, 일본군 위안부로 수많은 사람들이 죽음의 현장으로 내몰리고 있을 때 앞장서서 일본을 대변하고 그들의 편을 들면서 자신의 이익과 출세를 얻은 사람들을 가리킬 때 사용한다.

1920년대까지 친일 세력은 한일합병 당시부터 일제에 적극적으로 협력하며 사회적 지위와 특혜를 누렸던 귀족이나 중추원 참의, 일부 고등 관료, 자본가, 직업적 친일파 등에 한정되어 있었다. 대다수 민중은 물론이고 지식인, 사회 지도층에서도 독립이라는 대전제하에 구체적 방식과 이념을 둘러싼 갈등이 있었을 뿐, 독립 그 자체를 포기하는 의식이나 언설을 드러내지는 않았다. 그러나 일제는 1931년 만주사변을 도발해 만주국을 수립하고, 나아가 1937년 중일 전쟁, 1941년 태평양 전쟁으로까지 침략 전쟁을 확대하며 일본 제국주의의 세력을 확대해 갔다. 일제는 자신들의 승리를 선전하며, 조선인이 이 전쟁에 참여하면 진정한 '천황'의 신민으로 거듭날 수 있다는 '내선일체론'을 제창했다. 이에 따라 일제 식민지배에 저항하거나 비판적이었던 지식인, 사회 지도층에서는 일제의 침략 전쟁을 어떻게 판단하느냐에 따라 일제에 대한 정치적 태도가 나뉘었다. 민족주의 진영이나 사회주의 진영을 막론하고 각 정치 세력은 전쟁의 진행 양상과 일제의 승리 가능성에 대한 판단에 따라 적극적 저항, 은둔과 침묵, 소극적 순응, 동화 및 찬양에 이르는 다양한 스펙트럼을 보였다. 이 중에서 일제의 승전을 믿거나 지지하는 층이 친일·친파시즘적 동화의 태도를 보이면서 '전향'이라는 과정을 거쳐 친일파로 거듭나게 된 것이다.

총독부는 전향자들을 대상으로 단체를 조직해 협력을 강요하거나 이들을 통제해 나갔다. 민족·사회주의 양 진영의 사상 전향자를 회원으로 반공주의 운동을 전면에 내걸고 일본의 대국가주의 사상을 추종한 대동민우회(1936~?), 비전향자들의 전향 촉구에 나서고 황국 신민화 정책에 적극 호응하는 '사상전'을 수행했던 시국대응전선사상보국연맹(1938~1940), 방공 사상과 국방 사상을 강화하고 일본 정신을 앙양시키는 사업을 추진했던 조선방공협회(1938~1940), 일제 말기 사상 통제와 전향을 더욱 적극적으로 추진하기 위해 만든 대화숙(1940~1945)이 바로 친일 전향자들의 단체였다.

이러한 상황에 힘입어 총독부는 '내선일체'의 궁극적 모습은 "내선의 무차별 평등에 도달하는 것이다"라고 언명하기에 이른다. 이 평등이라는 한 단어는 조선인에게 유혹적인 것이었다. 즉 일부 조선인들에게 '차별로부터의 탈출'이라는 기대로 확대 해석되었다.

조선 독립에 대한 희망을 잃어버린 일부 지식인은 조선 문제는 오직 내선일체로만 해결할 수 있다는 주장을 제기했다. 녹기연맹 이사인 현영섭은 조선인은 이제 일본인으로 사는 길 이외에 다른 길이 없기 때문에 조선을 멸망으로 이끈 조선 고유의 것을 청산해야 한다고 주장했다. 그는 총독과의 면담 석상에서 '내선일체'의 실현을 위해 '조선어 사용의 전폐'를 요구했다. 즉 '내선일체'를 통해 '차별로부터의 탈출'을 기대한 것이다. 그는 민족 차별의 근거인 민족의 차이를 없애자는 '차별로부터의 탈출' 요구가 강할수록 조선 고유의 것 일체를 철저하게 부정할 수밖에 없었으며, 조선 독자적인 것을 고집하며 이를 방해하는 민족주의자들에게 "자살해 달라"고 말할 정도로 전투적으로 변해 갔다. 조선인이 일본인 이상의 일본인이 되어야 조선의 미래가 밝다면서 완전히 일본인화한 조선인의 '빛나는 날'을 꿈꿨다.

또한 많은 수의 청년들은 '황민화' 시대에 인격이 형성되었기 때문에 더욱 '내선일체'의 논리적 함정에 빠지기 쉬웠다. 적극적인 황민화 교육 속에서 자란 젊은이들은 모순을 느끼고 반발하고 굴절된 마음을 품으면서도 '더욱 철저한 일본사람이 되는' 것에 자신의 미래를 전망할 수밖에 없었던 것이다.

그러나 '내선일체'론의 가장 본질적인 모순은 일본인-지배자가 조선인에게 일방적인 동화를 강요하면서도 정작 자신들은 그 논리를 전혀 믿지 않았다는 점이다. 오히려 일본인들은 조선인과의 차별의 소지가 소멸하는 것을 거부했다. 이들에게 동화란 항상 앞서 가는 일본인의 뒤를 감사하는 마음으로 순종하며 따라오는 조선인을 의미했다. 자신들과 어깨를 견주는 조선인은 상상조차 하지 않았다.

침략 전쟁이 확대되면서 일본의 위세가 증대된다는 일본인의 우월의식은 더 높아졌고 동화를 강조하는 것과는 다르게 조선인에 대한 차별감도 강해졌다. 지원병·징병제·의무 교육제 실시 등이 공포되면서 '진정한 내선일체의 구현'이라는 선전 정책의 다른 한편에서는 조선인에 대한 일본인의 이유 없는 반감·반발·불신이나 차별 의식이 더욱 깊어져 갔다.

이런 차별을 합리화하는 지배자의 논리는 바로 '민도의 차이'였다. 조선인 내선일체론자의 논리는 이 '민도의 차이'를 극복해 '차별로부터의 탈출'을 얻는다는 것이었다. 그러나 '황민화 정도'에 대한 기준은 지배자의 의사에 따라 조작되는 범주였고, 지배자가 평등을 바라지 않는 이상 '민도의 차이'는 좁혀지지 않는 거리였다. 이 때문에 내선일체론을 추구하는 조선인 지식층조차 '차별로부터의 탈출'을 희망하면서도 실제 가능성에 대해서는 회의를 품고 있었다. 이광수는 '차별로부터의 탈출'이라는 조선인의 바람이 일본인에게 더욱 벽을 쌓고 있다는 사실을 인식하고 있었다.

내선일체론에 동화되며 친일화 과정을 따라간 지식인, 지도층 친일파의 또 다른 문제는 자신들은 제국 일본 지배 계급의 일원으로 편입되길 바라면서 농민, 노동자, 기층 민중 및 여성 등은 제국 내부의 하층민으로 귀속시키는 데 별다른 문제 제기가 없었다는 것이다. 이것은 장기적으로 민족적 차별을 계급적 차별로 전환시키려는 정책에 일조한 것이라 할 수 있다.

중일 전쟁 이후 친일파로 전향한 인물들 중에는 일본의 선전을 진실로 믿고 속아 넘어간 어리석은 이들도 있었고, 그것을 확신하며 앞장선 이들도 있었으며, 거짓인 줄 알면서도 자신의 부귀영화와 출세를 위해 일본에 협조한 이들도 있었다. 어떤 이유에서건 이들의 행동은 어려운 상황에서도 민족의 독립을 위해 애쓰고 있던 민족 운동가를 배신하고 대다수 조선인들의 독립에 대한 희망마저 짓밟아 버린 반민족적 행위였으며, 민족 내부의 계급적 분절을 용인하고 조장한 것이었다.

학도병으로 전선에 나가는 아들과 이별하는 어머니　　학도병은 일본에 의해 강제로 징집되어 태평양 전쟁에 참전했던 학생들을 말한다. 본격적으로 전쟁을 시작하면서 지원병제·징병제를 실시하여 우리 청년들을 전쟁터로 내몰았다. 그리고 군수 산업에 종사할 노동자를 확보하려고 징용제를 실시하여 수 많은 사람들을 일본, 중국, 사할린, 동남아시아 등지에 강제로 끌고 갔다. 그리하여 수많은 한국 청년들 이 군수 사업장에서 혹사당한 끝에 목숨을 잃는 등 일제의 침략 전쟁에 희생되었다.

병참 기지화와
강제 동원

전시 경제 통제와 병참 기지화

중일 전쟁을 계기로 일본 제국 전체에서 조선이 차지하는 위상은 새롭게 조정되었다. 전쟁 발발 전 미나미 총독은 조선산업경제조사회 (1936.10)에서 국방상의 필요에 의해 조선의 공업을 진흥시킬 필요가 있다고 밝혔고, 이에 따라 시행이 유보되었던 〈중요 산업 통제법〉이 1937년 시행되었다. 경금속, 철도 차량, 선박, 항공기, 피혁 등 중요 산업의 생산과 판매를 통제한 〈중요 산업 통제법〉의 시행은 통제 경제 체제의 출발을 알리는 신호탄이었다. 통제 경제 체제의 시작과 함께 조선은 전쟁 수행에 필요한 병참 기지로 규정되었다. 중국 침략 과정에서 군수 물자를 보급하고 있던 조선이 향후 일본과의 해상 수송로를 차단당할 경우에도 조선의 능력만으로 이를 보충할 수 있을 만큼 산업 분야를 다각화하고, 특히 군수 공업 육성에 역점을 두어야 한다는 것이었다.

이를 계기로 식민지 조선에서는 군수 공업 중심의 대규모 공업화가 추진되었다. 그러나 이것은 1930년대 전반기의 공업화 정책과는 달랐다. 합방 이후 일본 본국의 식량 부족을 해결하기 위해 지주 계급을 옹호하며 증산과 수탈을 꾀했던 식민 농정으로 인해 조선 농촌 사회는 지주—소작 관계가 심화되었다. 토지 조사 사업이 종료된 1918년과 1920년대 산미 증식 계획 실시로 식민지 지주제가 강화된 1929년의 농촌 사회 계급 구성을 비교해 보면 지주는 3.1에서 3.7퍼센트로 증가했고, 자작농은 19.7에서 18퍼센트로, 자소작농은 39.4퍼센트에서 31.5퍼센트로 감소했으며, 소작농은 37.8에서 45.6퍼센트로 증가했다. 즉 10여 년간 지주와 소작농 비율은 증가했고, 자작, 자소작농 비율은 감소하며 양극화 현상이 심화되었다. 이러한 경향은 1929년 세계 대공황과 잇단 농업 공황으로 더욱 악화되어 조선 농촌 사회는 파탄 지경에 이르렀고, 식민 지배의 안정을 저해하는 가장 큰 문제가 되었다. 1930년대 전반기의 공업화 정책은 이러한 조선 농촌 문제를 해결하고 식민 지배의 안정을 꾀하려는 의도와 더불어 일본 자본주의의 독점 심화라는 외적 조건이 합쳐지며 추진되었다. 반면 이후 추진된 군수 공업화가 중심이 된 '병참 기지화 정책'은 일본 제국 전체의 관점에서 조선 경제가 담당할 역할과 방향이 강압적으로 부과된 것이었다.

전쟁은 자금을 동원해 막대한 물자를 생산하고 소비하는 행위이다. 일제 또한 전쟁을 수행하면서 조선에서 군수 물자를 생산하기 위해서는 많은 자금이 필요했다. 이에 1937년 〈임시 자금 조정법〉을 통해 광업, 철강업, 항공기 제조업, 병기 제조업 등의 군수 산업에 자금을 집중적으로 투하했다.

그렇다면 이러한 자금은 어떻게 동원했을까. 일제는 전쟁의 장기화와 확대에 따라 잉여 자금이나 물자를 동원하는 수준을 넘어가고 있었다. 이에 식민지의 금융 기관을 통해 현지 자금을 최대한 흡수하고자 했다. 그 결과 조선에서는 통화 증발과 강제 저축을 기본 축으로 하는 금융적 수탈이 한층 강화되었다. 특히 전쟁 수행 시 일본 독점 자본은 군수 생산력 증강을 빌미로 일본으로부터 자금을 직접 조달받는가 하면 그 부족분은 조선의 금융 기구를 통해 보전함으로써 자본을 축적했다. 결국 당시 금융 기구의 급속한 팽창과 극심한 인플레이션은 대중에 대한 금융적 수탈을 통해 일본 독점 자본의 축적을 가속하는 과정이었다.

한편 전시 체제에서 조세 수탈은 막대한 전쟁 비용을 조달하고자 납세층의 경제 기반을 붕괴시켜 가면서까지 세원 색출과 증징에 역점을 두는 것이었다. 이는 전 계층에 걸친 평균 소득의 감소, 납세호 및 소득의 정체로 나타났다. 고소득층조차도 1942년 이후 납세액의 감소 추세를 나타내고 있는데, 이는 '성장과 동화'라는 이데올로기가 이미 무너져 내렸고 조세 수탈도 한계에 이르렀음을 의미한다.

이렇게 무너져 내리는 식민지에서 자금 수탈 정책을 메워 준 것은 강제 저축이다. 일방적인 자금 수탈이 아닌 미래에 언젠가는 찾을 수 있다는 희망과 개인의 자산이라는 측면을 강조하는 저축은 효율적인 자금 수탈 방식이었다. 강제 저축으로 모인 자금은 대규모 일본 국채 매입, 전쟁 관련 업종의 대출 자금으로 사용되었다. 1937~1944년 사이에 무려 45배나 폭증해 총 56억여 엔의 거대한 자금을 모집한 강제 저축은 조세액의 3.5~3.7배나 되는 어마어마한 금액이었다. 전시 체제하에서 10배 이상 뛰어오른 물가고 속에서 예금은 곧 자산 손실을 의미했다.

일제가 저축 증대를 추진하게 되는 배경은 전비 및 생산력 확충 자금을 조달하고 가능한 인플레이션을 방지하기 위함이었다. 그러나 저축할 여력이 없는 조선인들에게 저축을 증대시키기 위해서는 강제적인 방법을 사용할 수밖에 없었다. 농수산물을 팔 때 조세 징수와 같이 일정액 이상을 원천 공제하거나 임금 지불에서도 소득의 일정액 이상을 원천 공제하는 이른바 '천인 저축(강제 저축)'이 실행되었다. 농수산물 수매 과정에서 적용된 강제 저축률은 1940년 10퍼센트, 1943년 15퍼센트를 거쳐 1944년에는 33퍼센트까지 인상되었다. 노동자에 대한 강제 저축도 매년 강화되었다.

일제는 침략 전쟁을 확대하면서 조선에서 더 많은 전쟁 물자를 필요로 했다. 그중에서도 조선의 지하 자원이 가장 절실했다. 일본이 먼저 관심을 보인 자원은 국제 무역 대금으로 사용되었던 금이었다. 1944년 무렵 일본인 광산업자가 캐낸 금의 양은 한반도 전체 금 생산량의 90퍼센트에 달했다. 그러나 전쟁이 진행되면서 보다 중요시된 것은 전쟁 무기 생산에 필요한 자원이었다. 이러한 자원은 일본 내에서는 거의 생산되지 않았기 때문이다. 1938년 〈조선 중요 광물 증산령〉 공포 당시 호즈미穂積 식산 국장은 철, 텅스텐, 수연, 흑연, 운모, 마그네사이트 등의 광물은 전적으로 조선에 의존할 수밖에 없음을 토로했다.

실제로 1944년 일본의 제국주의 경제 권역 내부에서 생산된 광산물 가운데 조선에서 생산된 분량이 절반 이상을 차지하는 광물은 흑연, 텅스텐 등 아홉 가지였고 알루미늄, 아연, 철광석 등도 10퍼센트 이상을 차지했다. 그 결과 전시 통제하 광산액은 계속 증가해, 1937년 이후 광산액(41억여 엔)이 식민지 전 기간 광산액(48억여 엔)의 84퍼센트에 해당할 만큼 조선에서 막대한 양의 광물 자원이 전쟁 물자로서 단시간 내에 채굴되었다.

놋그릇 공출 　일제가 조선인
으로부터 강제로 걷은 각종 놋
그릇과 생활용품들을 모아 놓
고 찍은 사진. 태평양 전쟁 발
발 이후에는 전시 수탈이 더욱
강화되었다. 일제는 〈금속 회수
령〉을 공포하고 조선에 남아 있
는 식기류를 비롯한 온갖 쇠붙
이를 약탈해 갔다.

이러한 지하 자원의 채굴뿐만 아니라 모든 금속제 용기마저 수탈 대상이 되었다. 일제는 식기, 제기와 같은 그릇은 물론이고 농기구를 비롯해 교회의 종이나 절의 불상까지 강제로 빼앗아 무기를 만들었다.

한편 군수품 생산에 필요한 원자재의 해외 의존도가 높았던 일본은 국제 수지 악화에 대한 대책으로서 〈수출입품 등 임시 조치법〉을 조선에도 적용해 전 산업 부문에 걸쳐 군수 생산과 관련이 없는 거의 모든 물품의 수입을 제한했다. 그리고 물자 부족으로 인한 물가 상승을 인위적으로 조절하기 위해 1939년 〈가격 등 통제령〉을 제정해 주요 산업 물자의 거래를 '9·18정지 가격'이라고 불린 공정 가격에 맞추고 시장 가격 체제를 부정했다. 그러나 이는 암거래(야미)를 확대시켰을 뿐 실제 물가는 10배 이상 뛰어올랐다. 이처럼 군수품 생산을 위해 생활필수품의 생산은 통제되면서 조선인들의 생활은 점점 더 비참해졌다.

기업 정비와 군수 중화학 공업으로의 집중

1942년 후반부터 전황이 일본에 불리해지고 연합국의 경제 봉쇄로 원자재 부족이 심화되면서 생산력 확충 계획은 하강 국면에 접어들게 되었다. 이를 만회하기 위해 일본에서는 5대 중점 산업(철강, 석탄, 경금속, 조선, 항공기)을 지정하고 1943년 6월 〈전력戰力 증강 기업 정비 요강〉에 의한 기업 정비의 개시, 1943년 10월 〈군수 회사법〉 공포, 1943년 11월 군수성 설치 등으로 이어지는 일련의 정책을 단행하여 통제 경제 체제는 새로운 단계로 이행하게 되었다.

이에 따라 조선에서도 군수 산업 중심으로 기업 정비 및 통제가 강화되었다. 그동안 전시 통제 정책은 자금, 물자, 노동력의 집중을 통한 생산력 확충에 주력했기 때문에 개별 기업의 자주성과 경영권은 유지될 수 있었다. 그러나 이 시기에 들어서는 개별 기업의 형태나 조직을 변경시켜 국가가 기업의 경영권을 실질적으로 장악함으로써 생산의 전면적 국가 관리라는 한층 강화된 통제가 전개되었다.

1937년 중일 전쟁이 발발하고 〈중요 산업 통제법〉이 조선에서 실시되어 공업 부분에 전시 통제가 이루어짐에 따라 민수 공업은 원자재 부족, 가격 폭등, 자금 곤란 등의 문제를 겪고 있었다. 그리고 그 해결 방안으로 1942년 5월 〈기업 정비령〉이 공포되면서 민수 공업은 통제 강화와 전면적인 정리로 귀결되어 갔다. 1943년 일본 정부는 〈전력 증강 기업 정비 요강〉을 발표해 "반도의 특이성에 비추어 종래 채택해 왔던 유지 육성의 근본 방침을 필요한 만큼 수정해 조선 산업의 현황에 적합한 기업 정비를 실시한다"는 방침 아래 비非군수 부분을 적극적으로 정비하고, 정비된 업종의 노동자는 군수 산업으로 재배치하거나 귀농시키기로 결정했다. 이를 위해 1943년 기업 정비 추진 기관인 '조선중요물자영단'이 설립되어 1944년 3월부터 6월까지 제1차 기업 정비가 단행되었고 8월부터 제2차 기업 정비가 이루어졌다. 이 같은 조치를 통해 영세한 소공장들이 대폭 정비되었고, 그 과정에서 정리되어 나온 노동력은 군수 방면에 투입되었으며 설비는 조선중요물자영단에 회수되어 경금속, 철강 산업에 전용되었다.

기업 정비를 포함한 민수 공업의 위축은 군수 공업의 생산 압박으로 이어졌다. 1944년 4월부터 시행된 〈군수 생산 책임제〉는 총독부가 지정한 사업장에 총독부가 관할하는 생산 책임자와 생산 담당자를 배치하여 해당 기업에 군수 물자 생산을 명령할 수 있도록 규정하고 있다. 〈군수 생산 책임제〉는 1944년 10월 〈군수 회사법〉이 조선에서 시행되면서 법적인 근거를 갖게 되었다. 〈군수 회사법〉은 사업장 단위의 정부 관리를 기업 단위로 확대한 것으로, 지정된 군수 회사에는 관료적 생산 책임제가 도입되었다. 기업 단위에 생산 책임자—생산 담당자—종업원으로 이어지는 명령 계통을 구성하고 총독은 생산 책임자에게 생산과 관련한 제반 사항을 명령할 수 있었다.

전시 공업화의 특징

전시 공업화의 특징으로는 먼저 공업 구조의 양극화를 꼽을 수 있다. 조선에서 군수 산업을 중심으로 한 전시 공업화를 주도한 것은 일본 독점 자본이었다. 군수 산업에서 조선인 자본이 차지하는 비율은 시기별로 차이가 있지만 1920년대 이래 일관되게 10퍼센트 정도에 불과했고 전시 체제하에서는 그나마 감소 추세에 있었다. 일본인 자본의 비율이 88.8퍼센트에 달한 1942년 조선인 자본의 비중은 고작 8.3퍼센트였다.

군수 물자 생산을 위한 총독부의 집중 지원으로 미쓰이三井, 미쓰비시三菱, 스미토모住友, 닛치쓰日窒 등의 일본 대기업은 한반도에 진출하며 중화학 공업 기지를 형성했다. 또한 경성방직, 대창무역, 조선비행기공업 등 일부 조선인 기업도 군수 공업 정책의 혜택을 받았다. 이들 대자본은 1942년 추계에 의하면 광공업 시설에 투자된 자본의 74퍼센트를 차지할 만큼 압도적인 비중을 차지하고 있었는데 그 대부분(90퍼센트)이 중화학 공업에 투자되고 있었고 경공업 투자는 10퍼센트

겸이포 제철소   침략 전쟁이 확산되면서 일제는 한국의 공업화가 필요하게 되자, 종래의 농업 위주의 식민 정책에서 농공 병진 정책으로 그 방향을 바꾸어 조선의 공업화를 서둘렀다. 이는 병참 기지로서 한국의 공업화도 필요했지만, 한편으로는 세계 경제 공황에 빠진 일본 경제를 회복시키기 위해 한국을 새로운 투자지로 삼으려는 것이었다.

당시 한국에 진출한 일본의 독점 자본에는 유수한 일본 재벌이 모두 포함되어 있었다. 흥남 질소비료 공장, 겸이포 미쓰비시 제철소 등도 일본의 재벌이 운영한 것이었다. 그리고 진출 업종도 전기, 화학, 기계, 금속 등을 중심으로 한 중화학 공업과 군수 공업의 원료를 획득하기 위한 철, 석탄, 마그네슘, 알루미늄 등 광업 부분에 집중되었다. 이로 인해 한반도에는 여러 공업 지대가 형성되었다. 그러나 이러한 공업 지대가 주로 자원이 풍부한 북부 지역에 편중되어 국토의 균형적인 발전보다는 일본 독점 자본의 이득을 위한 배려였다고 볼 수 있다.

에 불과했다. 또한 중화학 공업 중에서도 전기, 화학, 제철, 경금속 등의 몇몇 업종이 대부분을 차지했다.

반면 조선인 자본의 사업체 수는 압도적으로 많았지만 대부분 50인 미만의 직공을 둔 영세한 규모였고 자본금 규모도 10만 엔 이하였다. 업종별 진출 상황을 보면, 화학·식료품·요업·방직 공업 등이 두드러졌는데 방직 공업을 제외하면 대자본이 필요한 영역에는 거의 진출하지 못했고 대부분 생필품이나 군수 회사의 하청 생산을 담당하는 영세 공장들이었다.

전시 공업화를 주도한 것은 일본인 자본이었고 조선인 자본은 틈새 영역에서 일시적으로 성장했지만 기술력과 대자본을 필요로 하는 부문에는 거의 진입하지 못했다. 이것은 전시 체제하 조선의 공업이 일본인 대자본과 조선인 영세 공장·가내 공업으로 양극화되었음을 보여 준다.

또한 산업 연관이 결여되어 공업 체계 간의 연결 없이 서로 분리된 이중 구조를 가지고 있었다. 1930년대 이래 조선의 공업은 대공장과 중소공장·가내 공업으로 양분되어 있었다. 자동 기계를 도입한 대공장과 동력을 도입하는 단계의 중소공장·가내 공업 사이에는 현격한 격차가 있었고 양자는 상이한 재생산 구조를 형성하고 있었다.

이 같은 대공업과 중소공업의 분리는 독립된 국민 경제 내에서도 나타날 수 있는 현상이다. 그러나 식민지 조선은 대공업과 중소공업은 규모에 따른 분리뿐만 아니라 서로 산업적으로 연관 관계를 맺지 못하고 있었다. 식민지 공업화가 시작된 이래 대공장과 중소공장은 기술적으로 관련이 없는 상이한 제품을 생산해 왔다. 기계 기구 제작업의 경우 대규모 공장에서는 기차, 전차 같은 차량 및 철도 용품, 전기 용품을 생산했지만 중소공장에서는 자동차 차체, 도량형기, 양조기, 정미기 등을 제작했고 수리도 겸했다. 이렇게 생산 품목이 분리된 데다가 기계 기구의 주요 부분품은 일본에서 가져다 조립하는 형편이었기 때문에 대공업과 중소공업 간의 하청 연관은 거의 불가능했다. 따라서 업종 대부분은 중소공장이나 가내 공업과는 판이한 재생산 구조로 되어 있었기 때문에 원료를 제외하면 연관 관계를 거의 갖지 못했다.

전시 통제 아래 자금, 물자, 노동력이 군수 산업으로 집중되었지만 군수 공업화는 군수 공업의 설비와 노동력을 확대하거나 민수 공업의 설비와 노동력을 군수 공업으로 이전하는 것에 불과했고 기업 정비 역시 마찬가지였다. 전시하의 공업화는 군수와 민수 사이에 업종별 구성만을 변화시켰을 뿐이며 1930년대 이래 형성된 식민지 공업의 이중 구조는 그대로 유지되고 있었다. 즉 원료 종속과 설비 결여, 기술 부족이라는 한계는 전시 공업화가 아무리 진행되어도 극복되지 않았다. 오히려 공업화가 진행될수록 조선 경제는 재생산 기반이 취약해졌고, 일본 제국주의 경제권으로의 종속이 더욱 심화되었다. 이러한 예속된 구조하에서 더욱 높은 단계로의 공업 발전은 근본적으로 불가능했다.

그리고 전시 공업화로 인한 경제 성장은 생산성 감퇴를 수반했다. 일본 독점 자본의 진출은 대량의 노동력 수요를 낳았고, 또한 막대한 전쟁 비용 살포로 구매력도 증대됨으로써 전쟁 초기 조선 경제는 외형적으로는 성장 가도를 달렸다. 《조선총독부 통계연보》에 따르면 1918년 전체 산업 생산액 가운데 80퍼센트라는 압도적인 비중을 차지하던 농산액은 1930년대 전반 60퍼센트 전후로 낮아지고 1940년에는 절반 이하(43퍼센트)로 축소되었다. 반면 1918년 15퍼센트 수준에 머물던 공산액은 1940년 41퍼센트에 달해 농업에 필적하는 수준에 이르고 있었다.

1937년 이후에도 전체 공산액 가운데 가내 공업 생산액이 20~30퍼센트의 일정한 비중을 차지하고는 있었지만 전시 체제하 공산액 증가를 주도한 분야는 공장 생산이었다. 그리고 공장 생산의 업종별 구성 추이에서도 이전과는 달리 고도화 현상을 보였다. 1931년 공장 생산에서 경공업과 중화학 공업이 차지하던 비중은 각각 62퍼센트와 24퍼센트였지만, 1937년 이후 중화학 공업이 경공업을 앞지르면서 1943년에 이르면 생산량의 절반 이상(51퍼센트)을 중공업이 차지하는 식으로 공업 구성의 고도화가 진행되었다. 공장 수나 공장 노동자 수 역시 전시 통제하에서 2배가량 증가했다.

그러나 전시 공업화 초기의 외형적인 성장은 전쟁 상황이 점차 일본에게 불리해짐에 따라 반전되었다. 연합국의 물자 봉쇄로 조선에서 원활한 원자재 수급에 차질이 생기면서 1930년대 후반 30퍼센트 정도에 달했던 공산액 증가율이 1940~1941년간 4.7퍼센트, 1941~1942년간 8.2퍼센트로 현격히 떨어졌다. 이 시기 인플레이션을 고려하면 사실상 마이너스 성장률에 가까웠다. 생산액 감소는 생산성 감소로 연결되어 1942~1943년간 기준 공장 생산성(공장 평균 생산액 증가율)은 −23.3퍼센트, 노동 생산성(노동자 평균 생산액)은 −26.6퍼센트로 격감했다. 자본 투자 역시 회사 납입 자본 증가액 비율이 1938~1939년간 37.3퍼센트에 달했지만, 자본 생산성(공산액/납입 자본 비율)은 같은 시기 -8.9퍼센트로 마이너스 성장을 보였고 이후에도 그 추세는 이어졌다.

생산성 감퇴 추세의 원인은 전시 체제하 전방위적인 생산 독려 속에서 생산량이 조선 경제가 견딜 수 있는 한계를 넘어섰기 때문이었다. 산업 구조는 고도화되었지만 공장법도 적용되지 않는 열악한 노동 조건 위에서 빈농 출신의 미숙련 단순 노동에 의존하거나 강제 동원 또는 노동 시간 증대에 의존한 절대적 잉여 가치 착취에 따른 생산 방식은 지속적인 생산성을 보장할 수 없었다. 공업의 발달로 신흥 도시가 생겨나고 항구는 붐볐지만, 그 성장의 몫은 조선인이 아닌 지배자 일본과 일본인의 차지였다.

식량 증산과 농산물 공출

조선은 강점 이후 일본 본국의 식량, 특히 쌀 공급 기지로서의 역할이 부과되어 조선 내 생산량 증가 이상으로 일본으로의 이출량이 증가했다. 1930년대 공황기에는 쌀의 과잉 공급으로 일본 농가 경제가 더욱 어렵게 되자 일시적인 이출 억제책이 시행되기도 했다. 그러나 중일 전쟁 이후 조선의 식량 공급 기지로서의 중요성이 재인식되었고, 나아가 만주, 북중국 등의 식량 문제를 해결하기 위한 '동아 식량 기지東亞食糧基地'로서 역할이 더욱 강조되었다. 이에 따라 전시하 조선의 식량 수탈이 극심해졌다.

1937년 중일 전쟁 발발은 조선의 미곡 정책이 변화하는 계기가 되었다. 일본 정부는 전쟁이 진행되면서 비료 공업이 군수 공업으로 전환됨에 따른 비료 공급 감소 문제와 군용 말 징발, 징병에 의한 농업 노동력 감소 등으로 농업 생산력이 저하되는 것을 막기 위한 대책을 마련하기 시작했다.

이러한 일본 본국의 증산 계획에 따라 조선에서도 1939년 미곡 증산 계획增米計劃이 실시되었다. 1939년 실시된 증미 계획은 조선의 쌀 생산량을 200여만 석 증산하는 것을 목표로 하는 3개년 계획이었다. 증미 계획은 농지의 개량이나 확장에 의한 증산이 아닌 농업 경영의 집약도를 높이는 방법으로 토지 생산성(1단보당 수확률)의 향상을 도모했다. 그러나 1939년 여름 조선 중남부 지방에 큰 가뭄이 들면서 목적을 달성할 수 없었다.

이에 1940년 본격적인 증산 정책으로 조선 증미 계획이 실시되었다. 일본은 이 계획을 통해 경종법 개선과 토지 개량 사업을 병행 실시해 조선의 미곡 수확량을 증산한다는 구상을 했다. 그러나 토지 개량에는 많은 자금이 필요했으므로 계획 실행에서 75퍼센트의 비율을 차지할 정도로 단기적으로 성과를 거둘 수 있는 경종법 개선 방식을 중심으로 계획을 진행했다. 이러한 쌀 증산 정책은 전쟁 확대로 농촌에서 비료나 농업용구 등의 물자 부족과 노동력 부족이 심각해지면서 결국 실패했다. 쌀 증산이 한계에 이르자 총독부는 1941년부터 식량 전작물(잡곡) 증산 계획을 실시해 쌀 부족분을 잡곡 생산량 증가로 메우려 했지만 이것도 계획대로 되지 못했다.

전시 체제기 조선 내의 식량 수급 사정을 보면, 쌀 생산량은 1941년 까지는 큰 가뭄으로 감소한 1939년을 제외하고는 평년작 이상을 유지했으나, 1942년 가뭄으로 다시 감소한 이후 1943년부터는 대폭 감소하는 양상을 보였다. 쌀 소비도 대체로 생산량 증감에 따라 변동했다. 잡곡의 경우는 식민지기 내내 생산량이 증가하지 않았고 1943년 이후는 크게 감소했다. 그에 따라 소비도 계속 감소했는데, 실제로 조선인들의 식생활에 직접적인 영향을 미쳤던 것은 잡곡으로 1인당 소비량 감소의 가장 결정적 원인이었다.

이와 같이 총독부는 1940년 조선 증미 계획, 1941년 식량 전작물 증산 계획을 수립해 쌀 및 잡곡에 대한 본격적인 증산 정책을 실시했음에도 오히려 조선의 식량 문제는 점점 악화되었다. 가뭄 등의 자연 재해도 겹쳤지만 식량 문제의 주원인은 계속된 전쟁 동원에 의한 자금·비료·노동력의 절대 부족으로, 이에 따른 생산량 감소는 피할 수 없었다.

이를 타개하기 위한 유일한 대책은 수요를 줄이는 것이었다. 이에 따라 1943년에 국민총력조선연맹이 중심이 되어 대대적인 식량 절약 운동을 전개했다. 그러나 총독부가 말하는 '소비 절약'은 단순히 절약을 의미하는 것이 아니고 내핍을 강제하는 것이었다. 그리고 '절약'의 가장 중요한 이유는 공급량의 절대 부족보다도 일본으로의 이출과 군수미를 최대한 확보하려는 데 있었다.

일제는 전시 식량 문제를 해결하는 데 식민지별로 증산 정책을 통한 생산량 확대를 우선적으로 추진했으나 생산 조건은 더욱 열악해졌다. 태평양 전쟁 발발 이후에는 외국으로부터의 물자 수입이 거의 두절되면서 일만지日滿支(일본·만주·중국) 블록과 동남아 지역까지를 포괄하는 이른바 대동아 공영권에서 자급자족 체제를 형성해 이에 대응하고자 했다. 그러나 1943년 이후에는 남방(동남아시아) 지역에서의 쌀 수입도 두절되면서 일본 내 소비 식량과 군수미 확보에 엄청난 차

질을 빚게 되었다. 따라서 식민지가 된 후 일본의 식량 수급 안전판 역할을 담당했던 조선 쌀은 전시 말기에 그 역할이 더욱 강조될 수밖에 없었고, 이 때문에 조선의 식량 수급 사정은 매우 열악해져 조선인들의 생활은 더욱 힘들어졌다.

1939년 큰 가뭄을 계기로 총독부는 조선에 식량, 특히 미곡에 대한 유통 통제(공출)와 소비 통제(배급) 방침을 마련했다. 미곡 통제가 법령의 뒷받침 아래 전개되기 시작한 것은 1939년 〈조선 미곡 배급 조정령〉에 의해서였다. 이 법령에 따라 일제는 조선 쌀의 이동 조정과 가격에 대한 법적 조치(공정가격제)를 취할 수 있게 되어 조선 쌀은 국가 관리 체제로 들어가게 되었고, 1941년부터 본격적인 식량 유통 통제가 시행되었다. 1941년과 1942년의 미곡(쌀) 통제는 대상을 "과잉 지역(도 단위로 미곡 생산량이 소비량보다 많은 지역)의 과잉 수량"으로 만든다는 원칙 아래 잉여 수량 우선의 공출을 조장한다는 것이었다.

이후 증산 정책이 파탄에 이르자 유통·소비 통제는 더욱 강도 높게 시행되었다. 1943년에는 '자가 보유미 제도自家保有米制度'가 도입되어 이전까지 '과잉 지역의 과잉 수량'을 대상으로 한다는 통제 원칙이 '전 농민의 과잉 수량'을 대상으로 한다는 원칙으로 확대·발전되었다. 또한 '부락 책임 공출제'라는 새로운 제도도 도입되었다. 이것은 공출 할당량을 개별 농가의 책임이 아니라 부락민 전체의 연대 책임으로 만들어 부락이라는 조직을 통해 '농민 자신에 의한 농민의 통제'를 유도하는 극히 교묘한 농민 통제 수단이었다. 1943년 8월에는 식량 통제 기구를 더욱 강화하기 위해 식량의 준準전매 제도라 할 수 있는 식량의 국가 관리 체제를 확립하는 조치가 강구되어 〈조선 식량 관리령〉이 공포되었다.

공출을 강화·촉진하기 위해 1943년 생산된 쌀에 대해 공출 사전 할당제가, 1944년 생산된 쌀에 대해서는 그와 함께 농업 생산 책임제와 '보장제報獎制'가 실시되었다. 이를 통해 생산량에 대한 공출량 비율이 1941년 43퍼센트 수준에서 1943년에는 56퍼센트, 1944년에는 64퍼센트로 증가했다는 사실은 공출의 사전 할당제와 생산 책임제가 수탈적인 공출 강화책이었음을 보여 준다. 한편 총독부는 사전 할당제, 농업 생산 책임제 실시와 함께 식량 증산과 공출의 극대화를 위해 공출 가격 인상이라는 '당근책'을 제시했다. 또한 공출 유인책으로 공출 성적이 좋은 농가 및 부락에 생필품과 비료·농기구 등을 우선 배급하고 술도 특별 배급했다. 그러나 자발적인 공출을 유도하기 위해 실시한 공출 가격 인상과 보급금·보장금 제도는 공출 할당량 자체가 생산량보다 훨씬 많았으므로 실효성이 없었고, 특별 배급이나 우선 배급제도 역시 제대로 시행되지 않거나 공출 강제를 위한 도구로 사용되었다.

식량 공출은 농민들의 재생산마저 불가능하게 할 정도의 수탈성을 여지없이 드러내며 전개되었다. 대다수 농민들은 무리한 공출 할당량에 집 안 마루 밑이나 마구간에 혹은 산중이나 마을 밖에 굴을 파서 식량을 숨기거나 아예 탈곡 제조해 먹어 버리는 등 공출을 피하기 위한 다양한 방법을 모색했다. 이처럼 과다 공출 할당은 농민들의 공출 기피와 저항을 초래했고 이에 대해 총독부는 경찰과 관공리들을 동원해 가택 수색과 같은 방법으로 대응했다. 이 과정에서 농사를 기피하고 정책이나 관에 반대하는 사상이 만연했고 이러한 공출에 대한 반발은 나아가 전쟁을 반대하는 사상으로까지 발전했다. 이제 미곡 공출 문제는 경제 문제만이 아니라 치안 문제로까지 비화하고 있었다.

한편, 식량 수급 사정이 어려워지면서 소비 통제가 우선 시행되었다. 특히 가뭄 대책으로서 각종 식량 소비 절약 운동이 전개되었고, 1940년부터는 식량 및 식료품 배급이 각종 법령과 관련 단체의 자의적 조치로 확대 시행되었다. 식량 배급이 본격적으로 실시된 것은 1940년 5월부터였다. 주요 양곡에 대한 통제와 함께 설탕, 소금 등 필수 식료품과 주류, 과자류, 통조림 등에 대해 관련 단체의 자의적 통제에 의한 배급을 실시했다.

도시는 식량과 식료품의 소비지로서 전시 체제기에는 배급을 통해 소비를 이어 갔다. 반면 농촌은 식량의 생산지이고 농민들은 그 생산자였기 때문에 자신이 생산한 결과물을 자가소비할 수 있었다. 농촌에서의 식량 배급은 공출과 관련해 진행되었다. 즉 1943년부터 '자가보유미 제도'가 도입되어 생산한 양곡에 대해 자가소비량을 제외하고 공출하는 것을 원칙으로 했으므로 도시와 같이 양곡의 배급 체계는 갖추어지지 않았다.

총독부는 전시에 식량 확보를 위한 증산과 생산물 공출에 심혈을 기울였으나 소기의 성과를 거두지 못하자 식량 소비의 내핍에 중점을 두었다. 또한 전쟁 상황이 악화되면서 양곡뿐만 아니라 주요 식료품의 수급도 원활하지 못하고 그 부족 상태가 심각해졌다. 종합적인 배급 대책은 이러한 배경에서 수립되었다. 총독부는 조선 민중들이 만성적인 식량 부족과 춘궁春窮 상황에 처해 있었으므로 배급을 통해 균등한 식량 분배가 이루어져 효율적이고 합리적인 식량 소비가 이루어

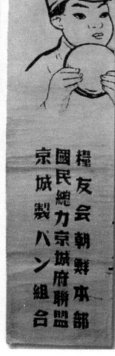

1937
중일 전쟁 발생.

1939
조선, 대가뭄.

1941
일본, 하와이 진주만 공습.

빵 배급 선전물　"이 빵을 먹고 체위를 향상하고 동아시아를 굳게 지켜라", "영양을 향상시켜 총후에 복무하라"는 선전 문구가 적혀 있다. 1941년 12월 태평양 전쟁에 돌입하자 일본 정부는 각종 임시 응급조치들을 정리, 통합하고 항구적인 식량 관리 제도를 확보한다는 명분하에 각종 법을 제정하여 식량에 대한 국가 관리 체제를 확립했다. 일본 정부의 움직임에 발맞추어 조선총독부도 1943년 8월 9일 〈조선 식량 관리령〉을 공포해 조선에서도 식량에 대한 국가 관리를 실시했다. 이 법령에 의하면 주로 쌀, 맥류, 조를 비롯한 주요 식량 전부가 통제 대상이 었는데, 주요 식량이란 잡곡, 전분, 곡분, 고구마·감자 및 그 가공품인 식량, 면류, 빵을 말한다.

졌다고 선전했다. 통제와 배급 체제는 '균등한 분배'와 '강제적 평등'의 가능성을 갖고 있지만 전시 체제기 통제와 배급은 조선 민중의 더 나은 삶을 위해 실시된 것이 아니라 원활한 전쟁 수행을 위해 식량 부족을 '고통 분배' 차원에서 해결하려 했던 것이었다. 결국 민중은 희생과 동원의 대상이었다.

병력과 노동력 강제 동원

일제는 '징병당해 전장에 내몰린 조선인 병대가 무기를 어느 방향으로 겨눌 것인가'라는 우려를 하고 있었다. 그러나 전쟁을 치르면서 육군 병력 수급에 어려움을 겪던 일제는 1938년 〈육군 특별 지원병령〉을 공포해 조선인 병력 동원을 제도화했다. 해군 또한 태평양 전쟁 이후 해상 전투가 본격화되면서 병력이 크게 부족해지자 1943년 〈해군 특별 지원병령〉을 공포해 조선인 병력 동원을 제도화했다. 그리고 전선이 점차 확대되자 1943년 〈육군 특별 지원병 임시 채용 규칙〉을 공포해 조선장학회와 중앙협화회의 주도하에 학도병 명목으로 전문학교 재학생 이상의 조선인들을 전선에 투입했다. 전쟁에 필요했던 인력은 군인뿐만이 아니어서 군속이라는 명목으로 각종 노무 동원이 수반되었다. 군속이란 육해군 문관과 조선인이 포함된 고원雇員·용인傭人 등을 말한다. 조선인 군속들은 남방의 비행장이나 철도 건설 현장, 군 관할의 군수 공장 노동자, 운수 요원, 포로수용소의 감시 요원으로 끌려가 사역당했다. 군속의 모집은 연합군 포로 감시를 목적으로 1942년 발표한 군속 모집 요강에 따라 시작되었다. 총독부가 각 읍면에 인원수를 할당해 면 서기와 순사들을 앞세워 동원했다. 이후에는 군사 훈련 등을 받고 인도네시아와 필리핀, 뉴기니, 미얀마, 태국 등 각처의 포로수용소에 배치되었다.

전시 체제기는 일제가 조선을 강점한 시기 중 가장 많은 인력과 물자, 자금을 동원하고 수탈한 시기였다. 특히 일제의 조선인 강제 동원 정책은 이민족에 대한 불법적이고 반인륜적인 강제 노동의 전형으로서, 한반도 구성원의 품과 인권을 송두리째 앗아 갔고 목숨까지 좌우했다는 점에서 물자 수탈과 차원이 전혀 다른 문제이다.

1939년부터 시작된 일제의 강제 동원 정책은 '모집', '관 알선', '징용'의 형식을 거쳐 노무 동원 외에 지원병·학도병·징병 등 병력원, 군속 등 군과 관련된 분야에서 이루어졌으며, 여자근로 정신대, 군위안부, 종군 간호사, 근로 보국대 등 여성들도 '여성 동원' 형태로 포함되는 등 일제가 도발한 전쟁 수행을 위해 대규모의 조선인 노동력이 강제적, 집단적으로 동원되었다. 조선인들이 강제 동원된 지역도 조선 내는 물론 일본, 사할린, 만주, 중국, 남방 등 '일본권' 전역에 산재했다. 이 중 해외 지역으로 강제 동원된 조선인 노동자 수는 최소 70만 명에서 150만 명 정도, 군인·군속 수는 30만 명 이상으로 추산하고 있다.

강제 동원 정책은 일본의 국가 권력이 기업의 전시 노무 동원 요구를 수용하면서 이루어진 일본 국가와 기업의 공범적 산물이며 총독부가 하부 실행 기구로 역할을 하며 이루어졌다. 강제 동원의 형식은 시기에 따라 모집(1939.9~1942.1), 관 알선(1942~1944.8), 징용(1944.9~1945.8)의 형식을 거쳤다. 그 외에 근로 보국대나 여자근로 정신대라는 이름으로 여성들을 동원하기도 했다.

강제 동원　　일본으로 출발 전 서장의 훈시를 받고 있는 연행자들(1940년대). ① 당시 강제 동원 부장이었던 요시다吉田淸治는 1939~1945년, 조선 내의 노동력 동원을 약 480만, 일본·남양군도에 약 153만이라 하여 합계 633만으로 추정했다.

② 재일 역사학자 박경식은 태평양 전쟁기 연행자 수를 약 150만으로 추정하고, 구체적으로 석탄광산에 약 60만, 군수공장에 약 40만, 토건에 약 30만, 금속광산에 약 15만, 항만운수 관계 약 5만이라 하고, 기타 조선 내 450만, 군인·군속 37만, 군위안부 계 10만여 명으로 추정하고 있다.

③ 허수열은 지금까지 밝혀져 있는 자료들에 의하면 조선 내에서 동원당한 조선인 수는 조선총독부 알선에 의한 것이 42만 2399명, 각 도의 알선에 의한 도내 동원이 414만 6118명이었다고 추정하고 있다.

④ 강성은은 조선 내 480만 명, 일본 본토 152만 명, 군요원 20~30만 명, 군위안부 14만 명, 합계 약 700만 명으로 추정했다.

일본 측 자료 후생성 노무부 발표에서는 66만 7684명, 공안 조사청 72만 4,287명, 《조선경제통계요람》에는 112만 9812명으로 되어 있다. 또한 조선인 강제 연행 진상조사단이 내무성 경보국의 《특고월보特高月報》에 게재된 통계로 산출한 결과를 보면 151만 9142명이라는 숫자도 있다. 대장성 관리국 《일본인의 해외 활동에 관한 역사적 조사》 통권 제10책 조선편 제9분책의 통계 "조선인 노무자 대일본 동원수 조

사"에 의하면, 1939년부터 1945년까지 총 연행자 수는 72만 4787명이다. 그런가 하면 야마다 쇼지山田昭次는 1939년부터 1945년까지 총 연행자 수를 119만 9875명이라고 본다. 1992년 일본 정부가 작성한 조선인 징용자 명부는 9만 804명이었다.

개략적으로 볼 때 한반도 내에서 각종 명목으로 강제 동원된 노동자 수는 연인원 600만 이상, 일본이나 전쟁 지역으로 동원된 노동자 수는 139만 이상, 군인·군속 36만 이상에 이른 것으로 보인다.

북한에서의 연구는 일본 대장성 관리국의 《戰爭と朝鮮統治》 통계와 정부 문헌의 자료에 기초하여 중일 전쟁 이후 시기의 조선 내 징용자 수를 종래의 450만~480만 명보다 많은 609만여 명으로서, 각 도 내(모집, 근로보국대 등 포함) 징용자 수 536만 6000여 명, 관알선 징용자 수 42만 2,000여 명, '국민 징용'자 수 30만 3000여 명이었다. 해외 징용에서도 일본으로 징발된 조선인 수를 종전의 153만 7000여 명보다 많은 168만 6589명으로 추산했다. 이는 일본 공안조사청(1950) 비밀 자료에 밝혀진 1944년부터 1945년까지의 조선인 징용자 수를 더 포함시켜 계산한 결과이다. 여기에 군위안부 수를 20여 만에 달한 것으로 보고, 강제 징병자 41만 7000여 명, 군속 15만여 명 등을 합해 중일 전쟁 후 총 840만여 명에 이른다고 추산했다.

모집은 1939년 탄광, 광산, 토건업 등의 사업체에 조선인 모집을 허가하면서 시작되었다. 일본 회사가 필요한 조선인 노동자 수를 정부에 신청해 허가받고, 모집 책임자를 조선에 파견하면 총독부가 모집할 도道를 할당하는 방식이었다. 모집은 남부 지방 7개 도(경기도, 충청남북도, 전라남북도, 경상남북도)에서 '과잉 노동력'을 대상으로 이루어졌다. 기업에서 파견한 모집 직원이 있었지만 관의 '알선'이 필수적이었다.

모집이라는 형태의 강제 동원은 식민 정책과 큰 가뭄(1939) 등에서 비롯된 경제 파탄에 따른 막다른 선택, 돈을 벌 수 있다는 거짓 선전에 넘어간 환상, 무권리 상태의 농민들에게 가해지는 관-경찰·면 직원의 위압적인 협박성 '권유', '천황'을 위한 전사가 되면 민족 차별에서 벗어날 수 있다고 착각하도록 정체성의 왜곡과 파괴를 강요한 '황민화' 정책 등이 어우러져 실시되었다. 따라서 강제 동원은 자발적 응모라도 그 자발성에 초점을 맞추기보다는 지속적으로 주입된 강요 속에서 인식과 선택의 폭이 제한된 가운데 수반된 강제성과 폭력성에 주목해야 한다.

모집 초기에는 순조롭게 진행되어 1940년까지 11만여 명을 동원했다. 그러나 동원자들이 강제 노동으로 혹사당한다는 소식이 전해지면서 상황이 달라졌다. 허가된 인원에 대한 실제 모집 비율은 1939년 67퍼센트에서 1940년 77퍼센트로 늘어난 이후 1941년에는 69퍼센트로 격감했다. 이제 동원을 위해서는 더 강한 강제력이 필요했다.

실제로 관 알선이 시작되는 1942년에는 동원 비율이 79퍼센트로 급증했다. 동원의 강제력이 더욱 커진 결과였다. 관 알선은 1941년부터 모집 주체를 사업주(기업)에서 총독부 외곽 단체인 조선노무회로 이관해 관이 직접 노동력의 모집·전형·송출을 담당했던 노동력 동원 방식이었다. 관 알선 노동력 공출은 지망 여부를 무시한 채 하부 행정 기관에 공출 수를 할당하고, 하부 행정 기관 역시 이에 호응해 강제 공출을 감행하자 저항이 커져 갔다. 조선인에 대한 징용이 실시되기 전에 강제 송출 방식은 이미 보편화된 상황이었다.

관 알선 방식은 노동자들을 군부대식으로 편성해 이동시켰으며, 모집 범위도 평안도와 함경도를 제외한 전 지역으로 확대되었다. 이러한 상황에서 강제 동원된 노동자 수가 급증했고, 배치 상황도 탄광 부문(59퍼센트)이 감소하고, 토건 부문(20퍼센트)은 증가했으며, 공장 부문(12퍼센트)이 급증하는 변화를 보이며 전 업종에 걸쳐 배치되었다.

1944년부터는 조선에서 징용이 실시되었다. 징용은 도지사가 징용 영장을 교부하고 이들을 모집해서 항구로 인솔해 오면 총독부가 사업주에게 인계하는 방식이었다. 징용은 신규 징용(직업이나 직장을 강제적으로 전환 배치시키는 것)과 현원現員 징용(종래의 직장에 계속 근무하도록 한 것)으로 구분되었다. 전자는 길에서 청장년을 잡아가거나 한 마을을 습격해 청장년을 연행하는 원시적이고 폭력적인 방식이었다. 주요 공장·광산에 대한 현원 징용은 일반 징용을 준비하기 위한 과정으로서 노동자의 만연한 사업장 이탈 현상을 방지하기 위한 조치였다.

노동력 강제 동원을 위해 1939년 제정된 〈국민 징용령〉은 만 16세 이상 40세까지의 모든 청장년으로서 현재 총동원 업무에 종사하지 않는 사람에 대해 무차별적으로 적용되었다. 여성이 대체할 수 있는 부문 종사자들은 긴급 부문으로 전업이 강요되었다. 징용은 직업 전환

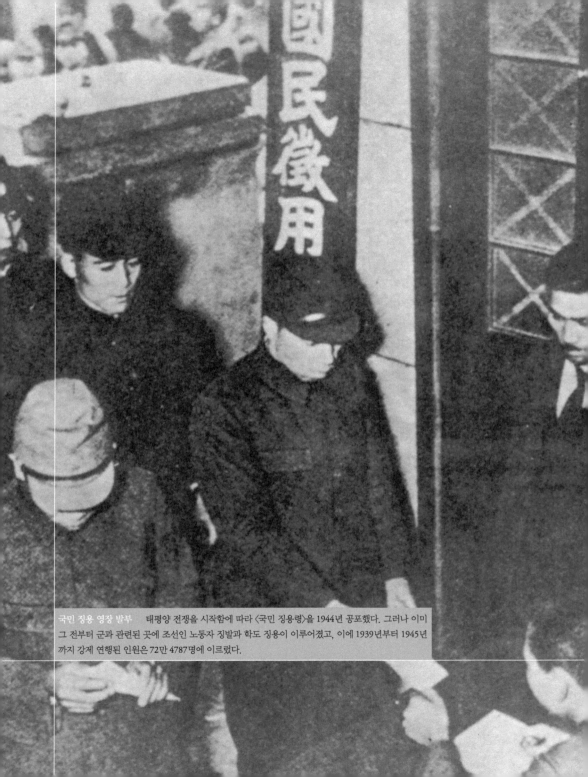

국민 징용 영장 발부 태평양 전쟁을 시작함에 따라 〈국민 징용령〉을 1944년 공포했다. 그러나 이미 그 전부터 군과 관련된 곳에 조선인 노동자 징발과 학도 징용이 이루어졌고, 이에 1939년부터 1945년 까지 강제 연행된 인원은 72만 4787명에 이르렀다.

을 개인 의사와는 무관하게 '국가' 의 힘으로 강제하는 것이었다.

강제 동원으로 기업은 노동력 조달에 필요한 비용을 총독부에 부담시킬 수 있었다. 총독부 입장에서도 노동자를 장기간 강제 동원하면서 효율적으로 노동력을 공급할 수 있었다. 그러나 전라남도의 1944년도 노동자 송출 성적이 40퍼센트에 불과하고 다른 지역은 20~30퍼센트에 불과할 정도로 징용은 순탄하게 이루어지지 않았다. 동원할 노동력이 점차 고갈되어 가는 데다 조선인들의 저항이 거세지면서 더욱 강제성과 폭력성이 요구되는 악순환이 반복될 수밖에 없었다.

강제 동원된 노동자의 삶

조선에서 강제 동원된 노동력에 대한 사용 방법이나 노무 관리는 사업장마다 달랐지만 기본적으로 국가의 간섭과 폭력 지원 속에서 이루어졌다는 공통점이 존재한다. 동원된 노동자들은 일본 현지에 도착한 후 군대식 훈련을 받고 민족 차별과 잔혹한 폭력을 감내하면서 공휴일 반납이 일상화된 강제 노동을 강요당했다. 휴식을 취할 수 없는 상태에서 체력과 정신력은 소진되었으며 위험성이 높은 작업장에 집중 배치되어 사상자도 많았다. 생활 공간은 외부와 차단된 감금 상태에서 노무과 직원과 경찰, 협화회協和會의 밤낮을 가리지 않는 삼엄하고 살벌한 감시 체제하에 있었다. 노동자들이 도망가지 못하게 목책 등으로 두른 담장과 인적·심리적 장벽, 열악한 의식주 상태 등은 강제 동원된 노동자들을 자포자기 상태로 빠뜨리기에 충분했다.

폭력적인 노무 동원과 열악한 노동 환경은 생명을 건 도주를 감행하는 이들을 양산했다. 강제 저축된 미불 임금까지 포기한 채 도주하는 이들이 급증했다는 사실은 당시 이들이 처해 있던 노동 환경이 어떠했는지를 잘 보여 준다. 도주는 지도자의 인도하에 조직적으로 집단 탈주하는 경우도 있었으나 거의 대부분은 단독으로 결행했다. 시기는 연행된 지 약 6개월이 지난 시점이 가장 많았고, 계절로는 3, 4, 5월과 9, 10월이 많았다. 도주 원인은 모집 조건, 임금 및 작업 시간에 대한 불만, 작업의 어려움, 식량 문제 등이었다. 조선인 노동자들의 대부분이 사회 의식이 상대적으로 낮았다고 할 수 있는 농촌에서 동원된 농민 출신이었음을 감안하면 그들의 36.5퍼센트에 달하는 분쟁 참가율은 대단히 높은 수치라고 할 수 있다. 그리고 이는 그만큼 작업 조건이 열악했고 민족적 차별을 심하게 받았음을 보여 준다.

노무자의 도주율은 강제 동원 1년 만인 1940년 말에 이미 18.7퍼센트에 달했고, 노동 강도와 강제력이 높았던 탄광에서는 20.9퍼센트나 되었으며 이후 계속 증가했다. 일본 체류 기간이 긴 조선인 노동자는 일본어와 주변 환경에 상대적으로 익숙해 도주율은 훨씬 높았다.

조선인 노동자의 계약 기간은 대부분 2년이었고 계약 기간이 만료되면 갱신을 강요당했다. 특히 탄광에서 이러한 강요가 심했고 이때 경찰 등 강권과 협화회의 '독려'가 크게 작용했다. 미야기 현 호소쿠라細倉 광산에 동원된 정영두鄭英斗의 증언에 의하면 계약 갱신을 거부하면 큰일 날 것이 뻔해 아예 거부하는 사람도 없었고, 자신도 1942년 12월에 계약이 끝났지만 회사 측이 돌려보내 주리라고는 생각조차 못했을 정도로 강압적인 분위기였다는 것이다. 그렇다면 일본으로 강제 동원된 조선인 노동자들의 임금 수준은 어떠했을까? 일본 기업이 모집 때 약속한 임금은 대략 하루 2엔 50전 수준이었다. 이 약속대로라면 1년 수입이 800엔 전후가 되어 대단히 높은 수준이었다. 당시 개인 소득세 과세 대상(800엔 이상)인 총 호수의 3퍼센트 이내에 속하는 고소득층에 속했다. 물론 이러한 임금 약속은 전혀 지켜지지 않았지만 모집자 중에는 이러한 선전에 넘어가 스스로 응한 경우도 적지 않았을 것이다.

이는 일본 국가나 기업이, 조선인들이 자율적으로 모집이나 알선에 응한 것이라고 주장하더라도 결국 사기 행위에 불과했음을 방증하는 것이다. 실제로 조선인 노동자들이 받은 임금을 보면, 일본강관日本鋼管 가와사키 제강소에 강제 동원된 김경석金景錫의 경우 실수령액이 일급 35전 정도인 10엔에 불과했지만 연행 당시 회사 측이 약속한 임금은 80엔이었다.

도주자가 많았다는 것은 고역 외에도 약속한 임금보다 크게 적거나, 설령 약속을 지켰더라도 조선인 노동자들이 실질적으로 손에 쥘 수 있는 소득 효과가 전무했기 때문이기도 했다. 임금 가운데 애국 저금, 광부 저금, 퇴직 적립금, 후생 연금 보험금, 가정 송금 등 각종 명목으로 강제 저축되어 일본 국가와 기업이 대부분을 탈취하고 극소액만 지급되었다. 《반도 노무자에 관한 조사보고》에 따르면 조선인 노동자의 평균 월수입은 70.67엔으로 기록되어 약속했던 임금에 가깝다고 볼 수도 있다. 그러나 저금과 송금 32.09엔(45.4퍼센트)을 공제한 38.58엔 중에서도 5엔만 지급하고 나머지도 각종 명목의 저금 송금으로 통장을 노무계가 보관했다. 즉 대부분의 임금을 지급하지 않았다. 광산은 회사 저금을 강제하면서 5~7퍼센트 이자율을 계산했다지만 지급 의도가 사실상 없는 상황에서 이는 무의미한 가상의 수치에 불

조선인 토목 노동자 홋카이도 나카가와에 강제 동원된 조선인 토목 노동자들이다. 홋카이도 개척에는 수많은 조선인 노동자와 죄수가 동원되었으며, 도망가거나 저항하면 폭력을 당했다.

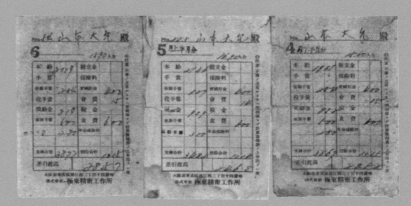

월급봉투　오사카의 정밀 공
작소에 동원된 조선인 노무자
가 받은 1945년 4~6월의 월급
봉투다. 본급, 수당, 애국저금,
식비 등의 내역이 적혀 있다.

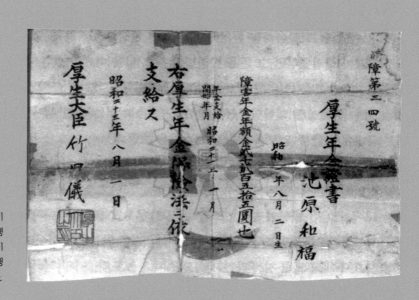

연금 증서　지급 개시일이
1946년 1월로 명시돼 있는 후생
연금 증서다. 많은 조선인들이
해방 후 일본 정부로부터 후생
연금을 받지 못한 채 귀국했다.

과했다. 이외에도 각종 명목으로 '헌금'이 공제되어 전쟁 비용으로 직접 유용되는 경우도 많았다.

한편 조선 국내의 동원에서 중요한 위치를 차지한 것은 근로 보국대였다. 총독부는 1941년 〈국민 근로 보국 협력령〉을 시행하면서, 모집·관 알선 등의 동원으로 부족한 노동력을 보충하기 위해 종래의 다양한 근로 보국대를 통합했다. 특히 1943년부터는 공장·사업장의 손쉬운 작업은 근로 보국대의 노무로 충당하고, 동원 인원은 1년간 조선 내 전 호수戶數의 20퍼센트를 목표로 할 것이 지시되면서 그 동원 규모가 확대되었다. 조선 내의 주요 산업 시설이나 광산, 농업, 토목, 건설 등 각 분야에 필요한 노동력을 조달하기 위한 동원 규모는 연 450만 명 정도로 추산되며, 그 대다수가 근로 보국대 형태로 동원되었다.

근로 보국대 동원 대상은 14~50세 남자와 14~25세의 미혼 여성으로서 정동리 부락 연맹 단위로 조직했다. 그들의 주 임무는 총독부 차원에서 실시하는 공출이나 군사상 필요한 토목 건축·운반 작업에 부역, 지역 단위의 공공 이익과 필요에 의한 작업에 대한 부역, 관 알선이나 징용 등에 적극 협조하는 노무 인적 자원 보급 등이었다.

일본군 '성노예' : 일본군 강제 위안부

전쟁은 식민지 여성에게 더 큰 고통을 주었다. 일본군의 정욕을 채우는 대상으로 고통 중의 고통이었던 '성노예'로 징발된 여성은 공장 노동력으로 동원된 근로 정신대와 사뭇 그 의미가 다르다. '정신대'란 자발적으로 몸을 바친다는 뜻으로 일제가 무상으로 노동력을 동원하기 위해 만든 제도로, 남성·여성을 모두 포괄하고 보도·의료·근로 등 여러 분야에 걸쳐 동원되었다. 1944년 〈여자정신대근로령〉이 발포되면서 정신대는 '처녀 공출'이라는 모욕적 뜻으로 불리었다. 이처럼 당시 조선인 대부분이 여성을 성적 동원하는 것으로 정신대를 인식하고 있었다.

만주 지방을 중심으로 1930년대 초부터 설립되기 시작한 일본군 위안소가 일본군 전체에 체계적으로 시행된 것은 1937년 말경부터로 추정된다. 위안소의 설치·경영, 위안부의 모집·수송에 이르는 전 과정을 군이 주도하고 내무성·외무성 등과 조선총독부, 대만(타이완)총독부가 협력하는 체제를 갖추었다. 이후 민간업자가 진출했고 전선의 확대와 수요의 증대, 통제의 필요성이 커짐에 따라 점차 다시 군이 직영하거나 행정 당국의 협조를 얻어 운영했던 것으로 보인다.

조선에서의 '성노예' 연행은 일본 정부의 정책과 명령 체계를 따라 식민지 조건에서 용이하게 진행된 것으로 보인다. 많은 수의 여성을 필요로 하는 '위안소' 제도의 전면 확대는 조선 여성의 동원을 전제로 한 것으로서 '성노예'의 70~80퍼센트가 조선 여성이었다. 일본 여성은 소수의 매춘 여성 외에 동원 대상이 되지 않았다. 1930~40년대에 일본 여성에게는 황국 신민을 낳아 기르는 모성 보호 정책과 대조적으로 '성노예' 동원은 총동원 체제의 일환으로서 일제가 전 조선 여성을 상대로 무차별하게 행한 모성 말살 정책이었다.

'성노예' 강제 연행 방식은 당시 조선 농촌의 극빈 상태를 이용한 취업 사기가 가장 많았다. 실제로 '성노예' 동원 대상자들은 대부분 빈농 출신이었다. 취업 사기는 대부분 민간인이 전면에 나서 행했지만 전도금 지급 등 거액을 조달해야 했기 때문에 일본군이나 총독부

1932
제1차 상하이사변, 군위안소의 설치.

1937(7월)
중일 전쟁 발발, 일본군 위안부 제도의 확
대 시행.

1937(12월)
난징학살 발발, 군위안소의 설치.

위안부　　일본군 위안소 입구(왼쪽)와 위안부(오른쪽). 일본군 위안부는 일제가 1930년대부터 1945년까지 만주사변, 중일 전쟁, 태평양 전쟁
등의 시기에 강제로 군위안소로 끌려가 성노예 생활을 강요당했던 여성들을 말한다. 총독부는 각 도·군·면에 동원 칙령을 하달하고 면장 책
임하에 위안부를 동원하게 했는데, 10대 소녀로부터 40대 여성이 이에 해당되었다. 이때 아무리 교통편이 없는 오지일지라도 위안부가 없는
곳이 없었다고 하니, 얼마나 많은 한국인 여성이 끌려갔었는지 짐작하고도 남는다.
일제는 여성도 근로 보국대, 여자근로 정신대라는 이름으로 끌고 가 노동력을 착취했다. 더욱이 많은 여성들을 일본군이 주둔하고 있는 아

1941
관동군의 특별군사 연습, 조선인 위안부 대량 모집.

1944
조선총독부, 〈여자정신대근로령〉 공포.

1945
일본 주둔 맥아더 사령부, 150명의 한국인 위안부 귀국 조치.

시아 각 지역으로 보내 위안부로 희생시키는 천인공노할 만행을 저지르기도 했다.

조선인 위안부들은 때로는 하루에 20명이 넘는 군인들을 상대해야 했으며, 이를 거부하면 심하게 매질을 당했다. 또한 전쟁 막바지에는 미군의 공습이 강화되자 일본군이 위안부들을 버리고 퇴각하는 경우도 많았다고 한다. 상황이 이렇다 보니, 전쟁이 끝났어도 고국에 돌아오지 못하는 경우가 대부분이었고, 돌아와 혼인을 해도 임신을 할 수 없어 말 못 할 수치심과 고통을 짊어지고 여생을 살아야 했다.

의 지도와 협조하에 이루어질 수밖에 없었다. 다음으로 폭력적 연행 또한 많았는데 많은 피해자들이 "강제로 트럭에 태워졌다", "강제로 경찰서로 끌려갔다"고 증언했다. 폭력적 연행은 대부분 군인과 경찰에 의해 이루어졌고, 1940년 이후로는 폭력적 연행이 취업 사기에 필적할 정도로 증가했다.

피해자들은 어떠한 방식으로 연행되었든 모두 자신이 '위안부'가 될 것이라는 사실을 몰랐으며, 연행 도중에는 엄격한 감시를 받았고, 연행 후에는 탈출할 수 없도록 통제를 받았다는 점에서 '성노예' 동원 방식은 거의 모두 강제 연행이었다. 취업 사기이든 폭력적 연행이든 총독부(일본 정부)나 일본군의 개입 없이 많은 여성을 동원하는 것은 불가능한 일이었다. 민간인이 모집하면 해외로 나갈 때 관할 경찰서가 발행하는 도항 증명서가 필요했지만 '성노예'는 도항 증명서 없이도 도항이 묵인되었거나, 경찰서에서 도항 증명서를 받았다. 또한 피해자들은 군인이나 경찰에게 강제 연행된 경우는 물론이고 민간인에게 연행된 경우에도 기차, 트럭, 배를 이용한 장거리 이동이 시작되면 군인에게 인계되었다고 증언하고 있다. 트럭의 경우는 군용 트럭이었고, 배를 이용한 경우 대부분 큰 군함을 탔다는 것이다. 이처럼 '성노예' 피해자들이 기차나 트럭, 또는 배를 이용한 장거리 수송으로 이역만리까지 연행되어 일본군에게 인계된 곳은 조선, 일본, 만주, 타이완, 중국, 남아시아, 남양 군도 등 '일본군이 주둔한 모든 곳'이었다.

이들은 하루에 많은 경우 40~50명에서 통상 20~30명, 적을 때는 5~6명 정도나 되는 일본군을 상대해야 했다. 그것을 거절하면 뭇매를 맞거나 심하면 타살打殺당하기까지 했다. 피해자들은 군인들의 성병 예방을 위해 정기 검진을 받았지만, 군 작전 지역 안에서 성 상대가 되었기 때문에 사실상 감금 상태에 있었다. 이들은 물건보다 못한 취급을 받으며 심지어 우리말도 쓸 수 없었다. 이름도 일본식 이름이나 번호로 바뀌어 불렸고 옷도 일본식으로 입어야 했으며, 〈황국 신민 서사〉 등을 교육받아 일본군의 승리를 기원하도록 강요받고 각종 노동에 동원되어 혹사당했다.

일상의 통제와 민중의 삶

국민정신 총동원 운동에서 국민 총력 운동으로

총독부는 1930년대 조선 농촌의 경제적 어려움과 농민 운동의 고양 등 식민 지배 체제를 위협하는 상황을 모면하고 농민들을 체제 내로 끌어들이기 위한 사회 개량 정책을 실시했다. 이를 위해 총독부는 1932년 농촌 진흥 운동 및 농가 경제 갱생 계획을 실시해 개별 농가의 경제 상황을 호전시키려 했고, 조선인의 사상과 정신을 통제해 천황 숭배 의식을 심기 위한 심전 개발 운동心田開發運動을 전개했다. 그러나 총독부는 전쟁이 확대되자 여기에서 더 나아가 조선인들을 전쟁에 자발적으로 동원할 수 있는 사회 분위기를 만들어야 했다.

일제 말기 파시즘적 전시 체제의 특징은 천황제를 정점으로 '순수한 일본 정신'과 우수한 일본 민족이라는 극단적인 배타성과 국수적 성격을 띤 전통적인 군국주의 논리의 결합이었다. 문화와 역사가 다른 조선에서 이를 관철시키기 위해서는 더욱 강한 통제와 억압이 수반될 수밖에 없었다. 앞에서 살펴본 '황민화' 정책이 조선인 개개인에게까지 스며들 수 있도록 하고, 이를 감시·통제하기 위해 총독부는 전 조선인을 대상으로 강고한 조직화를 시도했다.

총독부는 1938년 7월부터 국민정신 총동원 운동(이하 정동 운동)을 전개했다. 정동 운동은 천황제 이데올로기를 바탕으로 전체주의적 의식을 일상생활 속에 구현해 국책에 대한 조선인의 협력, 나아가 내선 일체와 황국 신민화를 꾀하려는 것이었다. 정신적 동원은 경제 부문 등 다른 부문을 총동원할 수 있는 기반이었기 때문이다.

정동 운동은 단순히 정신·사상적 선전 및 캠페인에 그치지 않고 조선인들을 실질적으로 통제할 수 있는 조직화를 꾀했다. 정동 운동 조직은 정동 조선연맹(중앙 조직)하에 경성과 같은 도시 지역에는 부군도府郡島 연맹-정동리町洞里 부락 연맹으로 연결되는 체제로, 지방에는 도道 연맹, 부군도 연맹-읍면 연맹-정동리 부락 연맹 등의 행정 단위를 기본으로 한 조직이 결성되었다. 일본에는 시정촌市町村 등 세부 조직이 없었지만, 조선에서는 전국의 모든 말단 행정 조직을 기준으로 했다. 이에 마을 단위까지 위로부터의 명령이 일사불란하게 하달되었다.

정동 운동은 1938년 말 96퍼센트의 조직률을 기록할 정도로 빠르게 진행되었는데, 이는 1932년부터 시행된 농촌 진흥 운동의 하부 조직이었던 농촌 진흥회나 각종 계 등을 그대로 활용했기 때문이다. 총독부는 농촌 진흥 운동의 조직적 경험을 기반으로 정동 운동의 목적인 황민화와 전쟁 동원 협력을 위한 전시 체제를 구축하고자 했다. 1939년에는 말단 조직을 정동리 부락 연맹에서 애국반愛國班을 거쳐 호戸(가구)로 이어지도록 했다. 전체주의적 가치관에 따라 호 단위 통제를 통해 개개인 통제의 효율성을 높이기 위함이었다.

정동 운동은 조선인들에게 개인적 욕구와 이윤 추구 등을 부정하고 국가와 사회에 대한 집단주의와 전체주의를 주입시켰다. 이는 정신 교육과 구호에 그치는 것이 아니라 실질적인 전시 동원으로 연결되었다. 조선 민중은 신사 참배 외에도 농사에 영향을 줄 정도로 매월 애국일 행사와 월례회·각종 주간 행사 등에 동원되었고 일제의 황민화 정책은 서서히 일상에 침투하기 시작했다. 이러한 행사 동원은 집요하고 반복적으로 이루어졌다. 따라서 정동 운동이 마련한 각종 행사에 비판적이거나 마지못해 참여한 경우라고 해도 형식을 갖춘 일본 정신 내면화 정책과 각종 의례를 반복적으로 접하다 보면 황민적 심성을 자연적으로 체득하게 될 가능성이 높았다.

일제의 침략 전쟁이 장기화되면서 총독부는 조선의 치안 상황에 대해 방심할 수 없었다. 당시 조선에서는 저변에 깔린 민족주의적 정서를 비롯해 통제 경제에 대한 불만이 확산되어 갔고, 각종 관제 운동 조직들이 난립하면서 마찰도 적지 않았다. 이에 일제는 기존 관제 운동의 통폐합, 전시 체제에 대한 조선 민중의 저항 근절, 대규모 인적·물적 동원 계획 수립과 실행 등의 과제를 해결하기 위해 농촌 통제 정책을 전면 재검토했다.

그 결과 1940년 10월 국민 총력 조선연맹을 발족하고, 정동 운동과 국민정신 총동원　　일본 우정성에서 1938년 발행한 국민정신 총동원 선전 포스터다. 일제는 중일 전쟁 이후 간이 보험과 우편 연금에 적립된 자금을 전쟁 비용으로 끌어다 넣기 위해 선전을 벌였다.

국민정신 총동원연맹이 건물 곳곳에 게재한 현수막　일본 정신, 저축, 국민정신 총동원 따위를 선전하고 있다. 일제는 한국인의 민족혼 말살을 위해 황민화 교육을 강화했으며 1941년 4월 1일부터는 국민학교의 한국어 학습 전폐와 일상에서 한국어 사용을 전면 금지했다. 거리에는 사진과 같이 국민정신 총동원연맹의 명의로 '일본 정신 발양'을 고취하는 선전물을 게시했다.

농촌 진흥 운동을 통합하여 행정 기관과 유기적 관계에서 전면적 동원 체제를 구축한 국민 총력 운동(이하 총력 운동)을 실시했다. 총력 운동의 특징은 첫째, 사상 통일을 위해 일본 정신 앙양과 내선일체 완성을 요구하고, 궁성 요배·신사 참배 등의 의식과 형식을 중시했다. 둘째, 국민 총훈련을 위해 철저한 직역 봉공과 생활 신체제의 확립을 강조했다. 이에 따라 자유주의적 요소를 완전히 제거하고 천황 숭배와 국가주의에 입각해 지시와 명령에 따라 행동할 수 있도록 훈련했다. 셋째, 생산력 확충을 위해 증산 완수를 강조함으로써 개별 농가의 경제적 갱생 구호는 집단 증산주의와 촌락 단위의 계획 생산주의로 대체되었다. 즉 정신 동원 외에 생산력 확충이 주요 과제로 추가되었다.

정동 운동의 지도 기구였던 국민정신 총동원 위원회는 국민 총력 운동 지도 위원회로 개편되었고, 운동의 중앙 기구인 국민 총력 조선 연맹의 지방 조직은 각 도 아래 지방 연맹으로서 부군도·읍면·정동리 부락에 이르기까지 개인과 단체를 망라해 결성되었다. 상층의 명령이 행정 체계에 따라 촌락의 부락 연맹, 애국반을 통해 각 가정에게 전달되는 일원적 계통 조직은 더욱 정비되었다. 각종 연맹(직역 연맹)도 결성되어 소재지 지방 연맹에 가입해야 했고 각 개인은 지방 연맹과 직역 연맹에 가입해야 했다. 총력 운동의 계통 조직은 정동 운동의 조직망을 근간으로 했지만 정동 운동 단계보다 더욱 정교하게 재편되었다.

애국반 체제, 반상회를 통한 일상적 주민 통제

조선에서 전개된 정동 운동과 총력 운동은 조선인의 일상과 의식

전시 생활 포스터

세계를 황국 신민적 소양으로 개조할 수 있도록 최말단까지 치밀한 조직망을 구축했다. 이 중 조선 민중들을 직접적으로 조직화하고 정책을 전달할 수 있는 단위는 정동리 부락 연맹하의 애국반이었다. 말단 행정 기구의 세포 조직, 연맹의 최하위 실행체였던 애국반은 총력 운동의 최하부 기저 조직으로 10호 규모의 기동성을 발휘해 정책 실행을 담보하는 단위였다. 이는 자치 조직이 아닌 관제 기구의 말단 조직으로서 총독부의 정책, 즉 색옷, 국민복, 몸뻬(왜바지) 착용과 양력 사용 등의 지시를 마지막으로 전달받는 조직이었다.

총독부는 조선인의 전시 협력 유도 방안으로서 부락 연맹이나 애국반 단위의 반상회를 적극 활용했다. 이에 따라 매월 1일에 애국반 상회가 열렸다. 태평양 전쟁 이후 1942년부터 애국반 상회일은 전쟁 도발일인 매월 8일 대조봉대일로 변경되었다가, 다시 애국반 상회일은 매월 10일로 정리되었다.

애국반 상회는 정회町會를 기본으로 이루어졌다. 정회는 다음과 같이 진행되었다. 애국 반장은 반원을 모아 반기를 앞세우고 정町의 공회당으로 모인다. 출석을 확인한 후 애국 반원은 줄지어 앉아 개회 시간을 기다린다. 오전 7시 40분 개시 사이렌이 울리고 방송에서 국민총력 노래와 애국반 노래가 울려 퍼진다. 이어 국기 게양과 국가 합창, 궁성 요배와 묵도, 천황의 조서 봉독이 이어진다. 끝으로 당면 사항을 논의하고 〈황국 신민 서사〉를 봉창하고 천황폐하 만세 삼창을 한 후 국기를 내리면 해산한다. 이 모든 의례는 약 30분 정도 진행된다. 이러한 모습은 근래까지 학교에서 매달 또는 매주 한 번 진행되었던 '조회'와 비슷하다.

정회 주민들에게는 상회 참석을 독려했는데, 참석하는 이들은 대개 부녀자들이었다. 총독부는 남성 가장의 출석을 장려하고 관리, 은행원, 회사원 등에게 출석을 독려하는 방송을 내보내기도 했다. 특히 경성 연맹의 애국반 상회는 전국의 모범 사례로 소개되었다. 지방 도시에서는 이 사례를 따랐고 신사가 없는 농촌에서는 실정에 맞게 조금씩 변경하여 시행했다.

매월 열리는 상회는 하루 일과와 식사를 마치고 오후 7시 30분쯤 열린다. 애국 반장의 주도로 참석한 이들은 반에 소속된 가구의 대표였다. 반상회 순서는 궁성 요배와 묵도를 시작으로 주지 사항을 듣고 보고한 뒤 제시되는 주제에 대한 강화를 들었다. 경우에 따라서는 일제 파시즘을 찬양하는 영화, 연극, 창가를 관람했다. 〈황국 신민 서사〉를 제창하는 것으로 반상회를 마치기까지는 두 시간쯤 소요되었다.

초기에는 애국반 상회에 많은 사람이 참석하지 않았다. 특히 조선인과 일본인이 함께 사는 도시 지역에는 이런 현상이 두드러졌다. 서로 기피하며 한자리에 앉기를 꺼렸기 때문이다. 총독부는 이에 대한 대책으로 애국 반장에게 일정한 권한을 주었다. 도시 사람들은 배급표가 있어야 식량을 살 수 있는데, 배급표에는 반장 도장이 찍혀 있어야 유효했다. 일부 반장들은 출석하지 않는 반원에게 청소와 같은 벌을 주었다. 반장이 이런 권한을 행사하자 출석률은 높아졌다.

또한 애국 반장의 역할이 중요하다고 생각한 총독부는 친일적 성향을 가진 지식인, 또는 지식 여성 중에 집안일만 하는 부인을 애국 반장으로 임명했다. 최정희의 소설 〈2월 15일의 밤〉은 이러한 상황을 잘 보여 주고 있다. 소설에서 평범한 주부 선주는 그동안 하녀를 대신 보냈던 애국반에 참석해 보니 사람들이 모임의 이유보다 배급 전표 받는 것에만 관심이 있는 것을 보고 국민들은 병사와 마찬가지로 고난이 있어도 참아야 한다고 주장한다. 라디오에서 싱가포르를 일본이 점령했다는 소식을 듣고 남편과 후련해하면서 애국반 반장을 맡아 시국에 충성하자는 다짐을 한다.

애국반은 지역 단위뿐만 아니라 광산, 공장, 은행, 회사 등에도 조직되었다. 이로써 거의 모든 조선인이 애국반으로 조직되었다. 애국반의 활동은 상회와 같이 천황제 이데올로기를 주입시키려는 의식적 행사뿐만 아니라 기본 생활과 직결된 배급에 대한 통제, 일상생활에 대한 감시 기능까지 수행했다. 이러한 통제와 규제가 심해질수록 조선 민중들의 반발과 저항심도 커져 갔지만, 일상적 삶을 살아가기 위해 이에 적응하거나 애국 반장 부인들처럼 자신을 실현하고 실질적 이득을 얻기 위해 적극적인 협력의 모습을 보이기도 했다.

농촌에서의 중견 인물 양성과 하급 행정 관리의 확대

일제가 조선인에 대한 황민화 정책과 통제를 통해 내선일체 효과를 높일 수 있다고 간주한 계층은 청년층이었다. 그러나 조선인의 낮은 취학률과 일본어 해독률, 학내에서의 빈번한 저항 등으로 정규 교육을 통한 '황민화' 정책은 한계에 봉착했다. 이러한 배경에서 일제는 보통학교 졸업생 지도 시설이나 청년 훈련소와 같은 장단기 양성 시설을 통해 '중견 인물'을 양성해 활용하고자 했다.

총독부는 1920년대 들어 농촌에서 평민 출신의 중심 인물이 대두하기 시작하는 것에 주목하고, 이는 초등교육의 보급이 주요 요인이라 파악했다. 이에 30년대 이후 중견 인물 양성을 위해 총독부는 도나 군 단위로 지도학교를 설치해 보통학교 졸업생을 지도했다. 보통학교 졸업자들은 일제 지배 정책에 순응하도록 교육받은 자로서, 일제의 지배에 협력하면서 촌락의 중견 인물로서 활동하도록 교육받았다.

그리고 총독부는 점차 보통학교 졸업생 수가 늘어나자 30년대 후반부터는 졸업생 지도를 거친 청년층 중에서 일부를 선발해 농촌 청년 훈련소나 농업 보습학교에서 1~2년 단기 교육을 통해 중견 인물을 양성한다는 방침을 세웠다. 특히 14세에서 30세 사이의 청소년층을 망라한 대중적 교육·훈련 청년 단체로 조직된 농촌 청년단, 청년 훈련소, 강습회 등을 수료한 이들은 중견 인물 양성의 저수지 역할을 했다.

이러한 양성 시설은 1938년 이후 급증했다. 1938년 이전에는 1년에 약 천 명 정도를 양성할 수 있는 시설이 있었으나 1938년부터 1940년 사이 양성 인원이 약 만 명으로 늘었으며, 1941년에는 약 3만 명의 중견 인물을 양성할 수 있는 시설을 갖추게 되었다. 정동 운동 이후 단기 양성 시설을 급조해 중견 인물을 많이 배출하고자 한 까닭은 새로 양성되는 중견 인물에게 농촌을 총동원 운동으로 포섭할 수 있는 매개 역할을 기대했기 때문이다. 1941년 설치된 단기 양성 시설 또한 총력 운동의 전개와 밀접하게 연관되었다.

정동 운동과 총력 운동의 추진 대원 양성도 중견 인물 양성의 일환으로 진행되었다. 1939년에는 귀휴 제대한 육군 특별 지원병 지원자 중 조선연맹의 강습을 받은 자, 총독부 중견 청년 훈련소를 수료한 자, 흥아 근로 보국대 조선 부대에 속한 자 등을 추진 대원으로 선정한다는 내용의 규정이 만들어졌다. 1941년에는 총력 운동 전개와 함께 추진 대원의 범위를 확대하고 여성 추진 대원도 양성했다. 이는 일제가 기존 중견 인물 양성 시스템만으로는 총동원 정책을 추진하기 어렵다고 판단해 협력 범위를 확대하기 위한 조치였다. 이와 함께 1943년 농업 증산 실천원, 1944년 농업 요원제를 실시해 농업 증산과 공출, 농가 지도 등을 수행하는 촌락의 핵심 인물을 선정했다.

이처럼 총력 운동 추진대, 농업 실천 증산원, 국민 저축 추진원 등 농촌 사회에서 중견층이 대거 증가하게 된 데에는 초등교육의 확대와 일제 정책에 협력하는 청년층이 늘어나게 된 것도 무시할 수 없다. 그러나 이들은 관의 앞잡이(끄나풀) 정도로 취급되면서 농촌 사회의 중심 인물로서 농민들의 지지와 지도력을 인정받지 못한 채 일제 총동원 체제의 하위에 종속된 인물에 머물러야 했다.

한편 조선에서도 전시 동원이 본격화되면서 당시 '시국 업무'라 불렸던 각종 업무가 폭증했고, 이것은 당연히 일선 행정 관청에 부과되었다. 이러한 업무는 대민 접촉이 필요한 경우가 많아 말단의 읍면 직원들은 과중한 업무 부담을 호소하며 인원 증가와 대우 개선을 요구했다. 총독부도 읍면 행정의 역할과 중요성을 알고 있었으므로 이러한 요구를 부분적으로라도 수용해야만 했다.

이에 따라 1940년에서 1943년까지 지방 행정의 말단으로서 실제적인 대민 접촉 창구 역할을 했던 읍면 직원 수가 급격히 증가했다. 농업 생산에서 기술적 지도를 담당했던 읍면 기수技手와 읍면 행정의 실질 담당자인 읍면 서기, 자연 부락의 행정 담당자 역할을 수행한 구장區長 수가 많이 증가했다. 특히 구장은 1940년 이후 전시 동원과 통제 관련 사무 증가로 거의 모든 마을마다 배치되면서 그 수가 격증했다.

이러한 구장 수의 증가와 함께 구장의 처우 개선도 요구되었다. 총력 운동 실시와 함께 구장의 역할과 처우가 조정되었는데, 하나는 구장이 국민 총력 부락 연맹의 이사장을 겸임하게 한 것이고, 다른 하나는 구장에게 급여를 지급한 것이다. 총독부는 전통적인 공동체적 질서가 존재하는 자연촌(마을, 부락)을 행정의 말단 단위인 구區로 상승시키고 부락 연맹 이사장이 구장을 겸임토록 하여 동원의 효율성을 확보하고자 했다. 이에 구장에게 물질적인 대우(보수 지급)와 함께 일반 공직자로서 대우하도록 했다. 그러나 전시 말기 일제의 강제 동원과 수탈이 심해질수록 구장은 전시 동원 정책의 말단 집행인으로서 총동원 체제의 최전선에 서게 되었고, 민중 원성의 표적이 되기도 했다.

일상생활의 '결전화決戰化'와 삶의 궁핍

1939년 이후 식량에 대한 본격적 공출이 시작되면서 조선인들의 가장 주된 식량인 곡물 소비는 양적으로나 질적으로 더욱 열악해져 갔다. 총독부는 전시하 식량의 공출 강화를 위해 애국반을 동원해 대대적인 '절미 운동'을 전개했다. 일례로 함경북도에서는 10일분의 비상 쌀을 준비시키기 위해 비상 식량대를 집집마다 비치케 하고, 애국반의 지도로 밥을 지을 때마다 한 숟가락씩 절미節米를 하게 했다. 그러나 이러한 '절미 운동'은 식량의 절대 부족 상황에서 진행된 것으로 실제 식량 사정은 매우 열악했다. 1942년 김해군 내 국민학교 아동 6526명의 도시락을 조사한 바에 따르면, "순백미 380명, 쌀 50퍼센트 정도는 1358명, 쌀 30퍼센트 정도는 821명, 쌀 20퍼센트 이하는 122명, 순잡

곡은 3명이며, 도시락을 지참하지 않은 자는 3842명"으로 소수의 상층을 제외하면 아예 점심을 먹지 못하는 아동이 절반을 넘었다.

전시 상황에서 식량 부족이 심각해지자 소비를 통제하기 위한 방법으로 도시 지역에서는 1940년부터 식량 배급을 실시했다. 1941년 양곡 배급량은 일반 성인 2합 7작(합은 되[升]의 10분의 1로 약 180미리리터), 노동자 6합이었고 1회 배급량은 10일분으로 했으며 경성부는 5~7일분을 배급했다. 그러나 1942년에는 배급량이 일반인 2합 5작, 노동자 5합으로 감소되었다. 식량 사정은 시간이 지날수록 더욱 나빠져 1943년 이후에는 주식 배급량의 최저 기준인 2합 3작에도 미치지 못해 만주산 잡곡 등의 혼식과 대용식을 강화했다.

당시 총독부 경찰이 적극적으로 단속하고 나선 소위 '유언비어'에는 이러한 도시부의 배급 실상을 짐작케 하는 사실이 넘쳐나고 있다. 1942년경 "경성에서는 1인당 1일 2합 5작의 배급이 있었는데 돌연 1합 5작으로 감하여 굶어 죽는 자가 속출하여 민심이 동요하고 쌀집이나 국수집에서 살인 사건이 일어나고 있는 정도"라거나 "함경북도 성진부 내의 식량 배급 10일분은 5일분 정도로 식량이 없어 굶어 죽기 쉽다"는 소문이 돌았다는 데서 실제 1일 배급량이 거의 절반 수준으로 감소했음을 알 수 있다. 이처럼 점점 심해지는 식량 부족 상황에 대해 "조선은 현재(1942)도 식량이 부족하지만 1944년에는 더욱 심해져 조선인의 3분의 1은 사망하고 내란이 일어날 것"이라는 말이 공공연히 퍼지기도 했다. 이외에도 식량 부족으로 인해 굶어 죽거나 절도 행위가 빈발하고 있다는 말들이 지역을 막론하고 유포되고 있었다.

농촌에서도 과다한 공출량 할당으로 자가소비량 확보가 불가능한

공출 할당 군량미를 확보하기 위해 선전용으로 내놓은 쌀 공출 포스터이다. 포스터에는 "한 알의 쌀이라도 더 많이 나라에 바쳐 미·영을 때려 부숴 버리자"고 쓰여 있다. 전쟁을 독려하고 황국 신민으로서 이에 적극 동참할 것을 강요하는 문구라고 볼 수 있다.

일제는 이미 1920년대부터 산미 증식 계획을 통해 많은 양의 쌀을 일본으로 유출해 갔다. 중일 전쟁 이후에는 일제의 강력한 탄압으로 노동 조합이나 농민 조합은 거의 사라지고, 노동 쟁의나 소작 쟁의도 크게 줄어들었다. 그러나 일제는 침략 전쟁을 지원하기 위하여 모든 산업 분야에서 생산력 확충과 증산을 강조했고, 국가 총동원법에 의해 모든 노동력을 통제했다. 또 군량 확보를 위하여 중단되었던 산미 증식 계획을 다시 수립하고 목표량을 달성하기 위하여 각 지방과 개인에게까지 생산 할당량을 배정했으며, 강제 공출 제도를 시행하여 목표 달성에 광분했다. 이로 인해 한국인의 기아는 더욱 심각해졌다. 이런 상황에서도 일제는 한국인의 미곡 소비량을 규제할 목적으로 식량 배급 제도까지 실시하여 한국인의 미곡 소비를 철저히 억제했다. 뿐만 아니라 가축의 증식도 강제로 실시하여 빼앗아 갔다.

상태에서 배급도 이루어지지 않아 농민 생활은 점점 악화되었다. 총독부는 공출 독려를 위해 각종 강연회와 좌담회를 개최하고 즉시 배급, 균일 배급을 선전했지만 실제로는 그렇지 못했다. 농민들은 "저축 장려하기 전에 식량 배급을 해 달라, 작년 관청에서는 후일 식량은 원활하게 배급한다고 하면서 가지고 있는 벼를 전부 빼앗아 가 버리고 그 후 전연 배급을 하지 않았다", "공출량을 충족시키면 즉시 배급한다고 거짓을 말하는 것이 예사이고, 가족 네댓 명의 10일간 배급량이 2~3승, 1인당 10일간의 분량이 겨우 6합으로 3일간의 죽거리에 불과한 실정"이라는 등의 불만을 토로했다.

농촌의 식량 부족은 빈농이나 소작농과 같은 하층 농민들만의 문제는 아니었다. 예를 들어 총독부 경찰 보고 자료에는 "경상북도 문경군의 면내 유력자인 ○○○은 가족 10명을 데리고 약 30두락(2정보)의 자작을 하고 있지만 벼 공출이 과중하여 4월 중순경부터 식량이 끊어져 매일 같이 식량 구매를 위해 인접 군면 등을 돌아다녔지만 입수하지 못하고 빈손으로 집에 돌아왔는데 굶주려 울고 있는 가족을 보고 참을 수 없어 자살을 기도했다"는 기록이 나온다.

이처럼 식량 배급량이 부족하자 많은 조선인들은 초근목피를 일상적으로 먹어야 했다. 총독부 경무국은 극도의 식량 부족 상황이 농민들의 저항을 불러일으킬 것을 우려해 경제 경찰을 통해 상황을 보고토록 했다. 그에 따르면 "잡곡 부족에 따라 초근목피를 식료로 충당하는 것이 점증하여 현재 초근목피를 식용으로 하는 것이 거창서 관내에 6407호 3만 1974명으로 이 중 종래부터 춘궁기에 같은 생활을 한 451호, 4463명을 공제하여도 본 대책 실시 결과 5756호 2만 7331명이 증가되었다"고 보고되고 있다.

총독부는 식량 부족을 조선인들의 전쟁 협조에 가장 큰 걸림돌이라 보고 이에 대처하기 위해 각종 잡곡을 이용한 대용식을 만들어 배급했다. 그러한 대용식으로 '대두미大豆米', 즉 만주에서 비료용으로 수입된 콩깻묵을 식량이 부족한 농민들이 죽에 섞어 식용으로 이용하자 총독부가 아예 식용으로 배급했던 것이다. 총독부는 콩깻묵의 영양이 좋아 섭취량의 20퍼센트를 콩깻묵으로 하면 결핵이 박멸된다고 선전했다. 그러나 콩깻묵은 만주에서 수입하는 과정에서 대부분 부패해 농민들은 '썩은 콩깻묵'을 먹을 수밖에 없었다. 이외에도 밀가루와 메밀가루를 압착시켜 만든 면미麵米, 옥수수로 만든 보미寶米를 배급했다.

총독부는 이러한 각종 대용식을 만들어 보급하면서, 동시에 기존에는 식량 자원으로 사용하지 않았던 것을 식용화할 것을 선전했다. 일례로 고구마·감자를 말려 가루로 만든 저분薯粉과 해초분海草粉, 어분魚粉 등을 만들어 먹을 것을 제시했다. 이외에도 각 가정에서 야채, 남은 반찬, 생선 뼈, 시래기 등 무엇이라도 건조시켜 가루로 만들어 먹고 저장할 것을 강조했다. 즉 "생선 뼈도 무시래기도 완전하게 활용해야 한다"며 식생활의 '결전화決戰化'를 주장했다. 또한 조선인들의 대식大食 습관 자체가 문제라고 하면서 적은 양의 식사를 하도록 종용했다.

전시 체제기의 식량 부족은 식량의 절대량을 군수 목적으로 사용함으로써 발생한 인위적 문제였다. 농민들은 최대한의 노력을 들여 식량을 생산하고도 자신의 필요량을 확보할 수 없고 생소한 대용식이 배급되는 상황을 이해하거나 인정할 수 없었다. 또한 이렇게 만들어진 대용식들은 총독부의 선전과는 달리 그 생산 시설이나 수송·저장 시설이 열악했기 때문에 '콩깻묵' 처럼 대부분 변질되거나 썩어 먹을 수 없는 것들이 많았다. 이 시기 조선인들은 그야말로 죽지 못해 살아가는 형편이었다.

생필품 부족과 암거래의 확산

일제는 전시하 물자 부족 사태가 발생하자 조선인의 일상생활 구석구석까지 간섭하며 절대적인 절약을 강조했다. 특히 조선인의 의식주 생활은 합리적이지 못하므로 대대적인 개선을 해야 한다고 강조했다. 흰옷을 입거나 온돌을 사용하는 것은 비위생적이고 나태를 조장하므로 버려야 한다는 것이다.

총독부는 '전시 상황' 임에도 도시 지역을 중심으로 장발을 하거나 파마를 하는 등 '사치' 가 지속되자, 1940년 〈사치품 제조 판매 금지 규칙〉을 공포했다. 이에 사치품에 속하게 된 코티분이나 박가분과 같은 물건은 판매가 금지되었다. 또한 상점 개장 시간도 축소했으며, 카페, 요릿집, 백화점 등 소비와 유흥을 업으로 하는 곳은 폐점 시간을 엄격히 지키게 하고 '애국일' 에는 아예 휴업하게 했다.

이러한 도시 지역의 부유층이나 상층 계급의 사치와 낭비에 대한 규제는 한편으로 정말 '사치스러운 것' 이었다. 전쟁의 장기화와 확대에 따라 일제는 군수 물자 생산에 집중해 일반인들이 사용할 신발, 옷감 등 생필품 부족은 점점 심해졌다. 특히 면직물 등 기본 옷감류는 어떤 상황에서도 필요한 것이었으므로 배급량 부족은 암거래를 증가

시킬 수밖에 없었다. 1942년 생필품 공급 상황을 보면 타월은 전체 수요량의 40퍼센트, 작업용 신발은 60퍼센트, 메리야스 내의는 66퍼센트, 양말은 45퍼센트, 면직물은 24퍼센트 정도만이 공급되고 있었다. 그나마 총독부 추산 수요량은 '최소한의 수요'였으므로 그 부족 실태는 더욱 심각했고 이러한 상황은 시간이 갈수록 더욱 열악해졌다.

이러한 물자 부족 사태로 인해 결국 광범위한 암시장이 형성되었다. 그리고 수요에 비해 공급량이 감소할수록 암시장의 거래 가격은 더욱 상승할 수밖에 없었다. 1939년 〈9·18가격 정지령〉으로 공정 가격제가 실시되자 "소학교 1년생조차 운동화 한 켤레를 사는 데 '야미(암거래)' 없이는 안 된다는 것을 중얼거릴 만치 '야미'라는 술어는 자유 경제로부터 통제 경제로 옮아 가고 있는 우리나라(조선) 전 국민의 입을 통해 들려오는 입버릇이 되었다"고 《조광朝光》(1940. 11)에 실린 기사가 당시 광범위하게 전개된 암거래 발생 상황을 전해 주고 있다.

전시 체제기 암거래는 일부 상인 중 물자 부족을 구실로 폭리를 취하기 위해 공정 가격을 무시하고 암거래 가격에 따라 매매하기도 했지만, 대부분은 생활에 필요한 필수품조차 구할 수 없어 위험을 무릅쓰고라도 필수 물자를 구입하려는 생존권 차원의 거래였다. 이러한 암거래는 행상, 노점상 등 소규모 영세 상인이나 농민, 일용 노동자와 같은 도시 빈민층에 의해 이루어졌다. 세간에서는 이러한 암거래를 두고 "식량이 적어 암거래가 행해지는데 그 방법은 부인이 아이를 등에 업고 가는 것처럼 해서 운반하는 경우가 많아 어떤 순사가 아이를 업고 가는 부인을 보고 몰래 운반하는 것이라고 여겨 칼을 뽑아 찔러 아이가 죽었다", "경성에서는 식량 암거래가 성행하고 있는데 시체를 운반하는 것처럼 꾸며 식량을 몰래 운반하고 있다"는 말이 돌 정도로 당시 조선의 물품 공급 상황은 절박했다.

이 때문에 배급 제도를 실시하고 경찰의 단속을 아무리 강화해도 암거래는 다양한 방법으로 이루어졌다. 경찰은 행상인, 노천 상인들을 암거래 발생의 진원지라 보고 강력히 단속했다. 일제 경찰은 "그들은 모두 무허가이고 밥상의 파리처럼 쫓을 때는 버스로 도망갔다가 또 어디로부터 모여든다. 경찰력만으로는 한계가 있다"고 토로했지만, 엄중한 단속을 피해 암거래를 하려다 목숨을 잃는 상인도 있었다. 이러한 상황에서 상대적으로 단속을 피하기 쉬운 여성들이 암거래에 나서는 경우가 많았고, 배급표 자체가 암거래되거나 배급 과정에서 초과 수량을 취득해 다시 암거래를 하는 등 그 방법은 다양했다.

1944년 현재 암거래를 하지 않으면 구할 수 없는 물자는 양곡류, 고기류, 계란, 두부, 고구마, 감자, 사과, 엿, 생선, 야채, 땔감, 구두, 양말, 비누, 타월 등이었다. 이들 품목은 대개 배급되고 있었지만 배급량이 실제 필요량에 미치지 못해 암거래가 이루어질 수밖에 없었다. 이들 품목의 평균 암거래 가격은 공정 가격의 약 6배 정도였다.

1945년에 오면 쌀, 설탕, 비누 등은 거의 물자를 구입할 수 없었기 때문에 암거래 가격이 정상가의 100배 이상인 경우도 있었다. 1945년 6월경에는 세숫비누가 무려 공정가의 200배, 설탕이 174배에 달하는 것으로 조사되었다. 이는 실제 그 가격으로 거래되었다기보다 현금이 있다 하더라도 구입할 수 없는 상황이었음을 보여 준다.

전시 체제기 암거래가 발생한 가장 중요한 이유는 물자 부족이었다. 전시 생산력 확충을 내세우며 각종 물자의 증산을 독려했지만 결국 군수 물자 확보가 목적이었기 때문에 일반 민중들의 생활필수품은 턱없이 부족해졌다. 총독부는 이에 대해 '멸사봉공滅私奉公', '공익우선公益優先', '준법遵法', '도의道義' 등을 내세우며 대대적인 선전과 '계몽' 을 행했지만 민중들은 생존권 차원에서 암거래에 나서지 않을 수 없었다.

언론 통제와 전쟁 선전

전시에 각종 매체를 이용한 보도·선전은 기본적으로 총독부의 통제와 검열 아래 있었다. 전쟁을 겪으면서 조선인들의 삶은 점점 어려워져 갔고 전쟁과 관련한 유언비어도 난무했다. 이러한 상황에서 민중들이 일제에 저항이나 반전 사상을 갖기 쉬웠으므로 일제는 이전 시기보다 선전과 여론에 더욱 세심한 주의를 기울였다. 1938년에는 두 차례에 걸쳐 전국의 언론 기관 대표자 및 편집 책임자를 불러 (일본) 정부의 성명을 발표하고 총독부의 대책과 기사 취급 방침, 대외 선전 요지 등을 설명하는 간담회를 개최했다. 이러한 조치는 매년 더욱 확대·강화되었다.

라디오 방송은 제1방송(일본어)과 제2방송(조선어)이 있었는데, 특히 제2방송은 '일본 정신의 앙양, 내선일체의 구현, 시국 인식의 철저'를 기할 목적으로 편성되었다. 조선인들의 일본어 해독률이 높지 않았으므로 일제는 선전을 위해 1939년 조선어 방송에 대한 대대적인 시설 확충 작업을 실시했다.

1939년 당시 주요 일간 신문 중 일어판이 85개, 한글판이 22개 발행되었다. 이들 신문은 검열과 통제로 삭제에 시달리고 있었다. 심지어 일제의 어용 기관지였던 《매일신보》와 《경성일보》조차 각기 3건, 4건의 치안 방해를 기록했다. 이러한 통제와 검열에도 총독부는 조선인 발행 신문이나 한글 신문의 논조가 "곧장 조선 대중들에게 반영되어 통치상 미치는 영향 또한 감당할 수 없어서" 단속과 검열을 더욱 강화할 수밖에 없다고 주장했다. 일례로 "조선인 창씨 문제에 대해 당초에는 그 게재를 기피하고 싫어하여 특히 《동아일보》는 《조선일보》에 비해 한층 소극적"이라든가, 독자의 질문 회답란에 '충과 효는 어느 것이 중요한가' 라는 우문에는 진지하게 답하면서 일제 침략의 구호인 '팔굉일우八紘一宇'의 의의에 대한 질문에는 답을 게재하지 않는다는 등의 불만을 토로했다. 이러한 이유와 물자난, 일어 보급 등을 이유로 총독부는 1940년 8월 《동아일보》와 《조선일보》를 폐간시켰다.

이처럼 일제는 신문, 잡지 등 모든 언론을 철저히 통제하면서 공식 발표는 항상 일본의 승리만을 강조하고, 조선인들의 전쟁 참여를 강요했다. 조선인 중 한글이나 일본어를 읽을 수 있는 지식 계층을 제외하고 일반 농민이나 여성, 어린이에게까지 전쟁 상황을 선전하고 전쟁에 협조하도록 하기 위해서는 입에서 입으로 전하는 것이 중요했다. 이를 위해 1937년부터 경찰은 농어촌에 강연회, 시국 좌담회, 영화 상영 등을 개최했다. 경찰은 좌담회를 통해 "시국에 대해 정확한 인식을 높이고 유언비어를 감소시키고 출정 군인 환영, 유가족 위문, 국방 헌금 속출, 주의 인물의 사상 전향, 기독교도의 신사 참배 등 효과가 크다"고 평가했다.

태평양 전쟁 이후 전황이 불리해지자 이러한 선전 활동은 더욱 격렬해졌다. 총독부는 국민 총력연맹 조직을 이용해 특히 농촌 지역에 청년은 전쟁터로 《아동연감》표지(오른쪽)와 육군소년병 모집 포스터(아래). 전쟁이 일상화되면서 전시 총동원 체제를 소재로 하는 각종 광고와 매체가 증가했다. 특히 일본은 중일전쟁 이후 조선 청년들을 제국주의 전쟁터로 끌고 가기 시작했다. 1944년 조선에도 징병제가 실시되면서 조선 청년은 모두 일본 군인이 되어야 했다.

애국반을 단위로 영화나 연극, 뉴스를 상영하거나 야담·만담가들을 동원해 각 지역을 돌며 내선일체와 징병제 선전에 열을 올렸다. 특히 영화관이 없는 농촌 지역에 영사기를 가지고 가서 주민들에게 영화를 보여 주는 이동 영사가 강력히 추진되었다. 그 이유는 첫째, 생산 현장의 농민, 노동자에게 '건전 오락'을 제공하여 생산력을 증강하기 위함이었고 둘째는 징병제 선전이었다.

당시 농촌 실정은 "농촌은 어디나 한 가지 오락 시설이 물론 없고, 농민 대부분은 뉴스·영화조차 본 적이 없어 병정의 복장이 어떤 것인지를 모르는 터"였다. 이에 총독부는 영화의 대중성을 활용해 한꺼번에 많은 조선인을 모아 놓고 선전 영화를 상영하면 최대의 선전 효과를 거둘 수 있을 것이라 생각했다. 이러한 이동 영사에 대한 조선인의 호응은 상당히 뜨거웠다. 아무런 문화적 혜택을 입지 못하던 농민들에게 비행기, 탱크 등의 근대적 병기가 등장하고 잘생긴 남녀 주인공의 사랑 이야기가 곁들여지는 영화는 호기심의 대상이 되기에 충분했다.

이외에도 각 지방의 시국 인식 자료로서 '뉴스 사진'도 제작해 전국 2000여 읍면과 학교에 배부했다. 또 '국민 개창 운동'이라는 것을 실시해 전쟁을 찬양하고 그에 협력할 것을 내용으로 하는 군가·민요를 제작 보급해 모두 따라 부르도록 했다.

3·1운동 때 〈독립 선언서〉를 쓴 역사학자 최남선, 소설가 이광수, 민족 대표의 한 사람이었던 최린 등 뛰어난 재능을 가진 이들은 동포들에게 강제 징용·징병과 정신대에 나설 것을 촉구했다. 최남선은 "미·영 격멸의 용사로서 황군이 된 참 정신을 떨치라"고 했다. 이광수는 이름을 가야마 미쓰로香山光郎로 바꾸고 학생들에게 공부는 나중에

하고 당장 전쟁에 참가해야 한다는 친일 시를 썼다. 모윤숙, 노천명 등 이름을 날린 여류 문인들도 이들에 뒤지지 않는 친일 활동을 했다. 교육계에서도 송금선, 김활란 등 친일 활동을 한 사람이 적지 않았다. 이화여전 교장이었던 김활란은 각종 친일 단체의 임원직을 맡고, 강연, 방송 등을 통해 일제의 침략 정책을 미화했다.

이처럼 조선인 사회 저명인사들이 앞다투어 일제의 침략 전쟁을 성전聖戰이라 미화하며, 전쟁을 위해 몸 바치는 것이 영광이라고 선전했다. 문학 역시 전쟁 선전에 동원되어 중일 전쟁 이후 친일 문학은 대동아 공영권 전쟁을 찬양하고 성전 참여를 주장하거나 내선일체의 황국 신민화를 옹호했다. 이를 위해 일본 국가주의·전체주의적 논리에 포섭되어 생산 문학, 집단주의, 대동아 공영의 실체로서 동양에 대한 자각 등을 강조하기도 했다.

음악가들도 일제의 침략을 찬양하는 노래를 지었다. 홍난파는 〈정의의 개가〉(최남선 작사), 현제명은 〈장성의 파수〉(최남선 작사) 등의 노래를 작곡했다. 화가들 중에서도 김은호 등은 친일 미술 전람회에 참여해 일본의 승전을 위한 국방 기금 마련에 힘썼다.

한편 20세기에 들어 가장 각광받는 문화 대중 매체로서 영화가 등장해 대중 교화의 수단 또는 이데올로기 선전 도구로 활용되었다. 전시 상황에서 일본과 조선을 막론하고 영화는 "전시 국민 생활에 빠뜨릴 수 없는 오락인 동시에 국책 수행상의 유력한 무기"로 간주되었다. 총독부는 1940년 〈조선 영화령〉을 제정하여 영화의 제작 및 배급을 통제했다. 이후 조선에서 제작되고 상영된 영화의 핵심은 내선일체와 징병제 시행을 선전하는 것이었다. 이러한 영화에 일본과 조선의 스타급 영화배우를 출연시켜 대중의 시선을 끌어모았다. 대표적으로 1941년 개봉된 〈그대와 나〉는 대중들에게 다가갈 수 있는 선전용 극영화의 시금석이었다. 이 영화의 주제는 일본인과 조선인 사이의 내선일체이다. 주인공 조선인 지원병과 일본인 여성의 내선 결혼, 정오의 묵도, 조선인의 일본어 상용, 부여 신궁 참배 등 다양한 장면이 그려졌다. 이후 〈망루의 결사대〉, 〈젊은 자태〉, 〈병정님〉 등이 제작되어 징병제 대상이 될 청소년층과 학생들이 단체 관람토록 했다.

총독부는 전쟁 동원 이데올로기를 담은 선전 영화를 더 많은 조선인 관객에게 보여 주기 위해 '이동 영사' 정책을 추진했다. 이동 영사는 영화관이 없는 지역을 순회하면서 지역 주민들에게 영화를 보여 주는 활동으로 순회 영사라고도 했다. 이것은 1942년 말부터 대대적으로 전개되었다.

이처럼 총독부는 문인, 화가, 영화인 들을 동원해 대중들에게 친근한 방법과 예술의 이미지를 바탕으로 내선일체와 조선인의 전쟁 협력을 적극 선전했다. 또한 이에 대해 많은 문화인들은 자발적 논리로 친일 협력의 길을 선택하기도 했지만, 해방 후 이들은 자신의 행적을 오로지 예술적 행위로만 판단할 것을 강변했다.

친일 영화   조선 식민지 지배를 정당화하는 전투 영화로 알려진 〈망루의 결사대〉의 한 장면과 포스터. 영화는 대중적 감성을 불러일으키고 대중을 정치적으로 의식화할 수 있는 중요한 매개였다. 일제는 영화를 통한 선전 문화 사업에 주목, 즉시 조선에서의 영화 제작과 상영, 배급 등 영화 산업 전반을 장악하기 시작했다. 조선 영화인들은 총독부가 만든 조선 영화 주식회사에 고용되었고 총독부의 감시와 정책하에 선전 영화가 제작되었다. 그리고 총독부가 지배하던 조선 영화 배급 회사를 통해 전국에 배급되었다.

일제의 국가 정책을 선전하기 위한 영화는 도시의 영화관뿐만 아니라 전국 농촌에서 영사기를 통해 상영되었다. 그리고 학교 단위별로 단체 관람이 실시되었다. 이러한 일제의 영화 정책은 어린 학생은 물론 농촌 주부들의 귀와 눈까지 자극했다. 먼 곳을 마다하고 애를 업고 영화를 관람하던 농촌 아낙네가 다수였으며, 어린 학생들도 일본군의 전투에 환호하며 열광적인 박수를 보냈다. 영화 상영 횟수와 관람객 수가 전쟁 말엽인 1940년대에 최고에 도달한 것은 일제의 광범위한 대중 동원 정책 때문이기도 했지만 영화에 대한 식민지 조선인들이 반응이 그만큼 뜨거웠음을 보여 준다.

해방을 준비하는 사람들

유언비어와 일상에서의 저항

일제는 전쟁 이후 조선에 대한 지배와 통제를 한층 강화했다. 그러한 방책의 하나로 일제는 조선인의 사회주의 사상을 철저히 단속·탄압했다. 1937년 이후에는 조선 중앙 정보 위원회, 조선 방공 협회와 전향자 단체 등을 조직해 사상 탄압을 강화하고 친일 세력의 기반을 확대해 갔다. 1941년에는 〈조선 사상범 예방 구금령〉을 공포해 민족 운동가에게 사상 '전향'을 강요했다.

일제가 조선인들의 눈과 귀, 입까지 막으며 전쟁을 벌이고 있었지만, 이러한 일제의 기만은 조선의 독립을 앞당기는 조건이 되기도 했다. 전쟁이 세계대전으로 확대되어 갈수록 일제 측은 불리해져 결국 패망할 수밖에 없을 것이니 그만큼 조선의 독립이 가까워지기 때문이다.

일제가 패망할지도 모른다는 예측은 이미 중일 전쟁기부터 존재했다. 그리고 1941년 12월 태평양 전쟁 이후 전쟁이 확대, 장기화되면서 조선인은 일제 패망에 대한 확신을 갖고 유언비어 유포나 반전·반일 낙서, 삐라 살포, 소규모 비밀 결사 조직 등에 참여하는 사람이 많아졌다. 특히 1944년 7~8월 미군 비행기가 서울 하늘에 출몰하고, 1945년 5월부터는 일본에 대한 공습이 연일 계속되자 조선인들은 단파 방송이나 외국 신문, 국외 독립 운동 세력과의 접촉, 풍문 등을 통해 일제 패망과 조선 독립을 예측했다.

총독부는 언론을 통제하고 각종 매체와 캠페인을 통해 일본군의 승리를 선전했지만, 실제 많은 조선인들은 일본의 선전을 믿지 않았다. 아무리 승리한다고 선전해도 쌀은 물론 그릇, 숟가락, 가마니, 송진까지 수탈해 가고, 강제로 끌려간 자식이나 남편들이 돌아오지 못하는 상황에서 선전을 믿을 사람은 없었다. 조선인들은 자신들이 경험하고 느낀 상황을 말하기 시작했고 그것은 입에서 입으로 펴져 나갔다. 일제는 이것을 '유언비어'라며 강력히 단속했다. 그러나 일제가 패망할 때까지 유언비어는 줄지 않고 계속 확산되었다.

유언비어는 조선인 내부의 결속을 강화하고 민족 의식을 고무시키는 역할을 했다. 유언비어는 민족적 반감이나 저항 의식, 일제의 패망과 독립에 대한 희망을 담고 있었지만, 정확한 정세 인식이나 미래에 대한 과학적 전망과는 차이가 있었다. 개인의 신세 한탄에서부터 독립과 건국에 대한 희망까지 매우 다양한 내용이 표출되었다.

당시 유포되었던 유언비어의 내용은 "소학교 학생이 폭탄을 휴대하고 경성부와 신촌 도로를 폭파하려다 발각되어 총살되었다", "방공 연습 기간임을 이용해 조선인이 단결하여 일본인을 살해했다" 등 일제에 대한 강한 반감과 저항, 식량 수탈과 공출·배급의 문제로 인해 조선인들의 생활이 극도로 궁핍해져 가는 상황에 대한 것이었다.

1943년 이후 일본에게 전황이 불리해지면서 일제 패망을 확신하는 소문이 구체성을 띠고 퍼지기 시작했다. 일례로 "일본은 물자 부족 때문에 장기전에서는 질 수밖에 없고, 그렇게 되면 조선은 독립하게 될 것이다. 조선은 일본의 식민지이기 때문에 일본이 패전하면 미영米英은 당연 조선을 독립시킬 것이다", "미국은 기초가 강하지만 일본은 기초가 약하므로, 일본은 돌담처럼 무너져 미국에 질 것이다", "(미군이) 생선 값으로 미국 지폐를 주면 가까운 시일 내에 이것을 사용할 날이 다가오니 잘 가지고 있어라", "조선인은 일본인과 구별이 가능하도록 양복 대신 한복을 입어라" 등 상대국인 미국이 승리하여 조선도 독립할 것이라는 내용이 많았지만, "최근(1943)에 일소 양국 간의 개전이 절박한 모양으로 다수의 병력을 소만 국경으로 기차를 통해 수송하고 있다"는 식으로 점차 소련과의 전쟁에 대해서도 언급했다.

또한 내용은 거칠지만 전쟁을 조선 독립과 연결시키거나, 일본에 대한 감정적 적개심이나 일본 패망에 대한 염원을 담은 낙서가 곳곳에 등장했다. 서울 시내 각 공원이나 공중변소, 심지어는 총독부 화장실에도 '대한독립만세'라는 낙서가 발견되었다. 그 외 '일본인을 죽이자', '내선별체內鮮別體' 등의 낙서도 있었다. 1941년 일본 도쿄 시내 공중화장실에도 '조선의 적은 일본, 죽이자', '반도인이여 한층 노력하자', '일본은 언젠가 망한다', '일본인 바보, 조선 4~5년 후 독립'과 같은 낙서가 발견되었다.

총독부는 이러한 '유언비어'에 대해 "인심에 불안 동요를 생기게 하고 적개심을 저해하며 후방의 결속을 이완시키는 등 후방 치안에 중대한 지장을 미치는 범죄"라고 규정하고 강력히 처벌했으나, 조선 독립에 대한 소문은 결코 사라지지 않았다.

총독부는 황민화 정책으로 전쟁에 대한 조선인의 자발적 협력을 유도하고자 했지만, 결국 각종 통제 법령과 경찰망 확대를 통한 강권적 통제 외에는 조선인을 전쟁에 동원할 방법이 없었다. 〈임금 통제령〉이나 〈노무 조정령〉, 〈국민 징용령〉 등을 위반한 '경제 사범'이 폭증했고, 일터나 생활 현장에서 총독부가 강요하는 정책에 동의하지 않거나 다양한 방법으로 거부하는 일상적 투쟁이 나타났다. 노동자들은 전시 생산력 저하를 노린 전술적 태업이나 잦은 도주 등을 통해 저항 의식을 드러냈다.

조선인들은 각종 차별을 접하면서 식민 정책의 모순을 실감했고 내선일체 선동의 허구성을 인식했다. 이러한 상황에서 조선 노동자들은 차별을 해결하기 위해서는 조선이 독립할 수밖에 없다는 인식으로까지 나아갔다. 조선인들의 저항은 근로 조건 개선, 처우 개선을 위한 몸부림과 동시에, 전쟁 확대에 도움을 주는 생산력 성장을 저하시키고자 했다는 점에서 일제의 패망을 바라고 조선 독립을 앞당기기 위한 노력이기도 했다.

조선 전체 인구의 70퍼센트 이상을 점하고 있던 농민들은 일제의 인적, 물적 동원에 가장 큰 피해자였다. 그러나 농민들은 조직적 운동이나 활동에 익숙지 않아 대부분의 농민 저항은 산발적이고 개별적인 항거로 나타났다. 공출에 대한 항거는 곡물 은닉, 농경 포기, 집하물에 대한 방화, 공출 독려원 구타 등으로 나타났고, 미곡 공출을 피해 잡곡농사로 항거하기도 했다. 가마니 짜기에 동원되고 농사를 지어도 결국 곡물을 사 먹어야 하는 기현상에 직면하면서 생산고보다 더 많은 양의 공출을 요구하는 총독부에 대한 불만은 농사 포기에서 전쟁을 반대하고 거부하는 경향으로 발전했다.

한편 일제에 직접적으로 저항할 수는 없어도 대다수의 조선인들은 일제가 만들어 놓은 각종 법규를 살짝살짝 어겨 가면서 살아갔다. 특히 물자 부족에 시달리던 조선인들은 공출과 배급을 피해서 암거래를 통해 일용품을 조달했다. 목숨을 이어 가기 위해 조선인들은 범죄자가 될 수밖에 없었다.

국외 민족 통일 전선 운동의 진전과 항일 무장 투쟁

1930년대 일제가 본격적으로 중국을 침략하자 중국에서 활동하고 있던 독립 운동 단체들은 파벌적 분열을 극복하고 대일 항전을 적극적으로 추진하기 위해 민족 유일당 건설을 결의했다. 1935년 7월 한국 독립당, 조선혁명당, 의열단 등 여러 독립 운동 단체의 지도자들이 모여 조선민족혁명당을 만들었다. 그러나 곧 민족혁명당에서 우익 세력이 이탈해 한국 국민당(조소앙), 한국 독립당(김구), 조선혁명당(이청천)으로 나뉘었다. 이들은 중일 전쟁이 발발하자 통일 운동을 전개해 한국 광복 운동 단체 연합회(광복진선)를 성립시키고 1940년 3당 합당으로 한국 독립당을 결성했다. 우익 세력 이탈 후 의열단 중심의 민족혁명당도 중국 관내의 4개 좌파 정당·단체와 연합해 조선민족전선연맹(민족전선)을 결성했다.

1940년대 들어 중국 관내의 좌우 세력들은 전쟁이 확대되고 일제 패망이 가까워지고 있다고 판단하면서 통일 전선 운동에 박차를 가했다. 이러한 통일 전선 운동은 임시 정부를 중심으로 추진되었다. 1940년 대한민국 임시 정부는 충칭에 자리를 잡고, 조직과 체계를 정비했다. 김구의 한국 국민당과 조소앙의 한국 독립당, 이청천(지청천)의 조선혁명당이 합당해 새로운 한국 독립당(위원장 김구)을 결성하고 단결을 강화했다. 임시 정부는 한국 독립당을 기초 정당으로 삼고 정부 조직을 확대했다.

임시 정부는 1941년 11월 조소앙의 삼균주의(개인과 개인, 민족과 민족, 국가와 국가 사이의 완전한 균등)를 바탕으로 〈대한민국 건국 강령〉을 발표했다. 이어 김원봉의 조선민족혁명당도 대한민국 임시 정부에 합류해 처음으로 중국 관내 독립 단체의 통일을 보게 되었다. 1942년 임시 의정원(임시 정부의 의회) 회의에서 '민족 전선' 쪽의 김원봉, 왕통, 유자명, 김상덕 등이 의원으로 선출됨으로써 임시 의정원에서 좌우익 통일 전선이 이루어졌다.

임시 의정원의 통일 전선이 이루어진 후 임시 정부를 통일 전선 정부로 만들기 위한 노력이 계속되어 마침내 1944년 통일 전선 정부가 수립되었다. 한국 독립당의 김구를 주석, 조선민족혁명당의 김규식을 부주석으로 양당 및 조선혁명자연맹, 조선민족해방동맹 대표들이 국무위원으로 선출되었다.

통일 전선 정부가 된 임시 정부는 1944년 8월 〈국내외 동포에게 고함〉이라는 성명을 통해 "우리는 각 무장대요, 전체 전사 및 국내외 동포로 더불어 전 민족적 통일 전선을 더욱 공고 확대하면서 일본 제국자에 대한 전면적 무장 투쟁을 적극 전개하기 위해 최대의 노력을 결심한다"고 발표했다.

일제 패망을 앞두고 민족 해방 운동 세력이 일본을 패망시킬 연합국의 일원이 되어야 하며 당시 사정으로는 임시 정부가 그 모체가 될 수밖에 없다고 생각했기 때문에 좌우를 막론하고 임시 정부를 중심으로 통일 전선을 형성했던 것이다.

임시 정부는 일본에 대일 선전 포고를 하고 연합국의 일원으로 일제와 싸워 독립을 쟁취하고자 했다. 이에 1940년 9월 이청천을 총사

1936
만주에서 조국광복회 결성.

1937
임시 정부 주도의 한국 광복 운동 단체 총
연합회 결성.

1941
임시 정부, 대일 선전포고.

김구와 조소앙　　1930년경 중국 상하이에서 이동녕, 김구, 조소앙 등이 중심이 되어 임시 정부 산하 정당으로 한국 독립당이 창당되었다. 3·1운동 당시 상하이로 망명한 김구는 대한민국 임시 정부의 경무국장에 임명되었다. 또 신한 청년단에 참여했고, 1922년에는 한국 노병회를 조직하여 이사장에 선임되었다. 1931년에는 한인 애국단을 조직하여 이봉창 의사의 도쿄 의거, 윤봉길 의사의 홍커우 공원 의거 등을 지휘했다. 1935년 5월 해체를 선언한 이후 중일 전쟁 도중인 1940년 5월 충칭에 대한민국 임시 정부가 자리를 잡고, 조직과 체계를 정비했는데, 김구의 한국 국민당과 조소앙의 한국 독립당, 이청천의 조선혁명당이 합당해 김구를 위원장으로 하는 새로운 한국 독립당을 결성한다. 임시 정부는 이처럼 한국 독립당을 기초 정당으로 삼고 정부 조직을 확대했다. 임시 정부의 건국 강령을 마련한 조소앙은 이후 1943년에 한국 독립당의 집행위원장과 1945년에 임시 정부 외무부장을 역임했다. 광복 이후인 1946년 김구와 조소앙은 비상 국민회의의 의장이 되어 임시 정부의 정통성을 주장했다.

령관으로 한국 광복군을 창설했다. 주요 간부 30명으로 출발한 한국 광복군은 1942년 5월 김원봉이 이끄는 조선 의용대의 일부 병력이 편입되어 병력이 증강되고 군대 모습을 갖추기 시작했다.

1941년 태평양 전쟁이 일어나자 임시 정부는 즉각 대일 선전 포고를 발표하고, 한국 광복군을 연합군의 일원으로 참전시켰다. 임시 정부는 일본과의 전쟁에 적극적으로 참전해 국제적 위상을 높이려 했다. 한국 광복군은 중국에서는 중국군과 연합하여 일제에 대항했으며 일본군이 미얀마를 점령하자 미얀마, 인도 전선에까지 파견되어 영국군과 함께 대일 투쟁을 전개했다. 또한 한국 광복군이 독립을 위해 활동하고 있다는 사실을 국내의 동포들에게 알려 독립에 대한 의욕을 높였다.

일본의 패망이 예견되자 한국 광복군은 우리 손으로 독립을 쟁취해 자주적인 독립 국가를 세우기 위해 국내 진공 작전을 계획했다. 이를 위해 이청천, 이범석 등을 중심으로 중국에 주둔하고 있던 미국 전략 정보국OSS과 연합해 비행편대를 편성하고 국내에 침투해 활동할 특수 요원을 훈련시켰다. 그러나 일본이 예상보다 빨리 패망함으로써 1945년 8월 20일로 예정되어 있던 국내 진공 계획은 무산되고 말았다.

1937년 중일 전쟁이 발발하자 김원봉은 국내외 청년들을 모아 군사 훈련을 시킨 후 1938년 우한에서 조선 의용대를 만들었다. 조선 의용대는 중국군과 연합해 양쯔강 중류에서 일본군의 진격을 저지하는 등 중국 여러 지역에서 항일 투쟁을 전개했다. 특히 심리전에 투입되거나 일본군 포로를 심문하고 일본군 문서를 번역하는 정보 수집 분야나 일본군 점령 지역에 파견되어 첩보, 유인, 암살, 시설물 파괴 등 후방을 교란하는 활동을 전개했다.

1940년대 초 조선 의용대의 일부는 일본군과 중국 공산당 사이에 전투가 벌어지고 있던 화북 지역으로 이동해 조선 의용대 화북 지대로 재편되었다. 남아 있던 대원들은 후에 한국 광복군에 합류해 전력을 증강시키는 데 기여했다.

중국 화북 지역에서는 최창익, 허정숙 등이 중국 공산당의 조선인 간부 무정과 함께 새로운 항일 민족 통일 전선체 결성을 추진했다. 이들은 북상해 온 조선 의용대원들과 함께 1942년 조선 독립 동맹을 결성하고 김두봉을 위원장으로 선출했다. 조선 독립 동맹은 강령으로 "일제의 조선에서의 지배를 전복하여 독립·자유의 조선 민주 공화국을 건설할 것을 목적으로 한다", "전국 국민의 보통 선거에 의한 민주 정권을 건립한다" 등을 내세웠다. 조선 독립 동맹은 군사 조직으로 조선 의용군을 창설했다. 옌안에 본부를 둔 조선 의용군은 화북 각지에서 중국 공산당 팔로군八路軍과 함께 항일전에 참여했다. 태항산 전투(1943)는 그들의 대표적인 투쟁이었다.

만주 지역은 한일합방을 전후로 식민 지배에 저항하는 많은 세력이 이주하면서 항일 운동 기지가 되었다. 1920년대까지는 민족주의 계열의 무장 독립 투쟁이 전개되었으나, 점차 공산주의자들이 중국인 지주나 군벌의 수탈과 차별에 시달리던 조선인 농민들과 함께 투쟁하면서 항일 운동을 장악해 갔다. 특히 조선인 밀집 지역인 동만주를 중심으로 조선인 항일 유격대가 결성되었다. 일제의 만주 침략으로 만주국이 성립되자 1933년 항일 유격대는 중국 공산당 유격대와 함께 동북 인민 혁명군으로 편성되었고, 1936년 모든 반일 세력이 연합해

한국 광복군 1940년 9월 17일 한국 광복군 결성식에 참석한 광복군들. 한국 광복군은 대한민국 임시 정부의 정규군이었으며, 해방 후 대한민국 국군의 모체가 된 군대다. 대한민국 임시 정부는 중일 전쟁을 전후하여 조국의 광복을 위해서는 일본과 일전을 벌이는 것이 불가피하고, 국제 정세도 일본과 전쟁할 시기가 임박해지고 있음을 알고 있었다. 이에 따라 임시 정부는 충칭에 도착하기 1년 전쯤 시안에 군사 특파단을 파견해 병력을 모집하는 한편, 중국 정부에 대하여 군대 조직에 대한 양해와 재정 지원을 교섭했다. 그 결과 충칭으로 옮긴 직후인 1940년 9월 17일 한국 광복군 총사령부를 창설할 수 있었다.

동북 항일 연군으로 개편했다. 이 과정에서 조선인 유격대의 항일 독립 투쟁을 위한 독자성이 점차 강화되었다. 특히 조선인 중심의 동북 항일 연군 제2군 대원들은 보천보 진공 작전(1937)을 전개하기도 했다. 이 사건에 놀란 일제는 만주 지역의 유격대에 대한 토벌을 강화해 1941년 이후에는 동북 항일 연군의 상당수가 소련 영토로 이동했다.

국내 비밀 결사 운동과 해방의 준비

중일 전쟁 이후 크고 작은 공산주의 그룹들이 검거되어 활동이 어려워진 상황에서 1939년 말경 이관술, 김삼룡 등은 '무명의 결사'를 조직했다. 중일 전쟁 초기 대부분의 사회주의자들은 신중한 자세의 준비론으로 대응하면서도 전쟁의 장기화로 일제가 패망하는 '결정적 시기'가 도래할 것이라고 내다보았다.

이러한 판단 아래 '무명의 결사'는 조선공산당 재건 사건으로 수감되었다가 1939년 12월 출옥한 박헌영을 지도자로 맞아들여 1940년 3월 정식으로 경성 콤그룹(경성 코뮤니스트 그룹)이라 칭하고 각지의 공산주의(사회주의) 운동 세력을 결집해 일제를 상대로 최후의 투쟁을 준비했다. 경성 콤그룹은 서울과 경기를 중심으로 각지의 운동을 포괄하려 각지의 책임자를 물색했다. 그러나 실제로는 함경도와 경상도에 집중되어 전국을 아우르지는 못했다. 경성 콤그룹은 일제의 패망을 전망하고 구체적인 봉기 전술까지 수립하면서 활동했다. 그러나 1940년 12월 이관술, 김삼룡 등 지도부에 대한 1차 검거와 이어진 2차, 3차 검거를 겪으면서 와해되었다. 검거를 면한 사람 중 일부는 1944년 공산주의자 협의회나 조선 건국 동맹에 참여했다.

이처럼 일제의 혹독한 탄압이 있었지만 조선의 사회주의자들은 마지막까지 자신의 신념을 바탕으로 조선의 독립을 위해 투쟁해 나갔다. 한편 사회주의나 공산주의자와 같은 조직적 활동이 아니더라도 많은 이들이 자발적으로 일제의 탄압과 감시에 반발해 저항하고자 했다.

일제는 침략 전쟁을 확대하면서 조선인들을 필요에 따라 마음대로 수탈하고 동원하기 위해 온갖 노력을 기울였다. 전쟁이 확대되면서 일제 패망에 대한 인식이 확산되어 갔고 저항에 참가하거나 주도하는 계층도 확대되어 갔다. 심한 탄압과 감시하에서도 국내와 일본에는 200여 개 이상의 소규모 비밀 결사가 만들어졌다. 이들은 대부분 독립 운동이 전개되기 어려운 조건에서 독립과 신국가 건설을 모색하고 준비하기 위해 조직된 자생적, 자발적 조직이었다. 여기에는 주로 20대의 청년 학생층을 중심으로 노동자, 농민, 회사원 등 각계각층의 사람이 참가했다.

이들은 일제의 내선일체론이 현실에서는 오히려 민족 간 차별 정책과 억압 및 수탈 강화로 실현되면서 일제가 조선인의 민족 의식을 압살하려 한다는 위기감을 느끼고 민중을 계몽해 조선을 독립시켜야 한다고 주장했다.

이러한 비밀 결사의 활동을 유형별로 나누어 살펴보면 첫째, 군사 제도의 역이용을 통한 무장 항쟁의 기도이다. 광주서중학교에서는 무등회가 결성되어 태평양 전쟁이 장기화되면 조선 독립의 절호의 기회가 도래할 것이라고 판단하고 일제의 군사 교육을 무력 항쟁의 수단으로 이용해 무장 봉기를 기도했다. 또 평양 사단의 학생 의거 경우처럼 학도지원병으로 끌려간 학생들 중 일부가 각지에서 반란을 일으키거나 집단 탈출을 하기도 했다.

둘째, 1941년 소화 공과학원 학생들이 조직한 BKC단처럼 학생층이 무장대를 조직해 무장 항쟁을 기도하기도 했다.

셋째, 반전 운동적인 무력 항쟁으로서 일제의 전쟁 수행을 방해하기 위해 열차나 군사 시설을 파괴하거나 민족 의식을 환기시키기 위해 일본인이나 친일파 살해, 일인 가옥 방화 등의 활동을 들 수 있다.

넷째, 전주사범학교의 우리회, 경복중학교의 흑백당 그룹이 임시 정부에 합류하기 위해 만주로 탈출하려고 했던 것처럼 해외의 운동 세력과 합류하려는 흐름이 있었다. 이러한 무력 항쟁 기도는 고립 분산적으로 진행되어 대부분 계획 단계에서 실패했지만 학생들의 투쟁적 민족 의식이 깊게 내재되어 있었음을 보여 준다.

일제의 탄압이 엄혹하고 전쟁의 광기가 가득했지만, 그와 함께 일제의 패망 또한 가까워 오고 있음을 인식하고 국내의 다양한 반일적인 저항 조직을 묶어 해방을 준비하고자 하는 움직임이 있었다. 그것은 8·15 직전 여러 공산주의자 그룹이나 비밀 결사와 연계하여 전국적 통일 전선체를 지향하면서 독립과 건국을 준비한 여운형 중심의 조선 건국 동맹이다.

건국 동맹은 강령으로 "첫째, 대동단결해 거국일치로 일본 제국주의 세력을 구축하고 조선 민족의 자유와 독립을 회복할 것, 둘째 반추축제국과 협력하여 대일 연합 전선을 형성하고 조선의 완전한 독립을 저해하는 일체의 반동 세력을 박멸할 것, 셋째 (국가) 건설 부면에서 일체 시정을 민주주의 원칙에 의거하고 특히 노동 대중의 해방에 치중할 것"을 내걸었다. 건국 동맹에는 안재홍과 같은 민족주의 계열의 인사들이 참여해 민족주의와 사회주의를 아우르는 민족 연합 전선을 구축했다. 중앙 조직과 함께 전국 10개 도에 책임자를 임명해 지방 조직을 갖추었다. 지방 조직에 참가한 인물은 대체로 과거 사회주의 운동이나 노농 운동, 신간회 등에 참가한 경력을 가지고 있었다.

한편 건국 동맹은 국외 민족 해방 운동 세력과 통일 전선을 결성하려 했다. 중국 연안 조선 독립 동맹과 충칭 임시 정부와도 연계하려 했다. 건국 동맹의 이러한 활동은 1930년대 후반 이후 전체 민족 해방 운동 전선에서 추진된 민족 통일 전선 운동의 일환이었다. 이를 바탕으로 건국 동맹은 일제가 패망하자마자 조선 건국 준비 위원회로 발전해 신국가 건설을 추진할 수 있었다.

일제 말기 조선 청년들은 독립을 쟁취하는 형태는 반드시 무장 독립이어야 하며 이를 위해 일단 일제의 군사 제도에 참여해서 결정적 시기에 조선 독립을 위해 활용해야 한다는 입장이 많았다. 물론 조선 청년들이 이러한 입장을 가질 수 있었던 것은 국외에 광복군이나 조선 의용군 등 조선인 독립군이 조직되어 있었다는 사실이 중요한 역할을 했다. 또한 해방이 가까워지는 1944~1945년경에는 징용·징병의 기피 형태로 전국 각지의 산속으로 들어가서 함께 해방을 위한 준비를 모색하는 경우가 많았다. 징병·학병 기피자는 산속에 은신해 있던 운동가나 징용을 기피한 농민들과 결합해 초보적 수준이지만 무장대 형태로 조직되기 시작했다.

그리고 '평양 학병 사건'을 지도한 삼천당, 징용 기피자가 중심이 된 경북의 결심대, 덕유산·지리산 등에서 항일 유격대를 조직한 보광당, '부민관 폭파 사건'으로 유명한 대한 애국 청년당 등 많은 조직이

해방　　일본 천황의 항복 선언을 듣고 통곡하는 일본인들(왼쪽)과 꿈에도 그리던 해방의 감격을 만끽하기 위해 거리로 쏟아져 나온 조선 사람들(오른쪽). 1945년 8월 15일 정오, 일본 국왕 미치노미야 히로히토의 무조건적 항복 선언이 라디오를 통해 흘러나왔다. 이로써 조선에 대한 일본 제국주의의 강제 점령은 막을 내리게 되었다. 기나긴 일본 제국주의의 압제에서 해방되었다는 기쁜 소식에 많은 사람들은 거리로 뛰쳐나와 만세를 외쳤다.

하지만 자주 독립의 길이 결코 쉽지 않다는 것을 역사는 보여 주었다. 국내외에서 오랜 기간 동안 줄기차게 독립 운동이 진행되었음에도 불구하고, 일본 제국주의의 항복 선언을 직접적으로 이끌어 낸 것은 미국과 소련 중심의 승전 연합국이었다. 결국 해방된 조선의 운명은 승전 연합국의 전후 처리 논의의 결과에 따라 달라지는 처지에 놓이게 되었다.

무장 봉기를 실천에 옮기려 했다. 실제로 폭동적 성격을 띤 투쟁도 종 종 일어났다. 1943년경부터 국내에서는 폭동, 테러, 방화, 파괴, 습격 등 '폭력적' 양상이 두드러졌다. 당시 총독부 고위 관리는 "사실 나는 1944년 말경부터 위기라고 생각했습니다. 조선은 언제 어느 때 어디 서 폭동이 일어날지 몰랐습니다"라고 회고했다.

1943년 후반 이후 독일, 이탈리아, 일본의 추축국은 패전으로 기울 고 있었다. 1943년 11월 미·영·중 연합국 수뇌는 추축국의 패망으로 끝날 제2차 세계대전 이후 세계질서의 재편을 위해 카이로 회담을 개 최했다. 여기에서 일본의 식민지였던 조선의 독립 문제가 언급되었 다. 그러나 일제는 일본 본국에서도, 식민지에서도 연일 승전만을 되 뇌며 국민들을 전쟁터로 몰아넣고 있었다. '밤말은 쥐가 듣고, 낮말은 새가 듣는다' 던가. 이러한 왜곡과 통제에서도 일제의 패전 소식은 바 람처럼 흘러들었고, 특히 해외 지역 독립 운동 세력들에게 이러한 전 황은 희망을 가져다주는 전령사처럼 전해졌다. 이에 독립을 준비하는 움직임이 어려운 여건 속에서도 진행될 수 있었다.

그러나 국내에서 일제의 승전을 믿고, 그 속에서 진정한 일본인·일 등 국민이 될 수 있으리라는 환상을 품으며 일제에 협력하고, 전쟁 동 원을 독려했던 친일파와 협력 세력들은 승전 소식이라는 썩은 동아줄 만을 잡고 있었다. 그들은 일제가 패망할 줄 몰랐다며 자신을 변호했 지만, 자신의 죄과를 앞에 둔 상황에서 일제의 승리는 그들의 진실한 염원이었을지도 모른다.

— 이송순

참고문헌

● 식민지 근대로의 편입

강동진, 《일제의 한국침략정책사》, 한길사, 1980

강만길 외, 《통일지향 우리민족해방운동사》, 역사비평사, 2000

강영심·김도훈·정혜경, 《1910년대 국외 항일운동 II: 중국·미주·일본》, 독립기념관, 2008

국사편찬위원회, 《한국사 47: 일제의 무단통치와 3·1운동》, 2001

_____, 《한민족독립운동사 3: 3·1운동》, 1988

권대웅, 《1910년대 국내독립운동》, 독립기념관, 2008

권태억, 〈1910년대 일제의 조선 동화론과 동화정책〉, 《한국문화》 44, 2008

김동노, 〈식민지시대의 근대적 수탈과 수탈을 통한 근대화〉, 《창작과비평》 99, 1998

김승태, 〈조선총독부의 종교정책과 신사〉, 《한국기독교역사연구소소식》 79, 2007

김인호, 〈일제 초기 조선공업의 '과도기 자본주의'적 특징(1910~1919)〉, 《한국근현대사연구》 10, 1999

김정인, 《천도교 근대 민족운동 연구》, 한울, 2009

_____, 〈기억의 탄생: 민중 시위 문화의 근대적 기원〉, 《역사와 현실》 74, 2009

박찬승, 〈1910년대 도일유학과 유학생활〉, 《호서사학》 34, 2003

서중석, 《신흥무관학교과 망명자들》, 역사비평사, 2001

윤병석, 《1910년대 국외항일운동 I: 만주·러시아》, 독립운동기념관, 2009

윤선자, 《일제의 종교정책과 천주교회》, 경인문화사, 2001

이윤갑, 〈일제 강점 전반기(1910~1931년)의 조선총독부의 소작정책〉, 《계명사학》 15, 2004

이윤상, 〈일제하 '조선왕실'의 지위와 이왕직의 기능〉, 《한국문화》 40, 2007

이이화, 《한국사 이야기 20: 우리 힘으로 나라를 찾겠다》, 한길사, 2004

이정은, 《3·1독립운동의 지방시위에 관한 연구》, 국학자료원, 2009

장규식, 《일제하 한국기독교민족주의연구》, 혜안, 2001

전우용, 〈1910년대 객주 통제와 '조선회사령'〉, 《역사문제연구》 2, 1997

정상우, 〈1910년대 일제의 지배논리와 지식인층의 인식〉, 《한국사론》 46, 2001

정연태, 〈조선총독 사내정의의 한국관과 식민통치〉, 《한국사연구》 124, 2004

최병택, 《일제하 조선임야조사사업과 산림 정책》, 푸른역사, 2009

최원규, 〈일제 토지조사사업에서의 소유권 사정과 재결〉, 《한국근현대사연구》 25,
    2003

한국역사연구회·역사문제연구소, 《3·1민족해방운동연구》, 청년사, 1989

● 지배하는 제국, 저항하는 민족

강만길, 《20세기 우리 역사》, 창작과비평사, 1999

김경일, 《여성의 근대, 근대의 여성: 20세기 전반기 신여성과 근대성》, 푸른역사, 2004

_____, 《한국 근대 노동사와 노동 운동》, 문학과지성사, 2004

김근수 편저, 《한국 잡지 개관 및 호별 목차집》, 영신아카데미 한국학연구원, 1973

김민환·박용규·김문종, 《일제강점기 언론사 연구》, 나남, 2008

김백영, 《지배와 공간: 식민지도시 경성과 제국 일본》, 문학과 지성사, 2009

김영희, 〈일제시기 라디오의 출현과 청취자〉, 《한국언론학보》 46권 2호, 2002

김용섭, 《한국근현대농업사연구: 한말·일제하의 지주제와 농업문제》, 지식산업사,
    2000

김정의, 《한국의 소년운동》, 혜안, 1993

김정인, 〈근대 한국 민주주의 문화의 전통 수립과 특질〉, 《역사와 현실》 87, 2013

김희곤, 《임시정부 시기의 대한민국 연구》, 지식산업사, 2015

_____, 〈3·1운동과 민주공화제 수립의 세계사적 의의〉, 《한국근현대사연구》 48,
    2009

미즈노 나오키, 〈조선에 있어서 치안유지법 체제의 식민지적 성격〉, 《법사학연구》 26, 2002

박용규, 〈일제의 지배정책에 대한 신문들의 논조 변화〉, 《한국언론정보학보》 28, 2005

박찬승, 《한국독립운동사》, 역사비평사, 2014

_____, 《대한민국은 민주공화국이다: 헌법 제1조 성립의 역사》, 돌베개, 2013

_____, 《한국 근대 정치사상사 연구: 민족주의 우파의 실력양성 운동론》, 역사비평사, 1992

반병률, 〈한국인의 러시아이주사: 연해주로의 유랑과 중앙아시아로의 강제이주〉, 《한국사 시민강좌》 28, 2001

배성준, 〈1920·30년대: 모던 걸 마르크스 보이〉, 《역사비평》 36, 1996

서재길, 〈일제 식민지기 라디오 방송과 '식민지 근대성'〉, 《사이間SAI》 1, 2006

서현주, 〈경성지역의 민족별 거주지분리의 추이〉, 《국사관논총》 94, 2000

손정목, 《일제강점기 도시사회상 연구》, 일지사, 1996

_____, 《일제강점기 도시화과정 연구》, 일지사, 1996

신주백, 《만주지역 한인의 민족운동사(1920~1945)》, 아세아문화사, 1999

오성철, 《식민지 초등교육의 형성》, 교육과학사, 2000

윤건차, 《한국 근대 교육의 사상과 운동》, 심성보 옮김, 청사, 1987

윤휘탁, 〈만주국의 '2등 국(공)민', 그 실상과 허상〉, 《역사학보》 169, 2001.

이기훈, 《청년아 청년아 우리 청년아: 근대, 청년을 호명하다》, 돌베개, 2014

_____, 〈젊은이들의 초상: 식민지의 학생, 오늘날의 학생〉, 《역사비평》 90, 2010

_____, 〈식민지 학교 공간의 형성과 변화〉, 《역사문제연구》 17, 2007

이준식, 《일제강점기 사회와 문화》, 역사비평사, 2014

_____, 《조선공산당 성립과 활동》, 독립기념관 한국독립운동사연구소, 2009

_____, 〈대한민국임시정부와 여성 독립운동〉, 《한국민족운동사연구》 61, 2009

_____, 〈'단일 민족' 속의 이민족: '재일 조선인'의 사회사〉, 《한국사회사연구》, 나남, 2003

_____, 〈일제 강점기 제주도민의 오사카大阪 이주〉, 《한일민족문제연구》 3, 2002

_____,《농촌 사회 변동과 농민 운동》, 민영사, 1993

임경석,《잊을 수 없는 혁명가들에 대한 기록》, 역사비평사, 2008

_____,《한국 사회주의의 기원》, 역사비평사, 2003

장석흥,〈근대 소년운동의 독립운동사적 위상〉,《한국독립운동사연구》45, 2013

장신,〈1930년대 언론의 상업화와 조선·동아일보의 선택〉,《역사비평》70, 2005

장유정,《오빠는 풍각쟁이야: 대중 가요로 본 근대의 풍경》, 민음in, 2006

전우용,〈종로와 본정—식민도시 경성의 두 얼굴〉,《역사와 현실》40, 2001

정선이,《경성제국대학 연구》, 문음사, 2002

정연태,〈일제강점기 한국인의 식민지 체험과 새로운 근대 기획〉,《역사비평》90,
　2010

최민지,《일제하 한국언론사》, 일월서각, 1978

최수일,《개벽 연구》, 소명출판, 2008

하시야 히로시 지음, 김제정 옮김,《일본제국주의 식민지 도시를 건설하다》, 모티브,
　2004

한국역사연구회 근현대청년운동사연구반,《한국 근현대 청년운동사》, 풀빛, 1995

한국역사연구회 엮음,《우리는 지난 100년 동안 어떻게 살았을까 1~3》, 역사비평사,
　2002

허수,〈제1차 세계대전 종전 후 개조론의 확산과 한국 지식인〉,《한국근현대사연구》
　50, 2009

홍성찬,《한국근대농촌사회의 변동과 지주층》, 지식산업사, 1992

● 침략 전쟁과 식민지 전시 동원 체제
곽건홍,《일제의 노동정책과 조선노동자(1938~1945)》, 신서원, 2001

김경일,《이재유: 나의 시대 나의 혁명》, 푸른역사, 2007

김낙년 편,《한국의 경제성장 1910~1945》, 서울대 출판부, 2006

김민영,《일제의 조선인 노동력수탈 연구》, 한울아카데미, 1995

김민철, 《기로에 선 촌락: 식민권력과 농촌사회》, 혜안, 2012

김영희, 《일제시대 농촌통제정책 연구》, 경인문화사, 2003

김인호, 《식민지 조선경제의 종말》, 신서원, 2000

文定昌, 《軍國日本朝鮮强占36年史》(上·中·下), 柏文堂, 1965~1967

미야타 세쓰코 해설·감수, 《식민통치의 허상과 실상》, 정재정 옮김, 혜안, 2002

민족문제연구소, 《한국 근현대사와 친일파 문제》, 아세아문화사, 2002

방기중 편, 《일제 파시즘 지배정책과 민중생활》, 혜안, 2004

_____, 《일제하 지식인의 파시즘체제 인식과 대응》, 혜안, 2005

_____, 《식민지 파시즘의 유산과 극복의 과제》, 혜안, 2006

배성준, 〈일제시기 경성지역 공업 연구〉, 서울대학교 박사학위논문, 1998

변은진, 《파시즘적 근대 체험과 조선민중의 현실 인식》, 선인, 2013

안자코 유카, 〈조선총독부의 '총동원체제'(1937~1945) 형성 정책〉, 고려대학교 박사
학위논문, 2003

윤해동, 《지배와 자치─식민지기 촌락의 삼국면구조》, 역사비평사, 2006

이경란, 《일제하 금융조합 연구》, 혜안, 2002

이상의, 《일제하 조선의 노동정책 연구》, 혜안, 2006

이송순, 《일제하 전시 농업정책과 농촌 경제》, 선인, 2008

이준식, 《농촌사회변동과 농민운동─일제침략기 함경남도의 경우》, 민음사, 1993

田剛秀, 〈植民地 朝鮮의 米穀政策에 관한 研究─1930~45년을 중심으로〉, 서울대학교
박사학위논문, 1993

정병욱, 《식민지 불온열전─미친 생각이 뱃속에서 나온다》, 역사비평사, 2013

_____, 《한국근대금융연구─조선식산은행과 식민지경제》, 역사비평사, 2004

정병준, 《몽양 여운형 평전》, 한울, 1995

정연태, 《식민권력과 한국 농업》, 서울대 출판문화원, 2014

정태헌, 《한국의 식민지적 근대 성찰》, 선인, 2007

_____, 《일제의 경제정책과 조선사회─조세정책을 중심으로》, 역사비평사, 1996

지수걸, 《일제하 농민조합운동연구─1930년대 혁명적 농민조합운동》, 역사비평사,

1993

최원규 엮음,《日帝末期 파시즘과 韓國社會》, 청아, 1988

최유리,《日帝末期 植民地 支配政策 研究》, 국학자료원, 1997

한긍희, 〈일제하 전시체제기 지방행정 강화 정책〉,《國史館論叢》88, 2000

허수열, 〈조선인 노동력의 강제동원의 실태─조선 내에서의 강제동원정책의 전개를
　　중심으로〉,《일제의 한국 식민통치》, 정음사, 1985

_____,《개발없는 개발》, 은행나무, 2005

허영란, 〈전시체제기(1937~1945) 생활필수품 배급통제 연구〉,《國史館論叢》88, 2000

康成銀, 〈戰時下日本帝國主義の朝鮮農村勞動力收奪政策〉,《歷史評論》355, 1979

君島和彦, 〈朝鮮における戰爭動員體制の展開過程〉,《日本ファシズムと東アジア》, 靑
　　木書店, 1977

堀和生,《朝鮮工業化の史的分析》, 有斐閣, 1995

宮田節子,《朝鮮民衆と〈皇民化〉政策》, 未來社[宮田節子(李熒娘 譯), 1997,《朝鮮民衆
　　과〈皇民化〉政策》, 일조각], 1985

大豆生田稔, 〈戰時食糧問題の發生─東アジア主要食糧農産物流通の變貌〉,《近代日本
　　と植民地5─膨脹する帝國の人流》, 岩波書店, 1993

朴慶植,《朝鮮人强制連行の記錄》, 未來社, 1965

富田晶子, 〈準戰時下朝鮮の農村振興運動〉,《歷史評論》377, 1981

小林英夫, 〈總力戰體制と植民地〉,《體系 日本現代史 2─15年戰爭とアジア》, 日本評
　　論社, 1979

松本武祝,《植民地權力と朝鮮農民》, 社會評論社, 1998

羽鳥敬彦, 〈戰時下(1937~1945) 朝鮮에서의 通貨와 인플레이션〉,《植民地時代 韓國社
　　會와 抵抗》, 백산서당, 1981

原朗 編,《日本の戰時經濟─計劃と市場》, 東京大學出版會, 1995

田中學, 〈戰時農業統制〉,《ファシズム期の國家と社會 2─戰時日本經濟》, 東京大學出
　　版會, 1979

糟谷憲一,〈戰時經濟と朝鮮における日窒財閥の展開〉,《朝鮮史研究會論文集》12, 1975

樋口雄一,〈太平洋戰爭下の女性動員─愛國班を中心に〉,《朝鮮史研究會論文集》32, 1994

_____,《戰時下朝鮮の農民生活誌 1939~1945》, 社會評論社, 1998

海野福壽,〈朝鮮の勞務動員〉,《近代日本と植民地 5─膨脹する帝國の人流》, 岩波書店, 1993

洪宗郁,《戰時期朝鮮の轉向者たち: 帝國/植民地の統合と龜裂》, 有志舍, 2011

연표

1881	이만손 등 영남 만인소 올림
	척사윤음 발표
	조사시찰단(신사유람단) 일본에 파견
	영선사 청에 파견
	별기군 창설
1882	미국·영국·독일과 통상조약 체결
	임오군란
	조청상민수륙무역장정 체결
1883	《한성순보》 발간
	원산학사 설립
1884	우정총국 설립
	갑신정변
	궁중에 최초로 전등 사용
1885	독일총영사 부들러 조선의 영세중립선언 권고
	광혜원(뒤에 제중원으로 개칭) 설립
	거문도 사건
	배재학당 설립
	서울·인천 간 전신 개통
1886	노비 세습제 폐지
	육영공원 설립
	이화학당 설립
1887	서울에 상공회의소 설립
1889	함경도에 방곡령 실시
1892	동학교도 삼례집회
1893	최초로 전화기 도입
1894	동학농민전쟁
	군국기무처 설치, 갑오개혁
	전주화약 체결

청일전쟁

〈홍범 14조〉와 〈독립서고문〉 반포

1895   유길준 《서유견문》 저술

삼국 간섭

단발령 시행

을미사변, 각지에서 의병 항쟁 발발

1896   태양력 사용

아관파천

《독립신문》 발간

독립협회 설립

1897   고종, 러시아대사관에서 경운궁으로 옮김

대한제국 선포

독립협회, 서대문에 독립문 건립

1898   만민공동회 개최

독립협회 해산

1899   대한국국제 반포

경인선 개통

1900   만국우편연합 가입

미국인 모건, 평안북도 운산에 광산사업소 철치

1901   금본위제 채택

1902   서울·인천 간 전화 개통

하와이 이민 100여 명 출발

1904   러일전쟁 발발

〈한일의정서〉 체결

보안회, 황무지 개간권 요구에 반대

베델·양기탁 《대한매일신보》 창간

송병준 등 친일 단체 일진회 설립

〈재무 및 외교 양고문에 관한 각서〉 체결

1905	경부선 개통
	화폐정리사업 실시
	헌정연구회 조직
	을사조약 강제 체결, 각지에서 의병 항쟁 발발
	손병희 동학을 천도교로 개칭
1906	이상설 간도에 서전서숙 설립
	통감부 설치
	통감부 기관지 《경성일보》 창간
1907	국채보상운동
	신민회 조직
	헤이그 특사 파견
	고종 황제 퇴위, 순종 황제 즉위
	한일신협약(정미 7조약) 체결
	신문지법·보안법 공포
	군대 해산
	각지에서 의병 항쟁 발발
	간도 용정에 통감부 출장소 개설
1908	13도 창의군 서울진공작전
	장인환·전명운 샌프란시스코에서 스티븐스 사살
	일본, 동양척식주식회사 설립
	최남선 《소년》 창간
1909	나철 대종교 창시
	박은식 《유교구신론》 저술
	일본군, 남한대토벌 작전 개시
	일본, 청과 간도협약 체결
	안중근, 이토 히로부미 사살
	일진회, 합방성명서 발표
1910	국권 피탈

광주학생항일운동 일어남

1930	김구, 상하이에서 한국 독립당 조직
1931	브나로드 운동
	만주사변
1932	이봉창, 윤봉길 의거
1935	한국독립당 등 독립 운동 단체 남경에서 민족혁명당 조직
1936	만주에서 조국광복회 결성
1937	중일전쟁 발발
	황국신민서사 제정
1938	조선인 지원병제도 창설
1939	노동력 강제 동원 시작
1940	창씨개명 실시
	《조선일보》·《동아일보》 폐간
	임시정부, 한국광복군 창설
1941	태평양전쟁(~1945)
1942	조선어학회 사건
	조선의용군 창설
1943	학병제 실시
	카이로 선언
1944	징병제 실시
1945	얄타회담
	8·15 해방

한국 근대사 2 – 식민지 근대와 민족 해방 운동

- ⊙ 2016년 2월 25일 초판 1쇄 발행
- ⊙ 2024년 12월 30일 초판 9쇄 발행
- ⊙ 글쓴이   김정인·이준식·이송순
- ⊙ 발행인   박혜숙
- ⊙ 펴낸곳 도서출판 푸른역사
  우) 03044 서울시 종로구 자하문로8길 13
  전화: 02)720-8921(편집부) 02)720-8920(영업부)
  팩스: 02)720-9887
  전자우편: 2013history@naver.com
  등록: 1997년 2월 14일 제13-483호

ISBN   979-11-5612-067-4 94900
(세트) 979-11-5612-043-8 94900

· 잘못 만들어진 책은 교환해드립니다.